LES AVENTURES
DE
SHERLOCK HOLMES

ŒUVRES DE SIR ARTHUR CONAN DOYLE
DANS POCKET:

LE CHIEN DES BASKERVILLE
LA VALLÉE DE LA PEUR

SIR ARTHUR CONAN DOYLE

LES AVENTURES DE SHERLOCK HOLMES

Traduction de Maurice Bernard ENDRÈBE

Titre original :

THE ADVENTURES OF SHERLOCK HOLMES

La loi du 11 mars 1957 n'autorisant, aux termes des alinéas 2 et 3 de l'article 41, d'une part, que les « copies ou reproductions strictement réservées à l'usage privé du copiste et non destinées à une utilisation collective » et d'autre part, que les analyses et les courtes citations dans un but d'exemple et d'illustration, « toute représentation ou reproduction intégrale, ou partielle, faite sans le consentement de l'auteur ou de ses ayants droit ou ayants cause, est illicite » (alinéa premier de l'article 40).

Cette représentation ou reproduction, par quelque procédé que ce soit, constituerait donc une contrefaçon sanctionnée par les articles 425 et suivants du Code pénal.

© *Pocket, 1981,* pour la traduction.
ISBN 2-266-06772-9

A mon vieux Maître

Joseph Bell, docteur en médecine, etc., du 2, Melville Crescent à Edimbourg.

1

UN SCANDALE EN BOHÊME

I

POUR Sherlock Holmes, c'est toujours la Femme. Je l'ai rarement entendu parler d'elle sous un autre nom. A ses yeux, elle domine et éclipse tout son sexe. Ce n'est pas qu'il ait jamais éprouvé pour Irène Adler un sentiment proche de l'amour. Froid et précis, son esprit admirablement équilibré a en horreur tout sentiment susceptible de bouleverser cet équilibre, et notamment l'amour. Je crois qu'il n'y a jamais eu au monde machine mieux capable d'observer et de raisonner, mais amoureux il se fût trouvé handicapé. Jamais il ne faisait allusion aux élans du cœur, si ce n'est avec un mépris sarcastique. Il les appréciait certes en tant qu'observateur, car ils étaient sans pareils pour lui dévoiler les mobiles et les actes d'autrui. Mais pour l'homme entraîné au raisonnement qu'il était, tolérer de telles intrusions dans un tempérament aussi délicat et artistement équilibré que le sien, c'eût été y laisser pénétrer un facteur de trouble susceptible de semer le doute dans ses conclusions. Un grain de sable dans un instrument d'extrême précision ou une fêlure dans une des puissantes loupes dont il usait n'eût pas bouleversé davantage que l'amour une nature comme la sienne. Et si pourtant une femme a compté pour lui, c'est l'ex-Irène Adler, au souvenir aussi douteux que discutable.

Cela faisait quelque temps que je n'avais vu Holmes. Mon mariage nous avait séparés l'un de l'autre. Mon total bonheur et tout ce qui préoccupe un homme se trouvant pour la première fois responsable d'un foyer suffisaient à m'absorber complètement; de son côté Holmes, dont l'âme bohème s'accommodait mal de vivre en compagnie, continuait d'occuper notre logement de Baker Street, enfoui au milieu de ses vieux livres, partagé d'une semaine à l'autre entre la cocaïne et l'ambition, entre la torpeur engendrée par la drogue et la fougueuse énergie qui le caractérisait. Il continuait d'éprouver un vif attrait pour la criminologie; aussi employait-il ses immenses facultés et son extraordinaire don d'observation à suivre des pistes et élucider des mystères que, les jugeant sans espoir, la police officielle avait abandonnés. De temps à autre, j'avais quelque vague écho de ses activités : il avait été appelé à Odessa pour l'affaire Trepoff, il avait éclairci à Trincomalee l'étrange drame des frères Atkinson. Dernièrement j'avais eu vent de la mission délicate qu'il avait menée avec succès pour la famille royale de Hollande. Mais, en dehors de ces informations que je partageais avec tous les lecteurs de la presse quotidienne, je savais bien peu de chose touchant mon ancien ami et compagnon.

Un soir – c'était le 20 mars 1888 – je revenais de visiter un malade (car je m'étais remis à avoir une clientèle) quand je me trouvai dans Baker Street. Comme je passais devant la porte si familière, qui demeurerait toujours associée dans mon esprit aux sombres incidents de l'*Etude en rouge* comme aux circonstances ayant abouti à mon mariage, j'éprouvai un violent désir de revoir Holmes et de savoir à quoi il employait ses extraordinaires facultés. Ses fenêtres étaient brillamment éclairées et, levant les yeux, je vis sa haute et mince silhouette se profiler par deux fois sur le store. Il arpentait la pièce d'un pas vif, rapide, la tête inclinée sur sa poitrine, les mains nouées dans son dos. Pour moi qui connaissais toutes ses humeurs et manies, cette attitude comme son incessant va-et-vient signifiaient qu'il était de nouveau à l'œuvre. S'arrachant aux fantasmes suscités par la drogue, il se consacrait avec ardeur à quelque nouvelle affaire. Je sonnai, et fus introduit dans la pièce que je partageais naguère avec Holmes.

Il ne se montra pas expansif, car cela lui arrivait rarement, mais j'eus le sentiment qu'il était heureux de me voir. Ce fut à peine s'il me dit une parole, mais, me considérant avec amabilité, il m'indiqua du geste un fauteuil, la cave à liqueurs et un siphon, tout en me présentant son étui à cigares. Puis il alla se planter le dos au feu et me jeta un de ces regards pénétrants dont il avait le secret.

— Le mariage vous réussit, constata-t-il. Vous m'avez l'air d'avoir pris quelque sept livres et demie depuis la dernière fois que je vous ai vu.

— Sept, précisai-je.

— A vrai dire, j'aurais cru un peu plus. Oh! juste un petit peu plus, Watson. Et je vois que vous avez repris vos activités. Vous ne m'aviez pas dit que vous comptiez le faire.

— Alors, comment le savez-vous?

— Je le déduis de ce que je vois. Comment saurais-je sans cela que vous vous êtes fait tremper ces jours-ci et vous trouvez nanti d'une bonne aussi maladroite que peu soigneuse?

— Là, c'est trop, mon cher Holmes! Si vous aviez vécu quelques siècles plus tôt, vous auriez certainement fini sur le bûcher. Il est exact que, jeudi, étant allé me promener à la campagne, je suis rentré à la maison en piteux état. Mais, étant donné que j'ai changé de vêtements, je ne vois pas de quoi vous avez pu déduire ça. Quant à Mary-Jane, elle est incorrigible, et ma femme lui a donné ses huits jours; mais là encore, je me demande comment vous l'avez deviné.

Il eut un petit rire en frottant l'une contre l'autre ses longues mains nerveuses.

— C'est la simplicité même: mes yeux m'apprennent que sur le côté intérieur de votre chaussure gauche, là où elle est éclairée par la clarté du feu, le cuir présente six éraflures presque parallèles. De toute évidence, elles ont été faites par quelqu'un de peu soigneux qui raclait le bord de la semelle pour en détacher de la boue séchée. D'où ma double déduction que vous étiez dehors par un vilain temps et que, pour entretenir vos chaussures, vous disposez d'un peu enviable spécimen de la domesticité londonienne. Et pour ce qui est d'avoir repris l'exercice de votre profession, si un monsieur entre ici en apportant avec lui des relents d'iodoforme, une trace noire de nitrate d'argent sur son index droit, et porte un haut-de-forme avec une bosse montrant l'endroit où il dissimule son stéthoscope, il me faudrait être bien stupide pour ne pas en déduire qu'il s'agit d'un membre actif du corps médical.

Je ne pus m'empêcher de rire tant il avait mis d'aisance à m'expliquer son raisonnement déductif.

— Quand je vous entends me donner vos explications, remarquai-je, ça me paraît toujours si ridiculement simple que j'aurais pu le faire moi-même. Et cependant je reste déconcerté par chaque phase de votre raisonnement jusqu'à ce que vous me montriez le parti que vous en tirez. Je crois avoir pourtant d'aussi bons yeux que les vôtres.

— Certes! acquiesça-t-il en allumant une cigarette et se laissant tomber dans un fauteuil. Vous voyez, mais vous n'observez pas. La distinction est nette. Par exemple, vous avez eu fréquemment l'occasion de voir la volée de marches qui mènent du vestibule à cette pièce?

— Fréquemment, en effet.

— Combien de fois?

— Oh! des centaines de fois.

— Alors dites-moi combien il y a de marches.

— Combien? Je ne sais pas.

— Et voilà? Vous avez vu, mais vous n'avez pas prêté attention, observé. C'est ce que je vous faisais remarquer. Moi, je sais qu'il a dix-sept marches, parce que je les ai non seulement vues, mais j'y ai prêté attention. A propos, puisque vous êtes curieux de ces petits mystères, et avez été assez bon pour relater une ou deux de mes modestes enquêtes, voici qui va peut-être vous intéresser.

Il me tendit une feuille d'épais papier à lettres rose qui se trouvait sur la table.

— C'est arrivé par la poste, me dit-il. Lisez tout haut.

La lettre n'était pas datée et ne comportait ni signature ni adresse.

« *Ce soir, vers huit heures moins le quart, vous recevrez la visite d'un gentleman qui désire vous consulter à propos d'une affaire de la plus haute importance. Les services que vous avez rendus récemment à une Cour d'Europe ont montré que vous êtes un homme à qu se fier pour des questions dont on peut dire sans exagé ation qu'elles sont d'un intérêt capital. Ces renseignements ur vous nous sont de différentes sources parvenus. Soyez chez vous à l'heure dite et ne vous formalisez pas si votr visiteur porte un masque.* »

— Voilà qui est effectivement mystérieux, dis-je. Que pensez-vous que cela signifie?

— Je n'ai encore aucune donnée. C'es une erreur absolue

que de vouloir échafauder une hypothèse sans posséder de données. Insensiblement, on se met à déformer les faits pour les accorder à l'hypothèse, au lieu que celle-ci découle des faits. Mais de la lettre elle-même, que déduisez-vous?

J'étudiai avec soin l'écriture et le papier.

— L'homme qui l'a écrite doit avoir de la fortune, dis-je en m'efforçant d'imiter le raisonnement de mon compagnon. Un papier de cette qualité ne coûte pas moins d'une demi-couronne le paquet. Il est particulièrement épais et raide.

— Particulièrement, oui, opina Holmes. Ce n'est pas un papier fabriqué en Angleterre. Regardez-le en transparence.

J'obéis et vis en filigrane un grand E avec un petit g, un P, et un grand G avec un petit t.

— Que pensez-vous que ce soit? me demanda Holmes.

— Le nom du fabricant, sans doute; ou plus exactement ses initiales.

— Pas du tout. Le G avec le petit t est l'abrégé de *Gesellschaft*, qui en allemand veut dire *Compagnie*; c'est l'équivalent de votre C° et du Cie des Français. P, bien entendu, veut dire Papier. Reste le *Eg*. Consultons notre atlas européen.

Il prit sur un rayon un gros volume marron.

— Egée... Egelsbach... Ah! voici : Eger. C'est une ville de langue allemande, située en Bohême, non loin de Carlsbad. « Connue pour ses papeteries et verreries. C'est là que mourut Wallenstein. » Ha, ha, mon garçon, qu'en dites-vous?

Ses yeux brillaient et il rejeta triomphalement un nuage de fumée bleue.

— Ce papier a été fabriqué en Bohême, dis-je.

— Exactement. Et l'homme qui a écrit cette lettre est un Allemand. Avez-vous remarqué la construction de cette phrase : « Ces renseignements sur vous nous sont de différentes sources parvenus ». Elle ne peut émaner ni d'un Français ni d'un Russe. Seuls les Allemands se montrent aussi discourtois avec leurs verbes. En conséquence, il nous reste seulement à découvrir ce que désire cet Allemand qui écrit sur un papier fabriqué en Bohême et préfère porter un masque plutôt que de laisser voir son visage. Et, si je ne m'abuse, le voici qui arrive pour dissiper tous nos doutes.

Tandis qu'il parlait, des sabots de chevaux avaient résonné au-dehors, accompagnés par le raclement de roues contre le bord du trottoir. Un coup de sonnette suivit et Holmes émit un sifflement :

– Deux chevaux, à en juger d'après le bruit, dit-il. Oui, confirma-t-il en jetant un coup d'œil par la fenêtre. Un joli petit coupé attelé de deux splendides chevaux qui doivent bien valoir cent cinquante guinées chacun. Même si elle ne présente aucun autre intérêt, il y a de l'argent à gagner dans cette affaire, Watson.

– Je crois préférable de m'en aller, Holmes.

– Mais pas du tout, Docteur. Restez où vous êtes. Je suis perdu sans mon Boswell (1). Et cette affaire est prometteuse. Ce serait dommage de la manquer.

– Mais votre client...

– Ne vous occupez pas de lui. Je puis avoir besoin de votre concours, et donc lui aussi. Le voici. Asseyez-vous dans ce fauteuil, Docteur, et prêtez-nous toute votre attention.

Un pas lent et lourd que nous avions entendu dans l'escalier, puis le couloir, s'immobilisa devant la porte, où l'on frappa de façon impérative.

– Entrez! dit Holmes.

L'homme qui pénétra dans la pièce ne devait pas mesurer loin de deux mètres. Il avait le torse et les membres d'un colosse. Il était vêtu richement, mais d'une façon qui, pour l'Angleterre, confinait au mauvais goût. De larges bandes d'astrakan barraient les manches et le devant de son veston croisé, cependant que la cape bleu marine, jetée sur ses épaules et doublée d'une soie flamboyante, était fermée au col par un gros béryl rose monté en broche. Les bottes, qui lui arrivaient à mi-mollet et dont le haut était orné d'une riche fourrure, parachevaient l'impression de barbare opulence que donnait l'inconnu. Il tenait à la main un chapeau à large bord, cependant qu'un masque noir recouvrait la partie supérieure de son visage jusqu'au-dessous des pommettes, masque qu'il avait dû ajuster au moment d'entrer, car

---

(1) Ecrivain écossais du XVIIIᵉ siècle, dont *La Vie de Samuel Johnson*, biographie du célèbre critique et essayiste est considérée comme un modèle du genre (N. du T.).

lorsqu'il avait ouvert la porte, son autre main était encore à sa hauteur. Le bas du visage dénotait un homme à la puissante personnalité, avec une lèvre inférieure épaisse et pendante, ainsi qu'un long menton droit, l'ensemble suggérant un caractère résolu pouvant aller jusqu'à l'entêtement.

— Vous avez reçu ma lettre? s'enquit-il d'une voix grave et dure, avec un accent germanique très prononcé. Je vous y annonçais ma visite.

Il nous regardait tour à tour, comme ne sachant à qui s'adresser.

— Asseyez-vous, je vous prie, dit Holmes. Voici mon ami et collaborateur, le docteur Watson, qui est assez bon pour me prêter parfois son concours dans mes enquêtes. A qui ai-je l'honneur de parler?

— Considérez que je suis le comte von Kramm, appartenant à la noblesse de Bohême. Je crois comprendre que ce monsieur, votre ami, est un homme d'honneur et de discrétion, à qui je puis faire part d'une affaire de la plus haute importance? Dans le cas contraire, j'aimerais mieux m'entretenir seulement avec vous.

Je me levai pour partir, mais Holmes me retint par le poignet et me fit rasseoir.

— Les deux ou personne, rétorqua-t-il. Quoi que vous ayez à me dire, vous pouvez le dire devant ce gentleman.

Le comte haussa ses larges épaules :

— Alors je commencerai par vous demander à tous les deux de me promettre le secret absolu pendant une période de deux ans. Après, cela n'aura plus d'importance; mais pour l'instant, ce n'est pas trop de dire que la chose a de quoi influer sur l'histoire de l'Europe.

— Je vous le promets, dit Holmes.

— Et moi aussi.

— Vous voudrez bien excuser mon masque, poursuivit alors notre singulier visiteur. L'auguste personnage qui m'emploie désire que son émissaire reste inconnu de vous, et je vous avouerai sans plus attendre que le titre sous lequel je me suis présenté n'est pas exactement le mien.

— Je m'en doutais, déclara sèchement Holmes.

— Les circonstances sont extrêmement délicates, et toutes les précautions doivent être prises pour étouffer ce qui pourrait causer un immense scandale, capable de compromettre gravement une famille régnante d'Europe. Pour parler clair, cette affaire met en cause la grande Maison d'Ormstein, dont sont issus les souverains héréditaires de Bohême.

– Je m'en doutais aussi, murmura Holmes en s'installant confortablement dans son fauteuil et fermant les yeux.

Notre visiteur considéra avec un visible étonnement cet homme nonchalant et languide, qu'on avait probablement dû lui dépeindre comme le plus incisif logicien et l'enquêteur le plus énergique d'Europe. Rouvrant lentement les yeux, Holmes jeta à son gigantesque client un regard nuancé d'impatience :

– Si Votre Majesté voulait bien condescendre à m'exposer son affaire, fit-il remarquer, cela me permettrait de la conseiller plus utilement.

L'homme se leva d'un bond et se mit à marcher de long en large dans la pièce, sans parvenir à contrôler son agitation. Puis, en un geste désespéré, il arracha son masque et le jeta par terre :

– Vous avez raison : je suis le Roi, s'écria-t-il. Pourquoi chercher à vous le cacher?

– En effet, pourquoi? murmura Holmes. Votre Majesté n'avait pas plutôt parlé que j'ai su être en présence de Wilhelm Gottsreich Sigismond von Ormstein, Grand-duc de Cassel-Falstein, et souverain héréditaire de Bohême.

– Vous vous doutez bien, dit notre étrange visiteur en se rasseyant et passant une main sur son front haut et pâle, vous vous doutez bien que je n'ai pas l'habitude d'effectuer de telles démarches moi-même. Mais l'affaire était si délicate que je ne pouvais en charger un tiers sans me mettre à sa merci. Je suis venu de Prague incognito dans le but de vous consulter.

– Alors, je vous en prie, consultez, dit Holmes en refermant les yeux.

– En bref, voici les faits : durant un long séjour à Varsovie, il y a cinq ans de cela, je fis connaissance de la célèbre aventurière Irène Adler, dont le nom vous est certainement familier.

– S'il vous plaît, Docteur, voulez-vous regarder dans mon fichier? me murmura Holmes sans ouvrir les yeux.

Depuis de nombreuses années, il avait adopté un système

de classement pour tout ce que publiait la presse à propos des gens et des choses, au point qu'on eût difficilement trouvé un sujet ou une personne à propos de quoi il ne pût aussitôt fournir des renseignements. En l'occurrence, je découvris la biographie de la dame entre celles d'un rabbin et d'un chef d'état-major qui avait écrit une monographie sur les poissons des grandes profondeurs marines.

– Voyons un peu, dit Holmes. Hum! Née en 1858 dans le New-Jersey. Contralto... hum! La Scala, hum! Prima donna à l'Opéra impérial de Varsovie... oui. A quitté la scène... Habite Londres... parfait! Si j'ai bien compris, Votre Majesté s'est éprise de cette jeune personne, lui a écrit quelques lettres compromettantes, qu'Elle est maintenant très désireuse de récupérer?

– Exactement, oui. Mais comment...
– Y a-t-il eu un mariage secret?
– Non.
– Pas d'attestations, de documents légaux?
– Aucun.
– Alors, je ne saisis pas bien, Votre Majesté. Si cette jeune personne produisait les lettres qu'elle détient, dans un but de chantage ou autre, comment prouverait-elle leur authenticité?
– Il y a l'écriture.
– Peuh! Une écriture, ça s'imite.
– Mon papier à lettres personnel.
– Volé.
– Mon propre sceau.
– Imité.
– Ma photographie.
– Achetée.
– Nous figurons tous deux sur cette photographie.
– Oh! diable... Voilà qui est extrêmement fâcheux. Votre Majesté s'est montrée bien imprudente.
– J'avais perdu la tête... j'étais fou.
– Vous vous êtes gravement compromis.
– Je n'étais alors que Prince héritier. J'étais jeune. Aujourd'hui, j'ai tout juste trente ans.
– Il faut récupérer cette photographie.
– Nous n'y sommes point parvenus.
– Il n'y a qu'à l'acheter. Votre Majesté paiera.

— Elle ne voudra pas la vendre.
— La voler, alors.
— On s'y est essayé à cinq reprises. Deux fois, des cambrioleurs à ma solde ont fouillé sa maison. Une fois, alors qu'elle voyageait, nous avons détourné ses bagages. Et par deux fois nous lui avons tendu un guet-apens. Sans résultat aucun.
— Pas trace de la photo?
— Pas la moindre.
— Eh bien, voilà un joli petit problème! dit Holmes en riant.
— Mais qui pour moi est très grave, répliqua le roi d'un ton de reproche.
— Très grave, en effet. Et que se propose-t-elle de faire avec cette photographie?
— Ruiner mon existence.
— Mais comment cela?
— Je suis sur le point de me marier.
— C'est ce que j'ai entendu dire, oui?
— Avec Clotilde Lothman von Saxe-Meningen, seconde fille du roi de Scandinavie. Vous n'ignorez sans doute pas combien sa famille est à cheval sur les principes. Elle-même est la délicatesse personnifiée. Si ma conduite inspirait l'ombre d'un doute, c'en serait fini.
— Et Irène Adler?
— Elle menace de leur envoyer la photographie. Et elle en est capable, parfaitement capable. Vous ne la connaissez pas, mais elle a une volonté d'acier... Le visage de la plus ravissante femme qui soit dissimule un caractère d'homme extrêmement résolu. Plutôt que de me voir en épouser une autre, elle ne reculera devant rien... absolument rien.
— Vous êtes sûr qu'elle ne l'a pas déjà envoyée?
— J'en suis certain.
— Et pourquoi?
— Parce qu'elle a déclaré qu'elle l'enverrait le jour où les fiançailles seraient officiellement annoncées. Ce qui doit avoir lieu lundi prochain.
— Oh! alors nous avons encore trois jours devant nous, dit Holmes en étouffant un bâillement. C'est heureux, car j'ai pour l'instant une ou deux affaires d'importance à régler.

Bien entendu, Votre Majesté va demeurer quelque temps à Londres?
— Certes! Vous me trouverez au Langham, sous le nom de Comte von Kramm.
— Alors je vous enverrai un mot pour vous tenir au courant.
— Oui, je vous en prie, car je vais être terriblement inquiet.
— Et pour ce qui est de l'argent?
— Vous avez carte blanche.
— Absolument?
— Je donnerais une province de mon royaume pour récupérer cette photographie.
— Et pour les frais immédiats?
Le Roi sortit de sous sa cape une lourde sacoche de cuir chamoisé et la posa sur la table.
— Vous avez ici trois cents livres sterling en or et sept cents en billets.
Holmes rédigea un reçu sur une feuille de son carnet, qu'il tendit au souverain.
— Et l'adresse de Mademoiselle? s'enquit-il.
— Briony Lodge, Serpentine Avenue, St John's Wood.
Holmes en prit note.
— Une question encore, dit-il. Cette photographie est de format album?
— Oui.
— Alors, bonne nuit, Votre Majesté, et je ne doute pas que nous ayons très vite d'excellentes nouvelles à vous communiquer.
— Bonne nuit a vous aussi, Watson, ajouta-t-il comme les roues du coupé royal s'éloignaient dans la rue. Si vous voulez bien avoir l'amabilité de venir demain tantôt, à trois heures, je serai heureux de discuter un peu avec vous de cette petite affaire.

II

A trois heures précises, j'arrivai à Baker Street, mais Holmes n'était pas encore de retour. La propriétaire m'informa qu'il était sorti le matin peu après huit heures. Je m'assis donc près du feu, avec l'intention de l'attendre aussi longtemps qu'il faudrait. J'étais déjà très intéressé par sa nouvelle enquête car, si elle n'avait pas cette atmosphère sinistrement insolite marquant les deux crimes que j'ai relatés par ailleurs, la nature même de l'affaire et la situation élevée du client la rendaient très particulière. Et, en dehors même du caractère propre à l'affaire dont il s'occupait, mon ami avait une façon magistrale d'appréhender n'importe quelle situation et de la traiter avec une si incisive logique, que c'était pour moi un plaisir d'étudier sa façon de travailler et de suivre les méthodes d'une subtile intelligence qui lui permettaient de démêler l'écheveau des plus inextricables mystères. J'avais une telle habitude de le voir invariablement triompher que l'idée d'un échec ne me venait même pas à l'esprit.

Il était près de quatre heures lorsque la porte s'ouvrit, livrant passage à une sorte de palefrenier apparemment ivre qui, hirsute et congestionné, avait des vêtements plus que douteux et arborait d'épais favoris. J'avais beau connaître les extraordinaires facultés de déguisement de mon ami, je dus le regarder à trois reprises avant d'être bien sûr que c'était lui. M'adressant un signe de tête, il disparut dans sa chambre, d'où il ressortit cinq minutes plus tard en costume de tweed et comme à son ordinaire. Enfonçant les mains dans ses poches, il étendit les jambes vers le feu et rit de bon cœur pendant plusieurs minutes.

— Non, vraiment! s'exclama-t-il en s'étranglant à demi, et le fou rire le reprit au point que, hors d'haleine, il dut s'abandonner contre le dossier du fauteuil.

— Qu'y a-t-il?

— C'est par trop comique! Je suis sûr que vous ne devinerez jamais à quoi j'ai employé ma matinée ou ce que j'ai fini par faire.

— Je ne sais pas... Je suppose que vous êtes allé étudier les habitudes et peut-être le domicile de Miss Irène Adler.

— Exactement, mais la suite fut assez insolite. Ecoutez plutôt... J'ai quitté la maison ce matin, peu après huit heures, déguisé en palefrenier sans travail. Il existe entre les hommes s'occupant des chevaux une sorte de franc-maçonnerie merveilleusement sympathique. Si vous êtes des leurs, vous n'aurez aucune peine à vous informer de ce que vous avez besoin de savoir. J'eus vite trouvé Briony Lodge. Un amour de villa avec un jardin derrière, mais dont les deux étages donnent directement sur la rue. Serrure de sûreté à la porte. Sur la droite, un vaste salon bien meublé, avec de grandes fenêtres descendant presque jusqu'au plancher et pourvues de ces ridicules fermetures anglaises qu'un enfant ouvrirait. En dehors de cela, rien de remarquable, sinon que, du toit de la remise à voitures, on peut aisément accéder à la fenêtre du couloir. J'ai fait le tour de la maison en l'étudiant attentivement sous tous les angles, mais sans rien noter d'autre qui présente de l'intérêt.

» J'ai ensuite descendu la rue et découvert, comme je l'escomptais, des écuries dans une venelle qui longe un des murs du jardin. J'ai donné un coup de main aux valets pour bouchonner leurs chevaux, en retour de quoi j'ai reçu deux pence, un verre de *half-and-half*(1), du tabac de quoi bourrer deux pipes, et tous les renseignements que je pouvais souhaiter tant sur Miss Adler que sur une demi-douzaine de personnages du voisinage qui ne m'intéressaient pas le moins du monde mais dont je fus obligé d'ouïr les biographies.

– Et qu'avez-vous appris concernant Irène Adler?

– Oh! qu'elle a tourné la tête de tous les hommes du quartier. A en croire ces garçons des Ecuries de la Serpentine, c'est la plus exquise créature de la planète. Elle mène une vie rangée, chante dans des concerts, sort en voiture chaque jour à cinq heures et rentre à sept heures précises pour le dîner. En dehors de cela, elle sort très rarement, sauf lorsqu'elle doit chanter. Elle ne reçoit la visite que d'un seul homme, mais très assidu. C'est un beau brun plein d'allant. Il vient la voir tous les jours et souvent même deux fois par jour. C'est un M. Godfrey Norton, qui habite Inner Temple. Vous voyez l'avantage de fréquenter des cochers de fiacre? Ceux des Ecuries de la Serpentine l'ont ramené au moins une douzaine de fois à son domicile et n'ignorent rien de lui. Quand j'ai eu écouté tout ce qu'ils avaient à me dire, je me suis remis à faire les cent pas du côté de Briony Lodge, en réfléchissant à mon plan de campagne.

« Ce Godfrey Norton apparaît de toute évidence comme un facteur important dans notre affaire. C'est un homme de

---

(1) Mélange de bière ordinaire et de *porter* (N. du T.).

loi, ce qui pourrait sembler de mauvais augure. Quelle était la nature de leurs relations et qu'est-ce qui motivait ses visites répétées ? Etait-elle pour lui cliente, amie ou maîtresse ? Si elle était sa cliente, alors elle lui avait probablement confié la photo. Si elle était sa maîtresse, c'était beaucoup moins sûr. Selon la réponse à cette dernière question, je poursuivrais le travail commencé aux abords de Briony Lodge, ou bien alors mon attention se porterait sur le cabinet du monsieur, dans le quartier du Temple. C'était là un point délicat, qui élargissait le champ de mes recherches. Je crains fort de vous ennuyer avec ces détails, mais il me faut vous exposer mes petites difficultés pour que vous compreniez la situation.

– Je vous suis très bien, lui assurai-je.

– J'hésitais encore entre les deux partis, quand une hansom-cab (1) s'arrêta devant Briony Lodge et un gentleman en descendit lestement. C'était un homme remarquablement beau, brun, avec un profil aquilin et une moustache... Très certainement celui dont j'avais entendu parler. Il semblait extrêmement pressé, cria au cocher de l'attendre et lorsque la bonne vint ouvrir la porte, il passa devant elle en homme qui se sent comme chez lui.

» Il est resté une demi-heure dans la maison et je l'apercevais de temps à autre par les fenêtres du salon, qui allait et venait en parlant avec excitation et force gestes. Elle, je ne l'ai pas vue. Puis il est ressorti, l'air encore plus agité qu'à son arrivée. Au moment de monter dans le cab, il a tiré de sa poche une montre en or, l'a consultée, et a dit au cocher : " A toute vitesse : d'abord chez Gross & Hankey, dans Regent Street, puis à l'église Ste Monique, Edgware Road. Une demi-guinée pour vous si vous faites ça en vingt minutes ! "

» Ils partirent et je me demandais si je ne ferais pas bien de les suivre quand déboucha dans la rue un joli petit landau dont le cocher avait dû faire un départ précipité : sa veste n'était qu'à moitié boutonnée, il avait sa cravate nouée de travers, et même les courroies de harnachement étaient juste passées dans les boucles avec leur extrémité qui pointait. A peine s'était-il arrêté devant la maison, que Miss Adler en

---

(1) Sorte de cabriolet anglais à deux roues, où le cocher occupait un siège surélevé placé par-derrière. (N. du T.)

surgit et monta promptement en voiture. Je ne l'ai qu'entrevue, mais elle m'a fait l'impression d'une fort jolie femme, pour les beaux yeux de laquelle un homme serait prêt à risquer la mort.

» " A l'église Ste Monique, John! " a-t-elle crié " et un demi-souverain pour vous si vous ne mettez pas plus de vingt minutes! "

» C'était une trop bonne occasion pour la laisser filer, Watson. J'allais courir pour m'accrocher derrière le landau, quand un cab survint à point nommé. Le cocher hésitait à prendre un si minable client, mais je fus à l'intérieur de la voiture avant qu'il ait pu réagir : " A l'église Ste Monique ", lui dis-je " et un demi-souverain pour vous si vous y arrivez en vingt minutes! " Ma montre marquant midi moins vingt-cinq, ce qui se préparait était évidemment clair comme le jour.

» Mon cocher fit merveille. Je ne crois pas avoir jamais roulé si vite, mais les autres furent là-bas avant nous. Le cab et le landau, chevaux écumants, étaient devant la porte quand j'arrivai à destination. Je payai la course et me hâtai de pénétrer dans l'église. Il ne s'y trouvait personne en dehors des deux que j'avais suivis et d'un ecclésiastique en surplis qui semblait discuter avec eux. Tous trois formant un petit groupe devant l'autel, j'empruntai une allée latérale, comme quelqu'un entré là en passant. Soudain, à ma surprise, les trois qui se tenaient devant l'autel, pivotèrent pour me faire face et Godfrey Norton accourut vers moi, en s'exclamant :

– Dieu soit loué, vous allez faire l'affaire! Venez, venez!

– Mais qu'est-ce...?

– Venez, mon vieux, venez donc! Il ne nous reste que trois minutes... après ça ne serait plus légal!

» Je fus presque traîné jusqu'à l'autel et, avant même de savoir où j'en étais, je me suis trouvé bredouillant des répons que l'on me chuchotait à l'oreille, attestant des choses dont j'ignorais absolument tout, et contribuant ainsi à unir par les liens du mariage Irène Adler, demoiselle, à Godfrey Norton, célibataire. Tout fut terminé en un rien de temps et je reçus d'un côté les remerciements du gentleman, de l'autre ceux de la dame, tandis que l'ecclésiastique me considérait avec une souriante bienveillance. Jamais, de toute ma vie, il ne m'était arrivé chose plus absurde et c'est en y repensant que j'ai tant ri à l'instant. A ce que j'ai cru comprendre, leur licence de mariage n'était pas exactement comme elle aurait dû être, le prêtre se refusait absolument à les marier sans un témoin, si bien que mon arrivée opportune a évité au futur de devoir aller chercher dans la rue quelqu'un pour en faire fonction. La mariée m'a donné un souverain que je compte porter désormais à ma chaîne de montre, en souvenir.

— L'affaire a pris une tournure fort imprévue, dis-je. Et ensuite?

— Eh bien, mon plan de campagne m'a paru sérieusement compromis. Les deux époux semblaient décidés à quitter la capitale sans délai, ce qui appelait de ma part des décisions aussi promptes qu'énergiques. Ils se séparèrent toutefois à la porte de l'église, lui allant au Temple tandis qu'elle retournait à Briony Lodge. En le quittant, elle lui a dit : " A cinq heures, j'irai au Parc, comme d'habitude. " Je n'en ai pas entendu davantage, ils sont partis dans des directions opposées et je m'en suis allé vers mes occupations immédiates.

— C'est-à-dire?

— Un morceau de bœuf froid avec un verre de bière, me répondit-il en sonnant. J'ai été trop occupé pour penser à manger, et je le serai probablement encore plus ce soir. A ce propos, Docteur, j'aurai besoin de votre concours.

— Ce sera avec plaisir.

— Vous ne voyez pas d'inconvénient à enfreindre la loi?

— Pas le moindre.

— Ni à courir le risque d'être arrêté?

— Pas si c'est pour une bonne cause.

— Oh! la cause est excellente!

— Alors je suis votre homme.

— J'étais sûr de pouvoir compter sur vous.

— Mais que désirez-vous?

— Lorsque Mme Turner aura apporté le plateau, je vous l'expliquerai.

Quand il eut devant lui le bien simple repas fourni par notre propriétaire, Holmes s'y attaqua avec appétit en disant :

— Je vais être obligé de parler en mangeant, car je n'ai pas beaucoup de temps. Il est maintenant près de cinq heures, et dans deux heures il nous faut être sur les lieux de l'action. Miss Irène – ou plutôt Madame – rentre de sa promenade en voiture à sept heures. Nous devrons être alors à Briony Lodge.

– Et ensuite?

– Faites-moi confiance pour la suite. J'ai déjà combiné ce qui doit arriver. J'insiste sur un seul point : quoi qu'il se produise, ne vous en mêlez pas. Vous saisissez?

– Je dois rester neutre?

– Ne faire absolument rien. Il m'adviendra sans doute quelques petits désagréments. N'en ayez cure. En conclusion, je serai transporté à l'intérieur de la maison. Quatre ou cinq minutes plus tard, la fenêtre du salon s'ouvrira. Vous vous placerez alors près de cette fenêtre ouverte.

– Oui.

– Et comme vous me verrez, vous surveillerez ce que je fais.

– Oui.

– Et quand je lèverai la main – comme ça – vous lancerez dans la pièce ce que je vous aurai donné à y jeter, dans le même temps que vous crierez « Au feu! » Vous me suivez?

– Parfaitement.

– Ce n'est rien de bien terrible, continua-t-il en sortant de sa poche un long rouleau en forme de cigare. Juste une banale fusée fumigène, pourvue à chaque extrémité d'une capsule qui en provoque automatiquement l'allumage. Votre mission se limitera à cela. Quand vous crierez « Au feu! », nombre de gens vous imiteront aussitôt. Vous marcherez ensuite jusqu'au bout de la rue, où je vous rejoindrai dans les dix minutes. J'espère que je me suis bien fait comprendre?

– Je dois rester neutre, m'approcher ensuite de la fenêtre pour vous observer et, au signal, lancer cet objet à l'intérieur de la pièce tout en criant « Au feu! », puis aller vous attendre au bout de la rue.

– Exactement.

– Alors vous pouvez vous fier entièrement à moi.

– C'est parfait. Et maintenant je pense qu'il est temps de me préparer en vue du nouveau rôle que je vais devoir jouer.

25

Il disparut dans sa chambre et revint quelques minutes plus tard sous l'aspect d'un pasteur non anglican, à l'air aussi aimable qu'un peu simplet. Son large chapeau noir, son pantalon mal coupé, sa cravate blanche, son sourire sympathique et la bienveillante curiosité émanant de lui étaient tels que seul un grand comédien aurait pu réussir aussi bien une pareille composition. Ce n'était pas seulement que Holmes changeait de costume : son expression, son allure, sa personnalité même, semblaient changer à chaque nouveau rôle qu'il entendait jouer. Lorsqu'il s'est spécialisé dans la criminologie, la scène a perdu un grand acteur, et la science un logicien de tout premier ordre.

Il était six heures un quart lorsque nous quittâmes Baker Street et il s'en fallait encore de dix minutes que l'heure sonnât quand nous atteignîmes Serpentine Avenue. La nuit commençait à tomber, les lampes à s'allumer tandis que nous faisions les cent pas devant Briony Lodge en attendant le retour de son occupante. La maison était bien telle que je me l'étais représentée d'après la description succinte que m'en avait fait Holmes, mais située dans un endroit moins désert que je ne l'imaginais. Tout au contraire, pour une petite rue d'un quartier tranquille, celle-ci était même assez animée. Dans un coin, un petit groupe de pauvres hères fumaient en riant; plus loin un rémouleur affûtait des couteaux, deux soldats de la Garde flirtaient avec une bonne d'enfants, plusieurs jeunes élégants tuaient le temps en fumant le cigare.

– Voyez-vous, me fit remarquer Holmes comme nous passions devant la maison, ce mariage simplifie plutôt les choses. La photographie devient maintenant une arme à double tranchant. Il y a de fortes chances pour que la nouvelle épousée ne tienne pas davantage à ce qu'elle tombe sous les yeux de M. Godfrey Norton, que notre client à ce que sa Princesse la voie. La question qui se pose c'est : où allons-nous trouver la photo?

– Où, en effet?

– Il me paraît improbable qu'elle la transporte sur soi, car il s'agit d'une photographie format album, trop grande donc pour qu'une dame puisse la dissimuler facilement dans ses vêtements. Elle sait le roi très capable de lui tendre un guet-apens pour la faire fouiller, puisque deux tentatives de ce genre ont déjà eu lieu. Nous pouvons donc en conclure qu'elle ne l'emporte pas avec elle.

– Où l'a-t-elle, alors?

– Chez son banquier ou son homme de loi. Cette double possibilité existe, mais j'incline à penser que ça n'est aucun des deux cas. Les femmes sont secrètes de nature et répugnent à faire connaître les cachettes dont elles usent. Pourquoi aurait-elle confié la photo à quelqu'un? Même se fiant entièrement à cette personne, elle ne pouvait être certaine que ladite personne résisterait à toute pression d'ordre politique ou autre. Par ailleurs, souvenez-vous qu'elle était résolue à s'en servir dans les prochains jours. Elle doit donc l'avoir gardée sous la main. Chez elle, très probablement.

– Mais la maison a été cambriolée à deux reprises.

– Fttt! Ils n'auront pas su chercher où il fallait.

– Et où chercherez-vous?

– Je ne chercherai pas.

– Comment ça?

– Je l'amènerai à me montrer la cachette.

– Mais elle refusera.

– Elle ne sera pas en position de refuser. Mais j'entends un bruit de roues. C'est sa voiture. A présent, suivez mes instructions à la lettre!

Comme il parlait, les lanternes latérales d'une voiture tournèrent dans l'avenue. C'était un élégant petit landau qui roula jusqu'à la porte de Briony Lodge. Quand il s'arrêta, un des pauvres hères se précipita pour ouvrir la portière dans l'espoir d'un pourboire, mais un de ses compagnons le repoussa pour arriver avant lui. Une querelle s'ensuivit, qui s'accrut lorsque les deux militaires prirent parti pour l'un, cependant que le rémouleur soutenait l'autre avec chaleur. Un coup de poing fut donné et, en un clin d'œil, la dame qui venait de descendre de voiture, se trouva au centre d'un petit groupe d'hommes se battant à coups de poing et de bâton. Holmes se précipita au cœur de la mêlée pour protéger la dame mais, juste comme il la rejoignait, il poussa un cri et s'effondra par terre, le visage en sang. Voyant cela, les deux soldats détalèrent d'un côté et les vagabonds de l'autre, tandis que les jeunes élégants qui avaient observé la bagarre sans s'y mêler accouraient pour aider la dame et secourir le blessé. Irène Adler, comme je continuerai de l'appeler, avait vivement gravi les degrés du perron, mais s'y était immobilisée pour regarder dans la rue, sa ravissante silhouette se découpant sur la clarté du hall.

– Ce pauvre monsieur est-il blessé? s'enquit-elle.

– Il est mort! clamèrent plusieurs voix.

– Non, non, il respire encore! cria quelqu'un d'autre. Mais il expirera sûrement avant qu'on l'ait transporté à l'hôpital.

– Ça, c'est un homme courageux, déclara une femme accourue. Sans lui, ils auraient volé le sac de la dame. C'est une véritable bande, ces types... Ah! le voilà qui reprend vie!

– On ne va quand même pas le laisser dans la rue... Pouvons-nous le transporter chez vous, madame? demanda quelqu'un à Irène Adler.

– Mais bien sûr. Portez-le dans le salon, où il y a un sofa très confortable... Par ici, je vous prie...

Lentement et avec beaucoup de solennité, Holmes fut transporté à l'intérieur de Briony Lodge et dans la grande pièce du rez-de-chaussée, tandis que j'observais tout cela de mon poste près de la fenêtre. Les lampes avaient été allumées, mais on n'avait pas baissé les stores, si bien que je pouvais voir Holmes étendu sur le sofa. J'ignore si en cet instant il éprouva quelques remords du rôle qu'il jouait, mais je sais que, de ma vie, je ne m'étais senti aussi honteux qu'en observant cette ravissante créature contre laquelle je conspirais, alors qu'elle s'occupait du blessé avec autant de grâce que de bonté. Cependant c'eût été trahir abominablement Holmes que renoncer maintenant à jouer le rôle qu'il m'avait confié. Endurcissant mon cœur, je sortis de sous mon ulster la fusée fumigène. Après tout, pensai-je, nous ne lui faisons aucun mal. Nous voulons seulement l'empêcher d'en faire à autrui.

Holmes s'était dressé sur son séant et s'agitait comme un homme manquant d'air. Une domestique se précipita ouvrir la fenêtre. Au même instant, je vis Holmes lever la main et, à ce signal, je lançai la fusée à l'intérieur de la pièce en criant « Au feu! ». A peine ce cri avait-il jailli de mes lèvres que tous les badauds se trouvant à proximité – gens bien ou mal habillés, cochers et domestiques – firent chorus. D'épais nuages de fumée tourbillonnaient dans la pièce et jaillissaient par la fenêtre ouverte. J'entrevis des silhouettes qui s'agitaient et j'entendis presque aussitôt la voix de Holmes leur assurer que c'était une fausse alerte. Me faufilant à travers la foule, je gagnai le coin de la rue et, dix minutes plus tard, j'eus la joie de sentir le bras de mon ami prendre le mien pour m'entraîner loin du tumulte. Il marcha d'un pas rapide et sans parler jusqu'à ce que nous ayons atteint une de ces paisibles artères qui mènent à Edgware Road.

— Vous vous en êtes très bien tiré, Docteur, me dit-il alors. Ça ne pouvait mieux se passer. Tout a été parfait.

— Vous avez la photographie?

— Je sais où elle est.

— Et comment l'avez-vous su?

— C'est elle qui m'a montré l'endroit, comme je vous l'avait annoncé.

— Je suis en plein brouillard!

— Je ne cherche pas à en faire mystère, me déclara-t-il en riant. La chose était toute simple. Bien entendu, vous avez compris que tous les gens se trouvant dans la rue étaient à ma solde, engagés pour la soirée.

— Je m'en étais douté, oui.

— J'avais un peu de peinture rouge, toute fraîche sur la paume de la main. Alors, quand la bagarre a commencé, je me suis précipité, je suis tombé en me plaquant la main sur la figure, offrant ensuite le piteux spectacle que vous avez pu voir. C'est un très vieux truc!

— Ça aussi, j'en avais eu le sentiment.

— Après quoi, ils m'ont transporté dans la maison. Elle ne pouvait qu'y consentir. Quelle objection aurait-elle formulée? Et je me suis retrouvé ainsi dans son salon, une des pièces sur lesquelles je misais. Pour moi, la photo devait être cachée dans le salon ou la chambre à coucher, et je voulais savoir à quoi m'en tenir. Quand ils m'eurent étendu sur un divan, je fis signe que je manquais d'air et l'on a aussitôt ouvert la fenêtre, ce qui vous a permis d'agir.

— Et en quoi cela vous a-t-il aidé?

— C'était extrêmement important : quand une femme croit sa maison en feu, son instinct lui commande de sauver ce à quoi elle attache le plus de prix. C'est une impulsion absolument irrésistible, et j'ai eu plus d'une fois l'occasion d'en tirer avantage. Ça m'a servi lors du scandale de la Substitution Darlington, et aussi dans l'affaire d'Arnsworth Castle. Une femme pense avant tout à son bébé... et, si elle n'en a pas, à ses bijoux. En ce qui concernait notre dame d'aujourd'hui, il était évident pour moi qu'elle n'avait dans sa maison rien de plus précieux que ce dont nous étions en quête. Elle se précipiterait donc le sauver. L'alerte au feu fut admirable. La fumée et les cris avaient de quoi secouer les nerfs les plus solides. Elle a réagi magnifiquement. La photographie se trouve dans une cachette ménagée derrière un panneau qui glisse de côté, juste au-dessus de la sonnette du salon. Elle y a couru aussitôt et j'ai entrevu la photographie; quand j'ai crié qu'il s'agissait d'une fausse alerte, elle l'a vivement remise en place, a jeté un coup d'œil à notre fusée et s'est précipitée hors de la pièce, après quoi je ne l'ai plus revue. Alors, je me suis levé et, me répandant en excuses, j'ai quitté la maison. J'avais été un instant tenté d'essayer de m'emparer de la photographie, mais le cocher était venu dans la pièce et m'observait; aussi ai-je jugé plus prudent d'attendre. Un excès de précipitation aurait pu tout gâcher.

– Et maintenant? questionnai-je.

– Notre enquête est pratiquement terminée. Demain, j'irai lui rendre visite avec le roi, et avec vous si vous le souhaitez. On nous conduira dans le salon, pour attendre la dame, mais il est probable que, lorsqu'elle arrivera, elle ne nous y trouvera plus, non plus que la photographie. Sa Majesté aura peut-être satisfaction à récupérer de ses propres mains ce cliché.

– Et à quelle heure aura lieu cette visite?

– A huit heures du matin. Elle ne sera pas encore levée, et nous aurons donc le champ libre. Il nous faut agir promptement, car ce mariage est susceptible de changer complètement son existence et ses habitudes. Il me faut télégraphier au roi sans délai.

Nous avions atteint Baker Street et Holmes s'arrêta devant la porte. Il fouillait dans ses poches à la recherche de la clef, lorsque quelqu'un passant à proximité lança :

– Bonsoir, monsieur Sherlock Holmes!

Plusieurs personnes se trouvaient à ce moment-là sur le trottoir, mais le bonsoir semblait avoir émané d'un svelte adolescent en ulster qui était passé très vite.

— J'ai déjà eu l'occasion d'entendre cette voix, dit Holmes en regardant la rue faiblement éclairée. Je me demande qui diable ça pouvait bien être.

III

Cette nuit-là, je dormis à Baker Street et nous étions en train de prendre notre café avec des toasts lorsque le roi de Bohême fit irruption dans la pièce.
— Vous l'avez vraiment? s'exclama-t-il en saisissant Holmes par les épaules et le regardant avec une sorte d'avidité.
— Pas encore.
— Mais vous avez de l'espoir?
— J'ai de l'espoir.
— Alors, vite! J'ai hâte que nous soyons en route!
— Il nous faut faire appeler un fiacre.
— Non, mon coupé attend en bas.
— Alors ça va simplifier les choses.
Nous descendîmes jusqu'à la voiture et partîmes une fois de plus pour Briony Lodge.
— Irène Adler s'est mariée, annonça Holmes.
— Mariée! Quand ça?
— Hier.
— Mais avec qui?
— Un homme de loi anglais, nommé Norton.
— Mais elle ne peut pas l'aimer?
— J'espère bien que si.
— Et pourquoi l'espérez-vous?
— Parce que cela épargnerait à Votre Majesté toute crainte pour l'avenir. Si cette dame est amoureuse de son mari, elle ne peut l'être de Votre Majesté. Et si elle n'est pas amoureuse de Votre Majesté, elle n'a aucune raison de contrecarrer les projets de Votre Majesté.
— C'est exact. Et pourtant... Ah! je regrette qu'elle n'ait pas été de mon rang. Quelle reine elle aurait fait!

Il sombra dans une rêverie morose, qui persista jusqu'à ce que nous atteignions Serpentine Avenue.

La porte de Briony Lodge était ouverte, et une femme âgée se tenait sur le seuil. Elle nous considéra d'un œil sardonique tandis que nous descendions du coupé.

– M. Serlock Holmes, je crois? dit-elle.

– Je suis M. Holmes, en effet, répondit mon compagnon en la regardant d'un air interrogateur et surpris.

– Ma maîtresse m'avait dit que vous alliez probablement venir. Elle est partie ce matin avec son mari, par le train qui quitte Charing Cross à 5h15 pour le Continent.

– Quoi!

Sous le coup de la surprise et de la déception, Holmes était livide.

– Vous voulez dire qu'elle a quitté l'Angleterre?

– Pour n'y plus revenir.

– Et les papiers? demanda le roi d'une voix rauque. Tout est perdu.

– Nous allons voir.

Ecartant la domestique, Holmes se précipita dans le salon, suivi par le roi et moi. Le plus grand désordre y régnait; étagères dépouillées, tiroirs laissés ouverts, comme si la dame les avait vidés en toute hâte avant de s'enfuir. Courant vers la sonnette, mon ami fit glisser de côté un petit panneau et plongea la main dans la cavité qu'il dissimulait. Il en sortit une photographie et une enveloppe. La photo montrait Irène Adler en robe du soir. L'enveloppe était libellée : « *A Sherlock Holmes, Esq., qui passera prendre* ». Mon ami la décacheta et nous lûmes la lettre tous les trois ensemble. Datée de la veille à minuit, elle était ainsi conçue :

Mon cher M. Sherlock Holmes,

Vous avez fait merveille et m'avez complètement abusée. C'est seulement après l'alerte au feu qu'il m'est venu des soupçons. Prenant soudain conscience de la façon dont je m'étais trahie, je me suis mise à réfléchir. Depuis plusieurs mois, on m'avait prévenue contre vous. On m'avait dit que si le roi recourait à un détective, ce serait certainement vous. On m'avait même donné votre adresse. Et malgré tout cela, vous m'avez amenée à vous révéler ce que vous vouliez savoir. Même après qu'il me fut venu des soupçons, j'avais peine à penser du mal d'un aussi brave vieux clergyman. Mais, vous le savez, j'ai moi-même été actrice, et le travesti masculin n'est pas pour moi une nouveauté. Je profite souvent de la liberté qu'il confère. J'ai donc chargé John, le cocher, de vous surveiller et je suis vite montée mettre ce que j'appelle ma « tenue de sport ». Vous partiez juste quand je suis redescendue.

« *Je vous ai suivi jusqu'à votre porte, afin d'être bien sûre que le célèbre M. Sherlock Holmes s'intéressait à moi. Là, assez imprudemment, je me suis laissée aller jusqu'à vous souhaiter le bonsoir, avant de rejoindre mon mari dans le quartier du Temple.*

« *Nous avons estimé tous deux que, lorsqu'on a pour adversaire quelqu'un d'aussi formidable, le mieux est de prendre la fuite; aussi, lorsque vous viendrez demain, vous trouverez le nid vide. Quant à la photographie, que votre client dorme en paix. L'homme que j'aime et dont je suis aimée vaut mieux que lui. Le Roi peut donc faire ce qu'il voudra sans avoir rien à craindre de la part de celle qu'il avait cruellement offensée. Je la garde uniquement pour assurer ma sauvegarde, et conserver une arme qui me protègera toujours contre les ennuis qu'il voudrait un jour ou l'autre me causer. Mais je lui laisse une autre photographie, qu'il sera peut-être heureux d'avoir. Et je reste, cher monsieur Sherlock Holmes, très sincèrement vôtre.*

Irène Norton, née Adler.

— Quelle femme! Oh! Quelle femme! s'exclama le roi de Bohême quand nous eûmes tous trois achevé la lecture de cette épître. Ne vous avais-je pas dit qu'elle était aussi résolue que prompte à la décision? N'aurait-elle pas fait une admirable souveraine? N'est-ce pas grand dommage qu'elle n'ait pas été de mon rang?

— D'après ce que j'ai pu voir de la dame, elle me semble, en effet, être d'un tout autre rang que celui de Votre Majesté, dit froidement Holmes. Je suis navré de n'avoir pu mener à une meilleure conclusion l'affaire dont Votre Majesté m'avait chargé.

— Mais au contraire, mon cher monsieur! s'écria le roi. C'est une excellente conclusion. Je sais qu'elle est femme de parole. Aussi, en ce qui concerne cette photographie, je me sens désormais aussi tranquille que si je l'avais brûlée.

— Je suis heureux de l'entendre dire par Votre Majesté.

— J'ai envers vous une dette immense. Dites-moi, de grâce,

comment vous exprimer ma reconnaissance. Cette bague...

Il ôta de son doigt un serpent orné d'émeraudes, qu'il présenta sur la paume de sa main.

– Votre Majesté possède quelque chose que je priserais encore beaucoup plus, dit Holmes.

– Il vous suffit de me dire ce que c'est.

– Cette photographie!

Le roi le considéra avec stupeur :

– La photographie d'Irène? Mais bien volontiers, si c'est ce que vous souhaitez! s'écria-t-il.

– Je remercie Votre Majesté. Et maintenant, comme il n'y a plus rien que je puisse faire, j'ai l'honneur de vous souhaiter une bonne journée.

Holmes s'inclina et, se détournant sans voir la main que le roi lui tendait, il regagna son domicile en ma compagnie.

Voilà comment un grand scandale a failli éclater au royaume de Bohême et comment les plans que M. Sherlock Holmes avait mis soigneusement au point furent déjoués par une femme d'esprit. Il avait l'habitude d'ironiser sur l'intelligence des femmes, mais voici quelque temps déjà que cela ne lui est arrivé en ma présence. Et quand il parle d'Irène Adler ou fait allusion à sa photographie, c'est toujours en usant de cette appellation aussi simple que flatteuse : *la* Femme.

2

UNE AFFAIRE D'IDENTITÉ

Mon cher ami, me dit Sherlock Holmes, comme nous étions assis de part et d'autre de la cheminée dans son appartement de Baker Street, la vie est infiniment plus étrange que tout ce que l'esprit de l'homme inventera jamais. Nous n'oserions pas concevoir certaines choses qui sont pourtant courantes dans l'existence. Si, nous tenant par la main, nous pouvions nous envoler par cette fenêtre, planer au-dessus de cette grande cité, soulever doucement les toits et jeter un coup d'œil à ce qui se passe en dessous : les étranges coïncidences, les manigances, les malentendus, l'extraordinaire enchaînement d'événements qui, se poursuivant d'une génération à l'autre, aboutissent aux résultats les plus *outrés* (1), alors n'importe quel roman, avec ses conventions et son dénouement prévisible, nous paraîtrait aussi fade que vain.

— Eh bien, je n'en suis pas convaincu, répliquai-je. Les affaires dont on lit le récit dans les journaux sont, en général, plates et quelconques. Dans les rapports de police, le réalisme est poussé jusqu'à ses plus extrêmes limites et cependant, il faut bien se l'avouer, le résultat n'a rien de fascinant ni d'artistique.

— Pour obtenir un effet réaliste, il convient d'opérer un choix et d'user de discrétion, remarqua Holmes. C'est ce qui fait défaut aux rapports de police, où ressortent peut-être davantage les platitudes de celui qui les a rédigés que les détails, lesquels constituent cependant le fond même de

---

(1) En français dans le texte (N. du T.).

l'affaire pour qui prend connaissance d'un tel rapport. Si l'on fait trop fond sur elles, rien ne paraît plus artificiel que les banalités.

Je souris et secouai la tête :

— Je comprends très bien que vous pensiez cela, dis-je. Car, en tant que conseiller officieux auquel ont recours ceux qui, à travers trois continents, se sentent profondément désemparés, vous vous trouvez forcément en contact avec tout ce qui est étrange et singulier. Mais, tenez, poursuivis-je en prenant le journal du matin, livrons-nous à une expérience... Voici le premier titre qui me saute aux yeux : « Sévices d'un mari envers sa femme ». L'article occupe une demi-colonne, mais je n'ai pas besoin de le lire tant je sais d'avance que le contenu m'en est familier. Il y a, bien entendu, l'autre femme, la boisson, les disputes, les coups, les meurtrissures, l'infirmière ou la propriétaire qui s'en émeut... Le plus quelconque des écrivains ne saurait rien imaginer de plus quelconque.

— Cet exemple est vraiment mal choisi pour appuyer votre argumentation, dit Holmes en prenant le quotidien et parcourant l'article du regard. Il s'agit du divorce Dundas, or il se trouve que l'on a eu recours à moi pour élucider certains points de détail s'y rapportant. Le mari ne buvait que de l'eau ou du thé, il n'y avait pas d'autre femme, et ce qu'on lui reprochait, c'était la détestable habitude qu'il avait prise, à la fin des repas, d'ôter son dentier pour le jeter à la figure de sa femme, ce qui, vous en conviendrez, n'est pas une chose qu'eût facilement imaginée un romancier. Une prise, Docteur, et reconnaissez que, en l'occurrence, j'ai marqué un point contre vous.

Il me présenta sa tabatière de vieil or, dont le couvercle s'ornait d'une grosse améthyste. Sa splendeur contrastait tellement avec la simplicité de la vie et des goûts de mon ami que je ne pus m'empêcher d'en faire la remarque :

— Ah! dit-il, j'oubliais que je ne vous avais pas vu depuis quelques semaines. Ceci est un petit souvenir du roi de Bohême, pour me remercier de l'aide que je lui ai apportée dans l'affaire des papiers d'Irène Adler.

— Et la bague? questionnai-je en regardant le très beau brillant qui scintillait à l'un de ses doigts.

— Elle m'a été donnée par la famille régnante de Hollande,

mais à propos d'une affaire si délicate que je ne saurais en parler même à vous, qui avez eu l'amabilité de relater quelques-uns de mes petits problèmes.

– Et en avez-vous un qui vous occupe actuellement ? m'enquis-je avec intérêt.

– Disons plutôt dix ou douze, sans un seul qui présente de l'intérêt. Ils sont importants, certes, mais dépourvus d'intérêt. J'ai eu l'occasion de constater que ce sont ordinairement les affaires sans importance qui constituent le meilleur terrain d'observation et se prêtent le mieux à cette rapide analyse des causes et des effets qui font le charme d'une enquête. Les plus grands crimes se révèlent souvent être aussi les plus simples, car plus le crime est énorme, plus évident apparaît généralement le mobile. Dans les affaires qui m'occupent actuellement, si j'excepte celle qui me vient de Marseille, il n'y a vraiment rien qui présente un quelconque intérêt. Il n'est toutefois pas exclu que j'aie quelque chose de mieux d'ici quelques minutes car, à moins que je me trompe fort, voici une cliente.

Il avait quitté son fauteuil et se tenait entre les rideaux écartés, plongeant son regard dans cette rue londonienne morne et incolore. Par-dessus son épaule, j'aperçus, sur le trottoir d'en face, une forte femme portant autour de son cou un gros boa de fourrure et dont le chapeau à large bord, orné d'une grande plume rouge, était coquettement incliné sur une oreille, selon la mode lancée par la duchesse de Devonshire. A l'abri de cet imposant couvre-chef, elle regardait de temps à autre nos fenêtres avec une sorte de nervosité empreinte d'hésitation, en balançant légèrement son corps et tourmentant les boutons de ses gants. Soudain, comme un nageur se décidant à plonger, elle traversa vivement la rue et nous l'entendîmes sonner à notre porte.

– J'ai déjà eu l'occasion d'observer ces symptômes, déclara Holmes en jetant sa cigarette dans le feu. Se balancer ainsi au bord d'un trottoir signifie toujours qu'il s'agit d'une affaire de cœur. Elle voudrait un conseil, mais se demande si l'affaire n'est pas trop délicate pour l'exposer à quelqu'un. Lorsqu'une femme a été fortement humiliée par un homme, elle ne connaît pas d'hésitation et cela se traduit souvent par la rupture du cordon de sonnette. En l'occurrence, nous pouvons donc conclure qu'il s'agit d'une affaire de cœur, mais que la dame est moins furieuse que perplexe ou affligée. Et la voici qui vient, en personne, dissiper nos doutes.

Comme il parlait encore, on frappa à la porte et le jeune garçon en livrée entra pour annoncer Miss Mary Sutherland que l'on distinguait derrière sa minuscule silhouette, tel un gros navire de commerce derrière un petit remorqueur. Sherlock Holmes l'accueillit avec la courtoise aisance qui le caractérisait; ayant refermé la porte, il s'inclina et lui indiqua un fauteuil tout en l'observant avec une minutieuse attention qu'il avait le don de dissimuler derrière un air distrait.

— Vu votre myopie, lui dit-il, ne trouvez-vous pas un peu fatigant de taper autant à la machine?

— Au début, oui, lui répondit-elle, mais à présent je sais où sont les lettres sans avoir à regarder.

Puis, mesurant soudain toute la portée des paroles de Sherlock Holmes, elle eut comme un sursaut et, tandis qu'une stupeur apeurée se peignait sur son visage bonasse, elle s'exclama :

— Vous avez entendu parler de moi, monsieur Holmes... Sinon, comment sauriez-vous tout cela?

— Ne vous inquiétez pas, dit Holmes en riant, c'est mon travail de savoir les choses de ce genre. Peut-être me suis-je entraîné à voir à quoi les autres ne prêtent pas attention. Si ce n'était pas le cas, pourquoi seriez-vous venue me consulter?

— J'ai recours à vous, monsieur, parce que j'ai entendu parler de vous par Mme Etherege, dont vous avez eu si vite fait de retrouver le mari, alors que la police et tout le monde le tenaient pour mort. Oh! monsieur Holmes, je voudrais tant que vous puissiez faire de même en ce qui me concerne! Je ne suis pas riche, mais j'ai quand même cent livres de rente par an, en sus du peu que je gagne en tapant à la machine, et je donnerais tout ce que je possède pour savoir ce qu'est devenu M. Hosmer Angel.

— Pourquoi êtes-vous venue me consulter de façon si précipitée? s'enquit Sherlock Holmes qui avait juxtaposé les extrémités de ses dix doigts et contemplait le plafond.

De nouveau, la surprise marqua le visage quelque peu dénué d'expression de Miss Mary Sutherland :

— Oui, je suis partie en trombe de la maison parce que ça me faisait bouillir de voir avec quel détachement M. Windibank – c'est mon père – prenait tout cela. Il ne voulait pas aller trouver la police, il ne voulait pas venir vous consulter, répétant qu'il n'y avait pas péril en la demeure... Alors je me suis mise en colère et je suis venue directement chez vous!

– Votre père? répéta Holmes. Il s'agit certainement de votre beau-père, puisque vous ne portez pas le même nom?

– Oui, mon beau-père. Je l'appelle père, bien que cela puisse paraître drôle, vu qu'il a seulement cinq ans et deux mois de plus que moi.

– Votre mère est vivante?

– Oh, oui, elle est vivante et se porte bien. Je n'ai pas été tellement ravie quand elle s'est remariée si tôt après la mort de Papa, et avec un homme ayant quinze ans de moins qu'elle. Papa était plombier dans Tottenham Court Road, et il a laissé une affaire marchant bien dont Maman a continué de s'occuper avec M. Hardy, le contremaître. Mais sur ces entrefaites est arrivé M. Windibank, qui lui a fait vendre le commerce, car il considérait, étant représentant en vins, que c'était au-dessous de sa condition. Ils en ont tiré quatre mille sept cents livres pour le fonds et l'achalandage, ce qui était loin de ce que Papa en aurait obtenu s'il avait été encore de ce monde.

Je me serais attendu que Sherlock Holmes marque une certaine impatience devant un récit aussi décousu mais, tout au contraire, il l'avait écouté avec une extrême attention.

– Votre petite rente vous vient-elle de l'affaire? questionna-t-il.

– Oh! non, monsieur, cela n'a absolument rien à voir. Elle m'a été léguée par mon oncle Ned qui habitait Auckland. Ce sont des obligations néo-zélandaises qui rapportent 4,50 %. Cela représente un capital de deux mille cinq cents livres, mais je ne peux disposer que du revenu.

– Vous m'intéressez au plus haut point, dit Holmes. Puisque vous êtes assurée d'un revenu annuel de quelque cent livres, en sus de ce que vous gagnez par votre travail, vous devez sans doute voyager un peu et vous passer toutes vos fantaisies? Je crois qu'une dame vivant seule peut mener une existence très confortable avec une soixantaine de livres par an.

— Je ferais même avec beaucoup moins que ça, monsieur Holmes, mais vous devez bien comprendre que, vivant chez eux, je ne veux pas être une charge. Je les laisse donc disposer de cet argent. Mais c'est momentané, bien entendu. M. Windibank va toucher mes coupons chaque trimestre et donne l'argent à Maman Je me suis aperçue que ce que je gagne avec mes travaux de dactylographie me suffisait amplement. C'est payé deux pence la page et je tape souvent de quinze à vingt pages dans ma journée.

— Vous m'avez très clairement exposé votre situation, dit Holmes. Ce monsieur est mon ami le Dr Watson, devant qui vous pouvez parler aussi librement que si vous étiez seule avec moi. Alors, maintenant, dites-nous quelles sont vos relations avec M. Hosmer Angel.

Le visage de Miss Sutherland s'empourpra, tandis qu'elle tourmentait nerveusement le bord de sa jaquette.

— J'ai fait sa connaissance au bal des Gaziers, expliqua-t-elle. Du vivant de mon père, ils avaient l'habitude de lui envoyer des billets et, après sa mort, ils ont continué avec Maman. M. Windibank ne tenait pas à ce que nous y allions. D'ailleurs, il ne tient jamais à ce que nous allions quelque part. Que je manifeste l'intention de particper à une sortie organisée par la paroisse, et le voilà qui pique une colère! Mais cette fois j'étais bien décidée à passer outre et me rendre à ce bal, car quel droit avait-il de m'en empêcher? Il disait que nous ne serions pas avec des gens fréquentables, alors que tous les amis de mon père devaient être présents. Il disait aussi que je n'avais rien de convenable à me mettre, alors que j'ai ma robe en velours de panne rouge que je n'ai pour ainsi dire jamais portée. Finalement, comme rien n'y faisait, il est parti pour la France en voyage d'affaires pour la maison qu'il représente. Mais Maman et moi nous sommes fait accompagner par M. Hardy, qui avait été notre contremaître, et c'est à ce bal que j'ai rencontré M. Hosmer Angel.

— Je suppose, dit Holmes, qu'à son retour de France, M. Windibank a été très mécontent que vous soyez allée à ce bal?

— Oh! il a pris ça très bien. Je me souviens qu'il a ri en haussant les épaules et dit que c'était peine perdue de refuser quelque chose à une femme, car elle arrive toujours à ce qu'elle veut.

— Je vois... Donc, à ce bal des Gaziers, vous avez fait la connaissance d'un gentleman qui était M. Hosmer Angel.

— Oui, monsieur. J'ai fait sa connaissance ce soir-là et il est venu le lendemain s'informer si nous étions rentrées sans encombre. Après ça, nous l'avons revu... c'est-à-dire, monsieur Holmes, que je suis sortie deux fois me promener avec lui, mais ensuite Père est rentré et M. Hosmer Angel n'a plus eu la possibilité de venir à la maison.

— Non?

— Non... Père, voyez-vous, n'aime pas ce genre de choses. S'il était en mesure de le faire, il ne recevrait jamais personne, et il aime à dire qu'une femme doit être heureuse dans son cercle familial. Mais, comme je le fais remarquer à Maman, une femme tient à former son propre cercle familial, et moi je n'ai même pas encore commencé!

— Mais M. Hosmer Angel? N'a-t-il pas cherché, lui, à vous revoir?

— Eh bien, Père devait retourner de nouveau en France pendant une semaine. Alors Hosmer m'a écrit qu'il serait préférable et plus prudent de ne pas nous revoir jusqu'à ce qu'il soit parti. Entre-temps, nous nous écririons, et c'est ce qu'il a fait quotidiennement. Comme c'est moi qui prends le courrier le matin, Père n'en savait rien.

— A ce moment-là, étiez-vous fiancée avec ce monsieur?

— Oh! oui, monsieur Holmes. Nous nous sommes fiancés dès notre première promenade ensemble. Hosmer — M. Angel — était caissier dans une entreprise de Leadenhall Street... et...

— Quelle entreprise?

— C'est bien ça le pire, monsieur Holmes : je l'ignore.

— Où habitait-il alors?

— Il couchait sur place.

— Et vous ne connaissez pas son adresse?

— Non... sauf que c'était Leadenhall Street.

— Mais où lui adressiez-vous donc vos lettres?

— A la poste de Leadenhall Street, poste restante. Il me disait que si je les lui envoyais à son bureau, les autres employés, voyant qu'il recevait des lettres d'une dame, le taquineraient Aussi lui avais-je proposé de les taper à la

41

machine, comme il le faisait lui-même, mais il avait protesté, disant que manuscrites, elles lui semblaient bien émaner directement de moi mais que, dactylographiées, ce serait comme si la machine s'interposait entre nous. Ceci vous montre bien, monsieur Holmes, que, pour penser à de tels petits détails, il tenait certainement beaucoup à moi.

— C'est très suggestif, en effet, opina Holmes. Je considère depuis longtemps comme un axiome que les petits détails sont, et de loin, les plus importants. Vous en rappelez-vous d'autres à propos de M. Hosmer Angel?

— C'était un homme extrêmement timide, monsieur Holmes. Il préférait se promener avec moi le soir que durant la journée, car il disait détester se mettre en vedette. Très reservé, il se conduisait toujours en gentleman. Même sa voix était douce. Enfant, m'avait-il expliqué, il avait eu fréquemment des angines et des amygdalites aiguës, qui lui avaient affaibli la gorge, le faisant parler à mi-voix, d'une façon comme hésitante. Il était toujours très bien habillé, mais avec simplicité et, souffrant comme moi de la vue, il portait des verres teintés pour se protéger les yeux.

— Bon... Et que s'est-il passé lorsque M. Windibank, votre beau-père, est rentré de France?

— M. Hosmer Angel était venu de nouveau à la maison et avait suggéré que nous nous mariions avant le retour de Père. Il était d'une extrême gravité et m'avait fait jurer, la main sur la Bible, que quoi qu'il arrive, je lui resterais toujours fidèle. Maman a dit qu'il avait bien fait d'agir ainsi et que cela montrait à quel point il tenait à moi. Dès l'abord, Maman lui avait été tout acquise, et elle en raffolait encore plus que moi. Toutefois, quand ils se mirent à parler d'un mariage dans la semaine, j'ai dit « Et Père? ». Mais ils m'ont dit de ne pas me tracasser pour Père, que je n'aurais qu'à le lui apprendre après, et Maman m'a assuré qu'elle arrangerait tout avec lui. Ça, monsieur Holmes, ça ne m'a pas tellement plu. Je trouvais drôle de lui demander son consentement, vu qu'il avait seulement quelques années de plus que moi, mais je ne voulais rien faire en cachette. Je lui ai donc écrit à Bordeaux, où la maison qui l'emploie a ses bureaux français, mais la lettre m'est revenue le matin même du mariage, prévu pour le vendredi.

— Elle l'avait donc manqué?

— Oui, car il était reparti pour l'Angleterre juste avant qu'elle n'arrive.

— Ce n'est vraiment pas de chance... Donc, votre mariage était prévu pour le vendredi. Mariage à l'église?

— Oui, monsieur, mais très simple. Il devait être célébré à Saint-Sauveur, près de King's Cross, après quoi un lunch aurait eu lieu au Saint-Pancras Hotel. Hosmer est venu nous chercher dans un hansom-cab, mais comme il n'y a place que pour deux dans un cab, il nous l'a laissé cependant que lui-même faisait signe à un fiacre, qui se trouvait être le seul disponible dans la rue. Nous arrivâmes les premières à l'église et lorsque le fiacre survint à son tour, nous attendîmes qu'il en descende. Mais comme rien ne se produisait, le cocher a quitté son siège pour regarder à l'intérieur : il n'y avait personne! Le cocher n'en revenait pas, disant qu'il l'avait pourtant bien vu monter de ses propres yeux... C'était vendredi dernier, monsieur Holmes, et depuis lors rien n'est venu jeter la moindre clarté sur cette disparition. J'ignore ce que Hosmer est devenu.

— Il me semble s'être conduit envers vous de la plus honteuse façon, dit Holmes.

— Oh! non, monsieur! Il était trop bon et trop attentionné pour m'avoir pareillement abandonnée. Pensez : ce matin-là encore, il n'avait cessé de me répéter que, quoi qu'il arrive, je devais lui rester fidèle, et même si quelque chose d'absolument imprévu venait à nous séparer, ne pas oublier que je lui avais donné ma parole; tôt ou tard, il reviendrait me demander de tenir la promesse que je lui avais faite. C'était plutôt étrange de parler ainsi le matin de son mariage, mais cela a pris tout son sens à la clarté de ce qui a suivi.

— Certes! Ainsi donc, votre sentiment est qu'il lui est arrivé quelque catastrophe imprévue?

— Oui, monsieur. Je crois qu'il pressentait un danger, sans quoi il n'aurait pas parlé ainsi. Et je pense que ce qu'il craignait s'est produit.

— Mais vous n'avez pas idée de ce que cela pouvait être?

— Aucune idée.

— Une question encore... Comment votre mère a-t-elle pris la chose?

43

— Elle était furieuse, et m'a dit de ne jamais plus lui reparler de tout ça.

— Et votre père? L'avez-vous mis au courant?

— Oui. Il a semblé estimer, comme moi, que quelque chose avait dû se produire et que, normalement, je devrais recevoir des nouvelles de Hosmer. Comme il le disait lui-même, quel intérêt aurait eu Hosmer à me faire aller jusqu'aux portes de l'église, pour me planter là? Ah! s'il m'avait emprunté de l'argent, ou si, m'ayant épousée, il avait disposé de ma fortune, là il aurait pu y avoir une raison. Mais Hosmer était très détaché en ce qui concernait l'argent et jamais il ne m'avait emprunté fût-ce un shilling. Qu'est-ce qui a bien pu se passer? Et pourquoi ne m'a-t-il pas écrit? Oh! ça me rend à moitié folle rien que d'y penser! Je n'en ferme plus l'œil de la nuit!

Et, sortant un petit mouchoir de son manchon, elle y enfouit son visage en sanglotant bruyamment.

— Je vais m'occuper de cette affaire pour vous, dit Holmes en se levant, et je ne doute pas que nous obtenions un résultat décisif. Remettez-vous-en totalement à moi, et ne vous laissez plus obséder par cette histoire. Avant tout, essayez d'effacer M. Hosmer Angel de votre mémoire, comme il s'est effacé de votre vie.

— Alors, vous pensez que je ne le reverrai plus?

— Je crains que non.

— Mais que lui est-il donc arrivé?

— Laissez-moi étudier la question. J'aimerais avoir un signalement précis de ce monsieur, et des lettres de lui que vous accepteriez de me confier.

— J'ai fait insérer une annonce à son sujet, dans le *Chronicle* de samedi dernier, dit Miss Sutherland. En voici la coupure, et quatre lettres de lui.

— Merci. Votre adresse?

— 31 Lyon Place, Camberwell.

— Celle de M. Angel, vous ne l'avez jamais eue, m'avez-vous dit... Et où travaille votre père?

— Il voyage pour Westhouse & Marbank, les grands importateurs de bordeaux qui ont leurs bureaux dans Fenchurch Street.

— Merci. Vous m'avez fait un exposé très clair de l'affaire. Laissez ici ces papiers, et souvenez-vous du conseil que je vous ai donné. Fermez la porte sur cet incident, ne le laissez pas affecter votre vie.

— Vous êtes très gentil, monsieur Holmes, mais ça m'est impossible. Je serai fidèle à Hosmer et, quand il reviendra, il me trouvera l'attendant.

En dépit du chapeau ridicule et du visage inexpressif de notre visiteuse, cette fidélité à la parole donnée, avait une noblesse qui forçait le respect. Elle déposa les lettres sur la table et s'en alla, après avoir promis de revenir dès que mon ami la convoquerait.

Sherlock Holmes demeura assis et silencieux durant quelques minutes, les extrémités de ses doigts toujours juxtaposées, les jambes étendues devant lui et le regard au plafond. Puis il prit au râtelier sa vieille pipe de faïence bien culottée, qui était un peu sa conseillère; après l'avoir allumée, il se laissa aller contre le dossier de son fauteuil, et son visage exprimait une langueur infinie tandis qu'il tirait de la pipe des spirales d'épaisse fumée bleue.

— Très intéressant sujet d'étude que cette demoiselle, remarqua-t-il. Beaucoup plus intéressant que son petit problème, lequel, soit dit en passant, est assez banal. Si vous prenez la peine de consulter mon fichier, vous trouverez des affaires similaires à Andover en 77 et aussi à La Haye, l'an passé. Pour aussi vieille que soit l'idée, elle comporte ici un ou deux détails nouveaux pour moi. Mais la demoiselle elle-même m'en a appris bien davantage.

— Vous semblez avoir lu en elle beaucoup de choses qui me sont demeurées invisibles, déclarai-je.

— Pas invisibles, mais inaperçues, Watson. Vous ne saviez où regarder, si bien que vous n'avez rien vu de ce qui était important. Je n'ai jamais réussi à vous rendre sensible l'importance des manches, ou ce que peut suggérer l'ongle d'un pouce, ni les conclusions à tirer d'un lacet de soulier. Voyons un peu ce que vous avez déduit de l'aspect de cette femme. Décrivez-la-moi.

— Eh bien, elle avait un grand chapeau de paille ardoise avec un large bord et une plume brique. Sa jaquette était noire, semée de perles assorties et frangée de jais. Sa robe était d'un marron plus foncé que la couleur communément appelée « café », avec du velours rouge bordant le col et les manches. Ses gants étaient gris et l'index droit troué. Ses chaussures, je n'y ai pas prêté attention. Elle avait de petites boules d'or comme pendants d'oreille. Elle donnait l'impression d'une personne aisée, mais qui n'était pas distinguée.

Sherlock Holmes applaudit doucement et gloussa :

— Ma parole, Watson, vous voilà en grand progrès! Vous vous en êtes vraiment très bien tiré. Certes, vous avez manqué tout ce qui avait de l'importance, mais vous avez compris la méthode et vous avez le sens de la couleur. Ne vous fiez jamais à une impression d'ensemble, mon garçon, mais concentrez-vous sur les détails. Chez une femme, mon premier regard va toujours aux manches. S'agissant d'un homme, il vaut peut-être mieux commencer par les genoux du pantalon. Comme vous l'avez remarqué, cette femme avait du velours sur ses manches, et c'est un tissu qui nous est très utile, car il se marque facilement. Ainsi la double ligne un peu au-dessus du poignet, à l'endroit où la dactylo s'appuie contre la table, était très visible. La machine à coudre — le modèle que l'on actionne à la main — laisse une marque similaire, mais seulement sur le bras gauche et du côté opposé au pouce, au lieu d'être sur la partie la plus large comme c'était le cas ici. J'ai ensuite détaillé son visage et j'y ai noté la trace laissée par la pince d'un lorgnon, de chaque côté du nez. A partir de quoi, j'ai risqué une marque touchant la myopie et la dactylographie, qui l'a fort étonnée.

— Tout comme moi.

— C'était pourtant évident. J'ai alors regardé ses bottines et j'ai eu la surprise de constater que, si elles étaient malgré tout assorties, l'une avait un bout orné de piqûres et l'autre, un bout uni. Sur les cinq boutons, l'une n'avait de boutonnées que les deux du bas; l'autre : le premier, le troisième et le cinquième. Alors, Watson, quand vous voyez une jeune femme, par ailleurs correctement vêtue, arborer des bottines dissemblables et seulement à demi boutonnées, il n'est pas sorcier d'en déduire qu'elle est partie très précipitamment de chez elle.

— Et quoi d'autre encore? questionnai-je, car j'étais comme toujours vivement intéressé par le raisonnement incisif de mon ami.

— J'ai noté, au passage, qu'elle avait dû écrire un mot avant de sortir, mais après s'être complètement habillée.

Vous avez remarqué que son gant droit était percé à l'index, mais vous n'avez apparemment pas pris garde que le doigt comme le gant étaient tachés d'encre violette. Elle avait écrit en hâte et trempé sa plume trop profondément dans l'encrier. Cela s'était certainement produit ce matin, sans quoi la tache sur le doigt eût été plus pâle. Tout ceci est amusant, encore qu'assez élémentaire, mais il me faut revenir aux choses sérieuses. Watson, voudriez-vous me lire cet avis de recherche donnant le signalement de M. Hosmer Angel ?

Approchant de la lampe la coupure de journal, je lus :

– ON RECHERCHE : Disparu dans la matinée du 14 courant, un gentleman nommé Hosmer Angel. Taille 1m70 environ, solidement bâti, teint jaune, cheveux bruns, avec un début de calvitie au sommet du crâne, moustache et favoris bruns, très fournis. Lunettes teintées. Légère difficulté d'élocution. La dernière fois qu'on l'a vu, il portait une redingote noire à revers de soie, un gilet noir, une giletière en or, un pantalon en Harris tweed gris, des guêtres marron sur des bottines à élastique. Travaillait dans un bureau de Leadenhall Street. Toute personne en mesure d'apporter... etc.

– Bon, fit Holmes. Quant aux lettres, continua-t-il en y jetant un coup d'œil, elles sont très quelconques. Elles ne contiennent absolument rien qui puisse nous éclairer sur M. Angel, sauf qu'il y cite Balzac une fois. Elles ont toutefois une singularité qui n'a certainement pas manqué de vous frapper.

– Elles sont dactylographiées, dis-je.

– Non seulement cela, mais la signature elle-même est tapée à la machine. Voyez-moi ce petit « Hosmer Angel », si net, tout en bas. Il y a bien une date, mais pas d'adresse, si ce n'est « Leadenhall Street », ce qui reste très vague. Mais le détail de la signature est fort suggestif... je dirai même concluant.

– En quoi ?

– Mon cher ami, se peut-il que vous ne mesuriez pas toute son importance dans l'affaire ?

– A vrai dire non... Sauf, bien sûr, s'il souhaitait être en mesure de renier sa signature au cas où une action serait intentée contre lui pour rupture de fiançailles.

— Non, il ne s'agit pas de cela. D'ailleurs, je vais écrire deux lettres qui devraient permettre d'en finir avec ce problème. L'une, à une firme de la City, l'autre au beau-père de cette jeune personne, M. Windibank, lui demandant s'il lui est possible de nous rencontrer demain soir à six heures. Il nous vaut mieux avoir affaire au beau-père qu'à la mère. Et maintenant, Docteur, comme nous ne pouvons rien faire avant d'avoir reçu réponse à ces lettres, laissons de côté jusque-là notre petit problème.

J'avais eu tant d'occasions d'apprécier le raisonnement subtil de mon ami et son extraordinaire énergie que je fus convaincu qu'il devait avoir de solides raisons de traiter avec tant de désinvolte assurance le singulier mystère qu'on lui avait exposé. Je ne l'avais vu échouer qu'une seule fois, dans l'affaire du roi de Bohême et de la photographie d'Irène Adler, mais quand je me remémorais les singulières péripéties du *Signe des Quatre* et l'atmosphère extraordinaire où baignait l'*Etude en rouge,* je me disais qu'il n'était pas énigme au monde dont il ne sût trouver le fin mot.

Je le laissai donc, en train de fumer sa pipe de faïence, avec la conviction que lorsque je reviendrais, le lendemain soir, il aurait entre les mains tous les indices pour lui permettre d'identifier le fiancé disparu de Miss Mary Sutherland.

A ce moment-là, j'avais un client dans un état extrêmement grave et je passai à son chevet toute la journée du lendemain. Je ne me retrouvai libre que vers six heures; je sautai alors dans un cab et me fis conduire à Baker Street, craignant un peu d'arriver trop tard pour assister au dénouement du petit mystère. Mais je trouvai Sherlock Holmes seul, à moitié assoupi, son grand corps maigre lové au creux du fauteuil. Un grand déploiement de flacons, d'éprouvettes et de tubes à essai, ainsi que l'odeur forte et piquante de l'acide chlorhydrique m'apprirent qu'il avait consacré la journée à ses chères expériences chimiques.

— Eh bien, avez-vous trouvé? demandai-je en entrant.
— Oui. C'était du bisulfate de baryte.
— Non, non : la solution du mystère!
— Oh! ça... Je pensais au sel sur lequel je travaillais. Pour le reste, il n'y a jamais eu de mystère bien que, comme je

vous le disais hier, certains détails eussent de l'intérêt. Le seul ennui, c'est qu'il n'y a, j'en ai bien peur, aucun moyen légal de rendre à ce misérable la monnaie de sa pièce.

– Qui est-ce donc? Et quel but visait-il en abandonnant Miss Sutherland?

J'avais à peine formulé cette question que Holmes fut dissuadé de répondre par l'approche d'un pas lourd dans le couloir et, l'instant d'après, on toqua à la porte.

– C'est le beau-père de la demoiselle, M. James Windibank, dit Holmes. Il m'a fait porter un mot pour m'informer qu'il serait ici à six heures. Entrez!

L'homme qui pénétra dans la pièce était de taille moyenne, âgé d'une trentaine d'années, visage glabre, teint bilieux. Il avait un air cauteleux et des yeux gris au regard extraordinairement pénétrant. Il nous jeta un regard interrogateur, posa son haut-de-forme luisant sur la console et, après s'être légèrement incliné, s'assit sur le plus proche siège.

– Bonsoir, monsieur James Windibank, dit Holmes. Je suppose que cette lettre dactylographiée confirmant le rendez-vous pour six heures émane bien de vous?

– Oui, monsieur. Je crains d'être un peu en retard, mais cela tient à ce que je ne suis pas mon maître. Je regrette que Miss Sutherland vous ait dérangé pour cette petite histoire, car j'estime qu'il vaut toujours mieux laver son linge sale en famille. C'est contre mon avis qu'elle est venue, mais c'est une jeune fille très impulsive, comme vous l'avez sans doute remarqué, et lorsqu'elle a une idée en tête, il n'est pas facile de l'en faire changer. Bien sûr, j'aime mieux qu'elle se soit adressée à vous plutôt qu'à la police, mais il n'est guère plaisant de voir ébruiter ainsi des ennuis de famille. Sans compter que c'est une dépense inutile, car comment retrouveriez-vous cet Hosmer Angel?

– Mais non, au contraire, rétorqua posément Holmes. J'ai tout lieu de penser que je découvrirai M. Hosmer Angel.

M. Windibank sursauta si violemment qu'il en laissa tomber ses gants.

– Je suis ravi de vous l'entendre dire, déclara-t-il.

– C'est vraiment une curieuse chose, fit remarquer Holmes, qu'une machine à écrire ait presque autant d'individualité qu'une écriture manuscrite. A moins qu'elles soient absolument neuves, il n'est pas deux machines dont la frappe soit identique. Certains caractères sont plus usés que d'autres et parfois d'un seul côté. Par exemple, monsieur Windibank, vous remarquerez que dans votre billet le « e » est un peu de travers et que le bas du « r » présente un léger défaut. J'ai dénombré quatorze autres particularités, mais celles-ci sont les plus apparentes.

— Au bureau, toute notre correspondance est tapée sur cette machine. Il n'y a donc rien d'étonnant à ce qu'elle soit usagée, répondit notre visiteur en rivant sur Holmes le regard de ses petits yeux brillants.

— A présent, monsieur Windibank, je vais vous montrer une très intéressante étude à laquelle je me suis livré, poursuivit Holmes. Un de ces jours, je compte écrire une autre petite monographie sur la machine à écrire et ses rapports avec le crime. C'est un sujet auquel j'ai consacré quelque attention. J'ai ici quatre lettres qui sont censées émaner du disparu. Elles sont toutes dactylographiées et, dans chacune d'elles, non seulement le « e » est un peu de travers et le bas du « r » présente un léger défaut, mais en usant de cette loupe, vous pourrez également y relever les quatorze autres caractéristiques auxquelles je faisais allusion.

Se levant d'un bond, M. Windibank prit son chapeau :

— Je n'ai pas de temps à perdre en conversation de ce genre, monsieur Holmes, dit-il. Si vous pouvez rattraper cet homme, rattrapez-le, et informez-moi quand ce sera fait.

— Certainement, acquiesça Holmes en lui barrant le passage et tournant la clef dans la serrure. Alors, je vous informe que c'est fait.

— Quoi ? Où donc ? s'exclama M. Windibank en pâlissant jusqu'aux lèvres et regardant autour de lui comme un rat pris au piège.

— Oh ! inutile... absolument inutile, lui assura Holmes d'un ton suave. Vous n'avez aucun moyen de vous en tirer, monsieur Windibank. Tout était vraiment trop transparent dans cette histoire et vous me faisiez injure en déclarant qu'il m'était impossible de résoudre un problème aussi simple. Oui, c'est ça : asseyez-vous et parlons un peu de tout cela.

Notre visiteur s'était effondré dans un fauteuil, livide, le front humide de sueur.

— Ce... ça n'est pas... répréhensible, bégaya-t-il.
— Je crains que non, en effet. Mais, entre nous, Windibank, je n'avais encore jamais eu à m'occuper de quelque chose d'aussi mesquinement égoïste et cruel. Je m'en vais vous retracer le cours des événements, et vous me reprendrez si je me trompe.

L'homme était maintenant tassé dans son fauteuil, la tête rentrée dans les épaules, comme si on l'avait écrasé. Le dos à la cheminée, les mains enfoncées dans ses poches, Holmes se mit à parler, mais en paraissant le faire plus pour lui-même que pour nous.

— L'homme avait épousé par intérêt une femme beaucoup plus âgée que lui, et il disposait de l'argent de la fille aussi longtemps qu'elle vivrait avec eux. Cela représentait une somme considérable pour des gens de leur milieu, et s'ils en étaient privés, la différence leur serait très sensible. Cette rente valait donc qu'on fît un effort pour la conserver. La fille était d'un naturel aimable, expansive et affectueuse à sa manière. Il était donc évident que, compte tenu de ses attraits personnels et de ses jolis petits revenus, elle ne resterait pas longtemps célibataire. Mais, bien entendu, son mariage signifierait la perte de quelque cent livres par an... Alors que pouvait faire son beau-père pour empêcher cela? Il commença évidemment par la cloîtrer à la maison, en lui défendant de fréquenter des gens de son âge. Toutefois, il comprit vite que ça n'était pas une solution durable. La jeune fille se montra rétive, clama ses droits, et finit par annoncer sa décision d'aller à un certain bal. Qu'imagina alors son astucieux beau-père? Il eut une idée faisant plus honneur à son intelligence qu'à son cœur. Avec l'accord et la complicité de sa femme, il se déguisa, dissimulant ses yeux vifs derrière des lunettes aux verres teintés, se changeant le visage à l'aide d'une moustache et de favoris très fournis, et lui qui avait une voix claire, il ne parla plus qu'en un chuchotement câlin. Mettant ainsi à profit la myopie de la demoiselle, il se présentait à elle comme M. Hosmer Angel et évitait du même coup qu'elle eût d'autres soupirants.

— Au départ, il ne s'agissait que d'une plaisanterie, grommela notre visiteur. Nous n'aurions jamais pensé qu'elle s'enflammerait de la sorte!

— Probablement pas, en effet. Mais la jeune demoiselle

s'enflamma et, convaincue que son beau-père était en France, l'idée d'une supercherie ne l'effleura même pas. Elle fut flattée par les attentions du monsieur, dont l'effet fut encore accru par l'approbation ouvertement exprimée de la mère. M. Angel commença alors ses visites, car il devenait évident que l'affaire devait être poussée aussi loin que possible, si l'on voulait arriver au résultat souhaité. Il y eut des rencontres et des fiançailles pour que la jeune fille ne risquât pas de regarder ailleurs. Mais la supercherie ne pouvait être indéfiniment prolongée, ces prétendus voyages en France risquant à la longue de paraître bien insolites. Il fallait donc terminer l'affaire d'une façon si dramatique que la jeune fille en resterait profondément marquée et ne prêterait pas de sitôt attention à un autre soupirant. D'où ce serment de fidélité prêté sur la Bible, et les allusions à quelque chose d'imprévu pouvant se produire le matin même des noces. James Windibank souhaitait que Miss Sutherland se sentît si liée à Hosmer Angel et tellement incertaine de son sort que, pendant dix ans au moins, elle ne s'intéressât pas à un autre homme. Il la fit aller jusqu'à la porte de l'église, mais ne pouvant pousser la chose plus loin, il disparut fort à propos en recourant au vieux truc qui consiste à monter dans un fiacre pour en redescendre aussitôt par l'autre portière. Voilà, je crois, monsieur Windibank, la chronologie des faits.

Pendant que Holmes parlait, notre visiteur avait recouvré un peu de son assurance et, quand il se remit debout, son visage pâle exprimait une froide ironie.

— Il se peut qu'elle soit exacte, monsieur Holmes, dit-il mais puisque vous êtes si futé, vous devriez l'être assez pour vous rendre compte que ça n'est pas moi mais vous qui commettez maintenant un acte répréhensible. Moi, je n'ai rien fait qui soit punissable par la loi, mais aussi longtemps que vous garderez cette porte fermée à double tour, vous vous exposez à une plainte pour violence et séquestration arbitraire.

— La loi ne peut effectivement rien contre vous, opina Holmes en tournant la clef et ouvrant la porte toute grande, et cependant vous mériteriez d'être sévèrement puni. Si Miss Sutherland avait un frère ou un ami, il devrait vous châtier! Bon sang! continua-t-il, en s'empourprant de colère devant l'ironie exprimée par son interlocuteur, cela ne fait point partie des services que je dois à ma cliente, mais j'ai justement là une cravache et je m'en vais vous...

Il fit deux rapides enjambées vers la cravache de chasse décorant le mur, mais avant même qu'il l'eût décrochée, on entendit quelqu'un dévaler l'escalier à toute vitesse, puis la lourde porte d'entrée se refermer bruyamment. Par la fenêtre, nous vîmes alors M. James Windibank qui s'enfuyait en courant.

— Le coquin ne manque pas de sang-froid! s'exclama Holmes en riant et se laissant de nouveau retomber dans son fauteuil. Ce type ira de mal en pis, jusqu'à ce qu'il fasse quelque chose de vraiment très grave qui lui vaudra la potence. A certains égards, cette affaire n'était pas totalement dénuée d'intérêt.

— Même maintenant, je ne vois pas très clairement toutes les étapes de votre raisonnement, déclarai-je.

— Allons, Watson! Dès l'abord, il était évident que ce M. Hosmer Angel devait avoir une sérieuse raison pour se conduire de façon si étrange, et il était non moins évident que le seul homme de notre connaissance, qui tirait profit de cet incident, était le beau-père. Très suggestif aussi était le fait que l'on ne vît jamais les deux hommes ensemble, l'un ne se montrant qu'en l'absence de l'autre. De même les verres teintés et cette voix singulière, qui suggéraient un déguisement, tout comme la moustache et les favoris. Ce qui confirma tous mes soupçons fut qu'il eût tapé à la machine jusqu'à son nom, en guise de signature. Cela signifiait que son écriture était si familière à Miss Sutherland qu'elle en aurait immédiatement reconnu le moindre échantillon. Vous voyez donc que ces faits isolés, s'ajoutant à de nombreux autres de moindre importance, tendaient tous dans la même direction.

— Et comment les avez-vous vérifiés?

— Dès l'instant que j'avais identifié mon homme, il était facile d'avoir confirmation de mes déductions. Je connaissais la maison pour laquelle il travaillait. Me référant à l'annonce insérée par Miss Sutherland, j'éliminai du signalement tout ce qui pouvait être le fait d'un déguisement : les favoris, la moustache, les lunettes teintées et la voix si singulière. Après quoi je l'expédiai à la firme en question avec prière de me faire savoir s'ils avaient un représentant correspondant à ce signalement. J'avais déjà remarqué les particularités de la machine à écrire et j'envoyai une lettre au bonhomme, chez son employeur, en lui demandant s'il pouvait venir me voir. Comme je m'y attendais, sa réponse fut dactylographiée et présentait les mêmes menus défauts de frappe que j'avais relevés. Par le même courrier, je reçus une lettre de la maison Westhouse & Marbank, de Fenchurch Street, me disant que ma description correspondait en tout point à l'un de leurs représentants, James Windibank. *Voilà tout!* (1)

— Et Miss Sutherland ?

— Si je lui dis la vérité, elle ne voudra pas me croire. Vous vous souvenez peut-être du vieux proverbe persan qui dit : « Il est dangereux d'ôter son petit à une tigresse, et il l'est aussi d'ôter ses illusions à une femme. » Il y a autant de sagesse chez Hafiz (2) que chez Horace, et une aussi profonde connaissance du monde !

---

(1) En français dans le texte. (N. d. T.)
(2) Hafiz, qui a vécu au XIVe siècle, est probablement le plus grand poète lyrique de la Perse. (N. du T.)

3

LA LIGUE DES ROUQUINS

Un jour de l'automne dernier, j'étais allé faire visite à mon ami M. Sherlock Holmes et je l'avais trouvé en grande conversation avec un monsieur d'un certain âge, solidement bâti, visage coloré et chevelure d'un roux ardent. M'excusant de mon intrusion, j'allais me retirer lorsque Holmes me tira vers l'intérieur de la pièce et referma la porte derrière moi.

— Vous ne pouviez arriver plus à point, mon cher Watson, me dit-il avec cordialité.

— J'avais peur que vous soyez occupé...

C'est le cas. Et même extrêmement occupé.

— Alors je vais attendre dans la pièce voisine...

Pas du tout Ce gentleman, monsieur Wilson, a été mon associé et m'a aidé dans bon nombre de mes affaires les plus réussies; je ne doute donc pas qu'il me soit aussi du plus grand secours en ce qui concerne la vôtre.

Le monsieur corpulent se leva à demi et me salua de la tête, tandis que ses petits yeux enchâssés dans son visage bouffi me jetaient un bref regard interrogateur.

— Essayez donc le canapé, me dit Holmes en se laissant de nouveau tomber dans son fauteuil et juxtaposant les extrémités de ses dix doigts, comme il le faisait souvent lorsqu'il était d'humeur sentencieuse. Je sais, mon cher Watson, que vous partagez mon goût pour tout ce qui est singulier et hors des conventions, tranchant sur la monotonie de la vie de tous les jours. Vous me l'avez montré par l'enthousiasme avec lequel vous avez entrepris d'écrire la chronique de nombre de mes petites aventures que, permettez-moi de le dire, vous avez quelque peu embellies.

— Vos enquêtes ont été pour moi du plus grand intérêt, déclarai-je.

— Vous vous rappellerez sans doute ma remarque de l'autre jour – juste avant que nous n'abordions le si simple problème posé par Miss Mary Sutherland – que la vie est infiniment plus étrange et extraordinaire que tout ce que l'on se risquerait à imaginer.

— Assertion que je me suis permis de mettre en doute.

— En effet, Docteur. Mais vous n'en devrez pas moins vous rallier à mes vues, sans quoi je vous assénerai fait sur fait jusqu'à ce que votre raison cède à leur force et vous oblige à me rendre justice. Ceci dit, M. Jabez Wilson que voici a eu la bonté de passer ce matin chez moi pour me faire un récit qui s'annonce comme un des plus singuliers qu'il m'ait été donné d'ouïr. Vous m'avez entendu mainte fois répéter que les faits d'une étrangeté sans égale se rattachent le plus souvent non à des crimes retentissants, mais à de petites affaires dont on arrive parfois même à se demander si elles ont quelque chose de criminel. Au point où nous en sommes de ce récit, il m'est impossible de dire s'il s'agit ou non d'un crime, mais les faits qui m'ont été relatés comptent certainement parmi les plus étranges dont il m'ait été donné d'avoir connaissance. Peut-être, monsieur Wilson, aurez-vous l'extrême amabilité de reprendre votre exposé au début? Je vous le demande non pas seulement parce que mon ami le docteur Watson ne l'a pas entendu, mais aussi parce que le caractère très particulier de cette affaire me fait souhaiter recueillir de votre bouche le maximum de détails. D'ordinaire, dès que j'ai eu un aperçu de l'affaire, je suis en mesure de me laisser guider par l'un ou l'autre des milliers de cas similaires qui me viennent alors à la mémoire. Mais, en l'occurrence, je suis forcé de convenir que ces faits sont, à ma connaissance, sans précédent.

Le client corpulent se rengorgea d'un air un peu avantageux, puis sortit de la poche intérieure de son pardessus un journal sale et froissé. Comme, l'ayant aplati sur ses genoux, il penchait la tête pour parcourir la colonne des petites annonces, j'en profitai pour l'examiner avec attention, afin d'essayer de déduire certaines indications de son apparence ou de ses vêtements, selon la méthode préconisée par mon ami.

Cet examen ne m'apprit pas grand-chose. Notre visiteur semblait présenter toutes les caractéristiques du commerçant britannique moyen : obèse, suffisant et lent d'esprit. Il portait un pantalon plutôt mal coupé en plaid à damier gris, une redingote noire pas très nette qui, déboutonnée, laissait voir un gilet gris barré par une lourde chaîne de montre cuivrée à laquelle pendait comme breloque un carré de métal troué. Un haut-de-forme râpé et un pardessus de marron passé avec un col de velours fripé étaient posés sur une chaise près de lui. A part cela, j'avais beau le regarder, je ne trouvais rien de remarquable à cet homme, si ce n'étaient sa chevelure flamboyante et le vif mécontentement qu'il affichait d'un air chagrin.

Il avait suffi à Sherlock Holmes d'un coup d'œil pour deviner mon occupation et il secoua la tête en souriant lorsqu'il rencontra mon regard interrogateur.

— En dehors du fait évident qu'il a exercé un travail manuel, qu'il prise, qu'il est franc-maçon, est allé en Chine et a beaucoup écrit ces derniers temps, je ne vois rien d'autre à déduire.

M. Jabez Wilson sursauta dans son fauteuil, un doigt sur le journal, regarda mon compagnon :

— Comment diable savez-vous tout cela, monsieur Sherlock Holmes? demanda-t-il. Comment, par exemple, savez-vous que j'ai exercé un travail manuel? C'est on ne peut plus vrai, car j'ai d'abord été matelot charpentier.

— Vos mains, mon cher monsieur. Votre main droite est nettement plus forte que la gauche. Vous l'avez fait travailler et les muscles se sont développés.

— Bon... Mais que je prise? Et que je suis franc-maçon?

— Ce serait faire insulte à votre intelligence que de vous dire d'où je tiens ces précisions, surtout que, contrairement aux prescriptions de votre loge, vous arborez une épingle de cravate ornée d'une équerre et d'un compas.

— Ah! c'est juste, je l'avais oublié... Mais que j'ai beaucoup écrit?

— D'où viendrait sans cela que votre manche droite est, à son extrémité, si luisante sur une dizaine de centimètres, et que la gauche l'est aussi au coude, là où vous l'appuyez sur la table?

– Soit, mais la Chine?

– Ce tatouage de poisson que vous avez juste au-dessus de votre poignet droit n'a pu être fait qu'en Chine. Je me suis livré à une petite étude des tatouages et j'ai même apporté ma contribution à ce que l'on sait sur ce sujet. Le rose délicat dont sont teintes les écailles du poisson est particulier à la Chine. Et lorsque, en sus de cela, je vois que vous portez en breloque à votre chaîne de montre une pièce de monnaie chinoise, il est vraiment très facile d'en tirer une conclusion.

Jabez Wilson eut un gros rire :

– Ça, alors! Tout d'abord, ça m'a paru relever du tour de force, mais je m'aperçois que, somme toute, ça ne demandait pas grande malice!

– Je commence à penser, Watson, que je commets une erreur en donnant des explications. Comme on dit : *Omne ignotum pro magnifico*, et, si je témoigne d'une trop grande franchise, ma pauvre petite réputation n'y résistera pas. Vous ne trouvez pas cette annonce, monsieur Wilson?

– Si ça y est, répondit l'autre en pointant son gros doigt rouge vers le milieu de la colonne. La voici. C'est avec ça que tout a commencé. Lisez vous-même, monsieur.

Je luis pris le journal des mains et lus ce qui suit :

A LA LIGUE DES ROUQUINS - *Selon le legs de feu Ezekiah Hopkins, de Lebanon, Penn., U.S.A., une nouvelle vacance s'est produite qui permet à un membre de la Ligue de percevoir un salaire de quatre livres par semaine pour un travail de pure forme. Tous les hommes roux, sains de corps et d'esprit, ayant plus de vingt et un ans, peuvent faire acte de candidature. Se présenter lundi matin à onze heures à Duncan Ross, au siège de la Ligue, 7 Pope's Court, Fleet Street.*

– Qu'est-ce que cela peut bien signifier? m'exclamai-je après avoir lu par deux fois cette annonce insolite.

Holmes gloussa et se tortilla dans son fauteuil, comme toujours lorsqu'il était de bonne humeur :

– Cela sort un peu de l'ordinaire, n'est-ce pas? dit-il. A

présent, monsieur Wilson, repartez de zéro et parlez-nous de vous, de votre famille et des répercussions que cette annonce a eues sur votre existence. Mais avant tout, Docteur, prenez note du journal et de la date.

— *Morning Chronicle*, du 27 avril 1890. Cela fait donc exactement deux mois.

— Parfait. Et maintenant, monsieur Wilson ?

— Eh bien, c'est comme je vous ai dit, monsieur Sherlock Holmes, commença Jabez Wilson en s'épongeant le front. Je suit prêteur sur gages à Cobourg Square, près de la City. Ce n'est pas une grosse affaire : ces dernières années, elle m'a juste rapporté de quoi vivre. Autrefois, j'avais deux employés, je n'en ai plus qu'un seul, et j'aurais encore du mal à le payer, s'il n'acceptait de venir à demi-tarif, pour apprendre le métier.

— Quel est le nom de cet obligeant jeune homme ? s'informa Sherlock Holmes.

— Vincent Spaulding. Il n'est plus tellement jeune, mais c'est difficile de lui donner un âge. Je ne saurais souhaiter meilleur collaborateur, monsieur Holmes, et je me rends très bien compte qu'il pourrait avoir une autre situation, gagner deux fois plus que je ne lui donne. Mais, après tout, s'il est content ainsi, pourquoi irais-je lui mettre des idées dans la tête ?

— Pourquoi, en effet ? Vous semblez avoir beaucoup de chance d'avoir trouvé un employé qui accepte de travailler pour vous au-dessous du tarif courant. A notre époque, rares doivent être les patrons qui peuvent en dire autant. Je me demande si votre employé n'est pas tout aussi remarquable que votre annonce.

— Oh ! il a aussi ses défauts, dit M. Wilson. Je n'ai jamais vu quelqu'un se passionner autant pour la photographie. Il file avec son appareil quand il devrait s'enrichir l'esprit, puis il plonge dans la cave, comme un lièvre dans son terrier, pour développer ses photos. C'est son principal défaut mais, dans l'ensemble, c'est un bon travailleur. Il n'a aucun vice.

— Vous l'avez toujours, je présume ?

— Oui, monsieur. Lui et une gamine de quatorze ans, qui fait le ménage et un peu de cuisine, voilà tout ce que j'ai chez moi, car je suis veuf et sans enfant. Nous vivons bien tranquillement tous les trois avec, à défaut de mieux, un toit pour nous abriter et de quoi payer nos dettes.

« Nos ennuis ont commencé avec cette annonce. Voici exactement huit semaines aujourd'hui, Spaulding est entré dans mon bureau avec ce journal à la main en me disant :

« – Ah! je voudrais bien que le Ciel m'ait fait rouquin, monsieur Wilson.

« – Pourquoi cela? lui demandai-je.

« – Pensez donc : il y a une autre vacance à la Ligue des Rouquins et ça représente une petite fortune pour qui l'occupera. A ce qu'on m'a dit, il y a plus de vacances que de candidats, si bien que les administrateurs du legs ne savent que faire de l'argent. Ah! si seulement mes cheveux changeaient de couleur, j'aurais là une bonne petite sinécure qui me tend les bras!

« – Quoi? Qu'est-ce donc? » questionnai-je. Vous comprenez, monsieur Holmes, je suis très casanier et les affaires viennent à moi sans que j'aie besoin d'aller les chercher. Je reste parfois des semaines sans mettre un pied dehors. Aussi, je ne sais pas grand-chose de ce qui se passe à l'extérieur et ça me fait toujours plaisir qu'on m'apprenne des nouvelles.

« – Vous n'avez donc jamais entendu parler de la Ligue des Rouquins? me demanda-t-il alors en faisant les yeux ronds.

« – Jamais.

« – Alors ça, c'est étonnant, d'autant que vous pourriez poser votre candidature à l'un de ces postes vacants.

« – Et qu'est-ce que ça rapporte?

« – Oh! guère plus de deux cents livres par an, mais le boulot n'est pas tuant et l'on peut très bien le faire en même temps qu'autre chose.

« Vous imaginez sans peine que cela me fit dresser l'oreille, car les affaires ne marchent guère depuis quelques années, et deux cents livres de plus seraient les bienvenues.

« – Explique-moi ça, dis-je alors.

« – Eh bien, fit-il en me montrant l'annonce, voyez vous-même; il y a un poste vacant à la Ligue et l'on donne l'adresse où se présenter. A ce que je crois savoir, cette Ligue a été fondée par un millionnaire américain très original, Ezekiah Hopkins. Ayant les cheveux roux, il éprouvait une

60

grande sympathie pour tous les rouquins. Aussi, après sa mort, on découvrit qu'il avait laissé son énorme fortune en fidéicommis, afin que les revenus servent à fournir des emplois de tout repos aux hommes ayant les cheveux roux. On m'a raconté qu'on n'avait trois fois rien à faire et que c'était très bien payé.

« – Mais, dis-je, il doit y avoir des millions d'hommes roux à poser leur candidature?

« – Pas autant que vous pourriez le croire, me répondit-il. Car, voyez-vous, c'est limité aux Londoniens et ils doivent être majeurs. Cet Américain avait débuté à Londres quand il était jeune, et il a voulu témoigner sa reconnaissance à cette bonne vieille ville. J'ai aussi entendu dire que ça n'était pas la peine de se présenter si l'on avait les cheveux d'un roux trop clair ou trop foncé : il faut qu'ils soient d'un roux éclatant, flamboyant. Si ça vous intéresse, monsieur Wilson, vous avez toutes les chances. Mais peut-être estimerez-vous que ça ne vaut pas la peine de vous déranger pour quelques centaines de livres.

« C'est un fait, messieurs, comme vous pouvez le constater, que j'ai les cheveux d'un très beau roux. J'ai donc estimé que, s'il y avait compétition pour obtenir ce poste, j'avais d'aussi bonnes chances qu'un autre. Vincent Spaulding paraissait si bien informé de cette affaire qu'il m'a semblé pouvoir se révéler utile. Je lui ai donc dit de mettre les volets, qu'on s'offrait une journée de congé et qu'il allait venir avec moi. Il ne demandait pas mieux et nous avons donc fermé boutique, pour nous rendre ensuite à l'adresse indiquée dans l'annonce.

« Je ne crois pas, monsieur Holmes, revoir jamais pareil spectacle! Des quatre coins de la capitale, tout homme tant soit peu rouquin avait rappliqué vers la City pour répondre à l'annonce. Fleet Street regorgeait de rouquins et Pope's Court faisait penser à une cargaison d'oranges. Je n'aurais jamais pensé que tant de gens se déplaceraient sur le vu de cette simple petite annonce. Toutes les nuances étaient représentées : paille, citron, orange, brique, setter irlandais, foie, argile! Mais, comme disait Spaulding, il n'y avait pas tellement de rouquins véritables, d'un roux flamboyant. En voyant tout ce monde, je faillis renoncer, mais Spaulding ne voulut pas en entendre parler. J'ignore comment il s'est

61

débrouillé mais, jouant des coudes, il m'a poussé, tiré jusqu'à l'escalier menant au bureau. Dans cet escalier, il y avait ceux qui montaient, pleins d'espoir, et ceux qui redescendaient, l'air abattu, mais nous réussîmes à nous faufiler entre ces deux courants et nous nous trouvâmes bientôt dans le bureau. »

– Vous avez vécu là une expérience fort divertissante, commenta Holmes tandis que son client marquait un temps et se rafraîchissait la mémoire avec une pincée de tabac à priser. Continuez, je vous en prie, c'est extrêmement intéressant.

– Le bureau n'était meublé que de deux chaises et d'une table en bois blanc, derrière laquelle était assis un petit homme aux cheveux encore plus rouges que les miens. A chaque candidat défilant devant lui, il disait quelques mots, puis s'arrangeait toujours pour lui trouver un défaut provoquant son élimination. En définitive, ça n'était pas si facile d'obtenir un de ces postes. Toutefois, lorsque notre tour arriva, le petit homme me témoigna plus d'amabilité qu'aux autres et ferma la porte après notre entrée, afin de nous parler en privé.

« – Voici M. Jabez Wilson, dit mon employé, qui pose sa candidature au poste vacant.

« – Et auquel il me paraît admirablement convenir, déclara l'autre. Il présente toutes les qualités requises. Je n'ai pas souvenir d'avoir jamais vu un aussi beau spécimen !

« Il recula d'un pas, pencha la tête de côté et considéra mes cheveux au point que je finis par me sentir gêné. Puis, brusquement, il me saisit la main et me congratula chaleureusement pour mon succès.

« – Il serait injuste de marquer la moindre hésitation ! dit-il. Néanmoins vous voudrez bien m'excuser de prendre cette indispensable précaution...

« Ce disant, il m'empoigna les cheveux à deux mains et tira dessus au point que je hurlai de douleur.

« – Je vois que vos yeux se sont embués, constata-t-il en me relâchant, donc tout est bien normal. Mais nous sommes obligés de faire très attention car on a déjà tenté de nous abuser deux fois avec une perruque et une fois en usant de teinture. Et je pourrais vous raconter encore des histoires de poix de cordonnier qui sont à vous dégoûter de l'espèce humaine!

« S'approchant alors de la fenêtre, ouverte, il cria de toutes ses forces que le poste avait trouvé un titulaire. Une clameur de déception monta d'en bas et les gens se dispersèrent dans toutes les directions jusqu'à ce qu'il n'y eût plus en vue d'autres rouquins que mon interlocuteur et moi.

« – Je m'appelle Duncan Ross, me dit-il alors, et je suis moi-même un des bénéficiaires du legs fait par notre noble bienfaiteur. Etes-vous marié, monsieur Wilson? Avez-vous des enfants?

« Je lui répondis que non.

« Aussitôt son visage se voila.

« – Mon Dieu! fit-il d'un ton pénétré. Voilà qui est très grave! Je suis navré que vous me disiez cela, car, bien entendu, le legs a pour objet non seulement la maintenance mais aussi la multiplication des rouquins. C'est vraiment dommage que vous soyez célibataire.

« En entendant ça, monsieur Holmes, ma mine s'allongea car j'eus le sentiment que, finalement, je n'allais pas obtenir le poste. Mais après avoir réfléchi quelques instants, il me déclara que ça irait.

– S'il s'agissait d'un autre, ça risquerait d'être rédhibitoire, mais il est quand même permis de faire une petite exception pour quelqu'un ayant une telle chevelure. Quand serez-vous en mesure de prendre vos nouvelles fonctions?

« – C'est un peu difficile à dire, vu que j'ai déjà un commerce...

« – Oh! ne vous tracassez pas pour ça, monsieur Wilson! intervint Vincent Spaulding. Je m'en occuperai à votre place.

« – Quel est l'horaire? demandai-je alors.

« – De dix à quatorze heures.

« Or voyez-vous, monsieur Holmes, un prêteur sur gages travaille surtout le soir, principalement le mercredi et le vendredi qui précèdent le jour de paye. Alors ça faisait très bien mon affaire de gagner un peu d'argent le matin. En outre, je savais que mon employé était un brave garçon, très capable de s'occuper des clients qui se présenteraient en mon absence.

63

« – Ça me conviendrait parfaitement », dis-je. « Et le salaire ? »

« – ... est de quatre livres par semaine.

« – Pour quel travail ?

« – Un travail de pure forme.

« – Qu'entendez-vous par « de pure forme » ?

« – Eh bien, il vous faut être durant tout ce temps au bureau ou, du moins, dans l'immeuble. Si vous vous absentez, vous perdez à jamais votre poste. Le testament est très précis à cet égard : si vous vous absentez pendant les heures de travail, vous ne remplissez pas les conditions.

« – S'agissant seulement de quatre heures par jour, je n'aurai sûrement pas l'idée de sortir.

« – Aucune excuse n'est valable, enchérit M. Duncan Ross. Ni la maladie, ni les affaires, ni quoi que ce soit. Vous devez rester ici ou vous perdrez votre emploi.

« – Et le travail ?

« – Il s'agit de copier l'*Encyclopaedia Britannica*, dont voici le premier volume. Vous devez fournir l'encre, les plumes, le papier et le buvard, mais nous mettons cette table et cette chaise à votre disposition. Pouvez-vous commencer demain ?

« – Certainement, répondis-je.

« – Alors au revoir, monsieur Jabez Wilson, et laissez-moi encore vous féliciter pour le poste important que vous avez eu la chance d'obtenir.

« Il s'inclina pour me signifier de me retirer. En rentrant à la maison avec Spaulding, c'est à peine si je savais que dire ou faire tellement j'étais heureux.

« Toute la journée, je n'ai fait que repenser à ça et le soir venu, je me sentis profondément déprimé, étant arrivé à la conclusion qu'il devait s'agir d'une énorme mystification ou de quelque entreprise frauduleuse, mais dont je n'arrivais pas à imaginer le mobile. J'estimais invraisemblable que quelqu'un ait pu rédiger un pareil testament ou qu'on vous paye pour faire quelque chose d'aussi simpliste que copier l'*Encyclopaedia Britannica*. Vincent Spaulding faisait son possible pour me remonter le moral, mais lorsque arriva l'heure de me coucher, j'avait fait une croix sur toute cette affaire. Le lendemain matin, toutefois, je résolus d'aller quand même voir de quoi il retournait ; j'achetai donc une petite bouteille d'encre et, muni d'un porte-plume ainsi que de sept feuilles de papier ministre, je partis pour Pope's Court.

« Et là, j'eus l'agréable surprise de trouver tout comme annoncé. La table avait été préparée à mon intention, et M. Duncan Ross était là pour s'assurer que je venais bien au travail. Il me fit commencer à la lettre A, puis il me quitta, mais il revenait de temps à autre pour voir si tout allait bien. A deux heures, il me félicita pour le travail que j'avais fait durant ce temps, me dit au revoir et ferma la porte du bureau derrière moi.

« Ceci continua jour après jour, monsieur Holmes, puis le samedi, M. Ross me remit quatre souverains d'or pour ma semaine de travail. Il en fut de même la semaine suivante et la semaine d'après. Chaque matin, j'arrivais à dix heures et chaque après-midi, je m'en allais à deux heures. M. Duncan Ross finit par ne venir qu'un matin sur deux puis, après un certain temps, il ne vint plus du tout. En dépit de quoi, bien sûr, je n'osais pas quitter le bureau un seul instant, car il pouvait toujours venir et la place était si bonne, me convenait si bien, que je ne voulais pas risquer de la perdre.

« Huit semaines se passèrent ainsi. Progressant d'*Abbé* à *Archer*, puis d'*Architecture* à *Armure* et *Attique*, j'espérais bien arriver avant longtemps à la lettre B. Je consommais quantité de papier ministre et j'avais presque rempli une étagère avec mes copies quand, brusquement, l'affaire s'est terminée. »

– Terminée ? fit Holmes
– Oui, monsieur, et pas plus tard que ce matin. Je suis arrivé au travail comme d'habitude, à dix heures, mais j'ai trouvé porte close et l'on y avait fixé à l'aide d'une pointe un petit carré de carton. Le voici, lisez vous-même.

Il nous présenta un morceau de carton blanc, de la taille d'une feuille de bloc-notes, sur lequel était écrit :

La ligue des rouquins est dissoute

9 octobre 1890

Sherlock Holmes et moi restâmes à considérer ce bref avis ainsi que le visage lugubre qui se trouvait derrière, jusqu'à ce que, le comique de la situation l'emportant sur tout autre considération, nous éclations de rire tous les deux.

— Je ne vois pas ce que cela a de tellement drôle! s'écria notre visiteur en s'empourprant jusqu'à la racine de ses cheveux roux. Si vous n'avez rien de mieux à faire que me rire au nez, je vais aller voir ailleurs!

— Non, non, protesta Holmes en le faisant rasseoir dans le fauteuil d'où il s'était à demi levé. Pour rien au monde, je ne voudrais manquer cette affaire. Elle a quelque chose d'insolite, que je trouve extrêmement rafraîchissant. Mais elle n'en comporte pas moins, pardonnez-moi de vous le dire, un élément comique. Qu'avez-vous fait lorsque vous avez trouvé ce carton sur la porte?

— J'étais comme assommé, monsieur. Je ne savais plus que faire. Je me suis présenté dans les bureaux voisins, mais nulle part on ne semblait savoir quoi que ce fût. Finalement, je suis allé trouver le propriétaire, lequel est un comptable qui habite au rez-de-chaussée, et je lui ai demandé s'il pouvait me dire ce qui était arrivé à la Ligue des Rouquins. Il me déclara n'en avoir jamais ouï parler. Alors je m'enquis s'il savait qui était M. Duncan Ross. A quoi il me répondit entendre ce nom pour la première fois.

« — Mais, dis-je, et le monsieur du n° 4?

« — Le rouquin?

« — Oui.

« — Oh! c'était un avoué, nommé William Morris, qui se servait momentanément de mon local, jusqu'à ce que ses nouveaux bureaux soient prêts. Il a déménagé hier.

« — Où pourrais-je le joindre?

« — Eh bien, à ses nouveaux bureaux... Attendez, il m'a donné l'adresse... Oui, 17 King Edward Street, près de Saint-Paul.

« J'y suis allé aussitôt, monsieur Holmes; mais, à cette adresse, j'ai trouvé une manufacture de rotules pour prothèses, où personne n'avait entendu parler ni de M. Duncan Ross ni de M. William Morris. »

— Alors, qu'avez-vous fait? questionna Holmes.

— Je suis retourné chez moi, où j'ai demandé conseil à mon assistant. Mais il ne m'a été d'aucun secours, se bornant à me dire de patienter, que j'aurais sans doute des nouvelles par courrier. Mais ça ne me suffisait pas, monsieur Holmes.

Je ne voulais pas perdre une aussi bonne place sans essayer de faire quelque chose. Alors, comme j'avais entendu dire que vous aviez la bonté de conseiller les pauvres gens qui se trouvaient dans les ennuis, je suis venu vous voir aussitôt.

– En quoi vous avez agi très sagement. Votre affaire est particulièrement remarquable, et je serai heureux de m'en occuper. D'après ce que vous m'en avez dit, je crois possible qu'elle ait des suites plus graves qu'il ne le semblerait à première vue.

– Je trouve déjà assez grave d'avoir perdu quatre livres par semaine! s'exclama M. Jabez Wilson.

– Mais, en ce qui vous concerne personnellement, fit remarquer Holmes, je ne vois pas quel grief vous auriez contre cette Ligue extravagante. Tout au contraire, si j'ai bien compris, vous êtes plus riche d'une trentaine de livres, sans parler de la connaissance approfondie que vous avez désormais de tout ce que l'*Encyclopaedia Britannica* renferme à la lettre A. Vous n'avez donc été lésé en rien.

– Non, monsieur. Mais je voudrais découvrir la vérité sur ces gens, savoir qui ils sont et dans quel but ils m'ont joué cette farce... si c'en est une. Car cette farce ne leur aurait pas coûté moins de trente-deux livres!

– Nous tâcherons d'élucider tout cela pour vous, monsieur Wilson. Mais d'abord, une ou deux questions... Cet employé qui a attiré votre attention sur cette annonce, depuis combien de temps l'aviez-vous à votre service?

– A l'époque, cela faisait un mois environ.

– Et comment l'aviez-vous connu?

– En réponse à une annonce que j'avais fait insérer.

– Il avait été le seul à se présenter?

– Non, il y en avait une douzaine d'autres.

– Pourquoi l'aviez-vous choisi?

– Parce qu'il me semblait débrouillard et ne demandait pas cher.

– La moitié du tarif couramment pratiqué?

– Oui.

– Comment est-il, ce Vincent Spaulding?

– Petit solidement bâti, très vif dans ses mouvements, et sans un poil de barbe bien qu'il ait au moins trente ans. Sur son front, il a une tache blanche, due à une brûlure causée par un acide.

En proie à une vive excitation, Holmes se redressa dans son fauteuil.

— C'est bien ce que je pensais, dit-il. Avez-vous remarqué si le lobe de ses oreilles est percé, comme pour porter des boucles d'oreille?

— Oui, monsieur. Il m'a dit que c'était une bohémienne qui lui avait fait ça lorsqu'il était enfant.

— Hum! fit Holmes, en s'abstrayant de nouveau dans ses pensées. Il est encore avec vous?

— Oh! oui, monsieur. Je viens de le quitter.

— Et s'est-il bien occupé des affaires en votre absence?

— Je n'ai à me plaindre de rien, monsieur. De toute façon, le matin, c'est toujours très calme.

— Très bien, monsieur Wilson. Je me ferai un plaisir de vous donner mon avis sur cette affaire d'ici un jour ou deux. Nous sommes samedi... Je pense que lundi nous devrions être arrivés à une conclusion.

— Eh bien, Watson, me demanda Holmes lorsque notre visiteur nous eut quittés, que pensez-vous de tout ça?

— Je n'y comprends rien, répondis-je très franchement. C'est une affaire fort mystérieuse.

— En règle générale, dit Holmes, plus une chose semble bizarre, moins elle se révèle mystérieuse. Ce sont les crimes quelconques, sans originalité, qui donnent vraiment du fil à retordre, tout comme un visage banal est plus difficile à reconnaître. Mais il me faut régler cette affaire sans tarder.

— Qu'allez-vous faire, alors? m'enquis-je.

— Fumer, répondit-il. C'est exactement un problème de trois pipes, et je vous demande d'observer le silence pendant cinquante minutes.

Il se pelotonna dans le fauteuil, ses genoux maigres à hauteur de son nez aquilin, puis demeura ainsi, les yeux clos, sa pipe de faïence évoquant le bec de quelque étrange oiseau. Je finissais par le croire endormi et je commençais moi-même à dodeliner de la tête, quand il se leva d'un bond, en esquissant le geste d'un homme qui vient de prendre une décision, et posa sa pipe sur la cheminée.

— Sarasate joue tantôt au Saint-Jame's Hall, dit-il. Qu'en

pensez-vous, Watson? Vos malades peuvent-ils se passer de vous durant quelques heures?

— Je n'ai rien pour aujourd'hui. Ma clientèle n'est jamais très accaparante.

— Alors mettez votre chapeau et venez. Il me faut d'abord passer à la City et nous déjeunerons quelque part en route. J'ai remarqué qu'il y avait pas mal de musique allemande au programme, ce qui est davantage à mon goût que de la musique italienne ou française. La musique allemande est introspective et je désire m'introspecter. Venez!

Nous prîmes le métro jusqu'à Aldersgate, d'où une courte marche nous mena à Saxe-Cobourg Square, où avait commencé la singulière histoire qui nous avait été contée ce matin-là. C'était une petite place, d'apparence pauvre mais digne, quatre rangées de vieilles maisons de brique, à un seul étage, y donnaient sur un square minuscule où une pelouse envahie d'herbes folles et quelques buissons de lauriers jaunis avaient peine à survivre dans une atmosphère enfumée qui leur était particulièrement hostile. A une maison d'angle, trois boules dorées et une enseigne marron où se lisait *Jabez Wilson* en lettres blanches indiquaient l'endroit où officiait notre client rouquin. Sherlock Holmes s'arrêta devant celle-ci, la tête légèrement penchée de côté, et l'étudia avec attention, les yeux brillants entre les paupières mi-closes. Il remonta lentement la rue, la redescendit de même, sans cesser d'examiner les maisons qui la bordaient. Finalement, il se retrouva devant chez le prêteur sur gages et, après avoir vigoureusement frappé de sa canne le trottoir à deux ou trois reprises, il alla toquer à la porte de la maison. Elle lui fut aussitôt ouverte par un jeune homme imberbe, à l'air éveillé, qui le pria d'entrer.

— Merci, dit Holmes. Je voulais seulement vous demander comment aller d'ici au Strand?

— La troisième à droite, puis la quatrième à gauche, répondit promptement le jeune homme avant de refermer la porte.

— Très intelligent, ce garçon, fit observer Holmes comme nous repartions. A mon avis, il arrive en quatrième position parmi les hommes les plus intelligents de Londres, et je me demande même s'il n'aurait pas droit à la troisième place. J'ai déjà eu affaire avec lui.

— Evidemment, dis-je, le commis de M. Wilson compte pour beaucoup dans ce mystère de la Ligue des Rouquins. Je gage que vous lui avez demandé votre chemin uniquement pour avoir l'occasion de le voir?

— Pas lui, non.

— Qui donc, alors?

— Les genoux de son pantalon.

— Et qu'avez-vous vu?

— Ce que je m'attendais à voir.

— Pourquoi avez-vous donné des coups de canne sur le trottoir?

— Mon cher docteur, c'est le moment d'observer et non de bavarder. Nous sommes des espions en territoire ennemi. Nous avons appris quelque chose concernant Saxe-Cobourg Square. Explorons-en maintenant les arrières.

La rue dans laquelle nous nous trouvâmes en tournant au coin de Saxe-Cobourg Square contrastait avec ce dernier autant qu'un tableau avec son revers. C'était une des principales artères que l'on empruntait pour aller vers le nord ou l'ouest de la City. La chaussée était obstruée par une intense circulation de véhicules dans les deux sens, cependant que les piétons se pressaient sur les trottoirs. En regardant cet alignement de beaux magasins et de luxueux bureaux, on avait peine à se convaincre qu'ils s'adossaient au morne square que nous venions de quitter.

— Laissez-moi regarder, dit Holmes en s'immobilisant à l'angle. Je désire me rappeler l'ordre de ces maisons-ci. J'ai la marotte de vouloir connaître Londres en détail. Il y a d'abord Mortimer's, puis le bureau de tabac, la petite boutique du marchand de journaux, l'agence Cobourg de la City & Suburban Bank, le restaurant végétarien et le dépôt du carrossier Mc Farlane, lequel occupe l'autre angle de ce pâté de maisons. Sur ce, Docteur, nous avons fait notre travail et avons droit à la détente. Un sandwich avec une tasse de café, puis en route vers le royaume du violon, où tout est douceur, délicatesse et harmonie, sans clients rouquins pour nous déranger avec leurs énigmes.

Mon ami était un mélomane enthousiaste, se doublant non seulement d'un très capable exécutant, mais aussi d'un compositeur qui n'était pas sans mérite. Assis dans son fauteuil d'orchestre, il témoigna tout l'après-midi d'un bonheur sans mélange, ses longs doigts fins battant doucement la mesure. Son visage souriant, au regard rêveur et languide, ne ressemblait guère à celui de Holmes le limier, Holmes le détective le plus intelligent et le plus implacablement acharné qui se pût imaginer. Chez ce singulier personnage, cette double nature prenait alternativement le dessus; son extrême sagacité et la rigueur de ses déductions constituaient, comme je l'ai souvent pensé, une réaction contre l'humeur contemplative et poétique qui, de temps à autre, prédominait en lui. Le cours de sa nature le faisait passer d'une extrême langueur à une énergie dévorante, et j'étais bien placé pour savoir qu'il ne se révélait jamais plus formidable que lorsqu'il restait à longueur de journée dans son fauteuil, au milieu de ses improvisations musicales et de ses éditions en caractères gothiques. C'est alors que l'ardeur de la chasse s'emparait soudain de lui et que ses brillantes facultés de raisonnement se haussaient au niveau de l'intuition géniale, si bien que ceux à qui ses méthodes n'étaient pas familières le regardaient avec méfiance, se demandant si ça n'était point un homme dont les connaissances surpassaient celles de tout autre mortel. Cet après-midi-là, à Saint-James Hall, lorsque je le vis s'abandonnant ainsi à la musique, j'eus le sentiment que les gens qu'il était décidé à pourchasser allaient passer un bien mauvais moment.

– Vous désirez sans doute rentrer chez vous, Docteur, me dit-il comme nous sortions du concert.

– Oui, ce serait préférable.

– De mon côté, j'ai quelque chose à faire qui me prendra plusieurs heures. Cette histoire de Cobourg Square est fort grave.

– Grave? Pourquoi donc?

– Un crime important est sur le point d'être perpétré. J'ai toute raison de croire que nous arriverons à temps pour l'empêcher. Mais le fait que nous soyons aujourd'hui samedi complique un peu les choses. J'aurai besoin de votre aide ce soir.

– A quelle heure?

– A dix heures, ce sera assez tôt.

– Je serai chez vous à dix heures.

– Parfait. Ah! Docteur... Je dois vous dire aussi que ça

peut présenter un petit danger; alors, s'il vous plaît, ayez votre revolver d'ordonnance dans votre poche.

Puis, sur un geste de la main, il tourna les talons et disparut aussitôt dans la foule.

Je ne crois pas être plus bête qu'un autre, mais dans mes rapports avec Sherlock Holmes, j'ai toujours eu un accablant sentiment de stupidité. J'avais vu et entendu les mêmes choses que lui; pourtant, à en juger par ses paroles, il semblait, de toute évidence, voir clairement non seulement ce qui s'était passé mais aussi ce qui allait se produire, alors qu'à mes yeux toute cette affaire demeurait aussi confuse que grotesque. En regagnant ma maison de Kensington, je me remémorai tout, depuis l'extraordinaire récit que nous avait fait le copiste rouquin de l'*Encyclopaedia Britannica* jusqu'à notre visite à Saxe-Cobourg Square et les propos inquiétants que Holmes avait tenus en me quittant. Qu'est-ce que c'était que cette expédition nocturne, et pourquoi devais-je venir armé? Où irions-nous et pour y faire quoi? Holmes m'avait laissé entendre que le commis mielleux du prêteur sur gages était quelqu'un de formidable, un homme capable de jouer un jeu extrêmement subtil. J'essayai de démêler un peu tout cela mais finis par désespérer d'y parvenir et décidai de laisser la question pendante jusqu'à ce que la soirée m'en apportât l'explication.

Il était neuf heures un quart lorsque je sortis de chez moi et traversai Hyde Park pour gagner Oxford Street, puis Baker Street. Deux hansom-cabs étaient rangés devant la porte et, comme je pénétrais dans le vestibule, j'entendis un bruit de voix à l'étage. En entrant dans la pièce où se tenait Holmes, je le trouvai en conversation animée avec deux hommes. En l'un d'eux, je reconnus Peter Jones, qui appartenait à la police; l'autre était un homme grand et maigre, avec un visage triste, un chapeau neuf et une jaquette qui faisait terriblement comme il faut.

– Ah! nous voici au complet! dit Holmes en boutonnant sa vareuse et décrochant sa lourde cravache. Watson, je crois que vous connaissez M. Jones, de Scotland Yard? Et permettez-moi de vous présenter M. Merryweather, qui va nous tenir compagnie dans notre expédition nocturne.

– Vous voyez, Docteur, nous partons de nouveau en chasse couplée, me dit Jones de son air important. Notre ami ici présent n'a pas son pareil pour donner la chasse. Il lui suffit d'un vieux chien pour lever le gibier.

— J'espère seulement que cette chasse sera fructueuse et que nous ne tomberons pas sur un bec! intervint M. Merryweather d'un air lugubre.

— Vous pouvez faire confiance à M. Holmes, monsieur, lui assura le policier avec hauteur. Il a ses petites méthodes à lui qui sont, s'il me permet de le dire, un peu trop théoriques et extravagantes, mais c'est un détective dans l'âme. Et ce n'est pas exagéré de dire que deux ou trois fois, comme dans l'affaire du meurtre de Soho et celle du trésor d'Agra, il a vu plus clair que la police officielle.

— Oh! si c'est vous qui le dites, monsieur Jones, tout va bien! déclara l'autre avec déférence. J'avoue néanmoins que mon whist me manque. Ce sera le premier samedi soir en trente-sept ans que je n'aurai pas fait ma partie.

— Vous vous apercevrez, je crois, dit Sherlock Holmes, que vous n'avez encore jamais joué aussi gros jeu que ce soir, et que cette partie va être beaucoup plus excitante. Pour vous, monsieur Merryweather, l'enjeu sera de trente mille livres, et pour vous, Jones, ce sera l'homme sur lequel vous souhaitez tant mettre la main.

— John Clay, assassin, voleur, faux-monnayeur et faussaire en tout genre. C'est un homme jeune, monsieur Merryweather, mais il est à la tête de la pègre et il n'est pas criminel dans tout Londres à qui j'aurais davantage plaisir à passer les menottes. Oui, c'est quelqu'un de très remarquable que le jeune John Clay. Son grand-père était un duc appartenant à la famille royale, et lui-même a fait ses études tant à Eton qu'à Oxford. Son cerveau est aussi habile que ses doigts, et tout en repérant sa trace à tout bout de champ, nous ne sommes jamais arrivés à le pincer. Une semaine, il cambriolera une maison en Ecosse, et la semaine suivante collectera aussi bien des fonds pour la construction d'un orphelinat en Cornouailles. Cela fait des années que je suis sur sa piste, sans être jamais parvenu à le voir.

— J'espère avoir le plaisir de vous le présenter ce soir. J'ai eu aussi une ou deux fois maille à partir avec M. John Clay, et je suis d'accord avec vous qu'il se situe en tête de la pègre. Ceci dit, il est plus de dix heures et donc grandement temps que nous nous mettions en route. Si vous voulez bien prendre le premier cab, messieurs, Watson et moi suivrons dans le second.

Durant ce long trajet, Sherlock Holmes ne se montra pas très communicatif, demeurant accoté dans son coin à fredonner des airs qu'il avait entendus dans l'après-midi. Le cab nous cahota à travers un interminable labyrinthe de rues jalonnées de becs de gaz jusqu'à ce que nous débouchions dans Farringdon Street.

— Nous sommes maintenant presque arrivés, fit remarquer mon ami. Ce Merryweather est un directeur de banque que cette affaire intéresse au premier chef, et je me suis dit que ce serait aussi bien d'avoir également Jones avec nous. Ce n'est pas le mauvais cheval, bien que je le considère comme un parfait imbécile sur le plan professionnel. Il a pour lui d'être aussi courageux qu'un bouledogue, et aussi tenace qu'un homard s'il pince quelqu'un. Là, nous y voici, et ces messieurs nous attendent.

Nous avions atteint le même carrefour enfiévré où nous nous étions trouvés dans la matinée. Après avoir renvoyé les cabs, nous nous laissâmes guider par M. Merryweather le long d'un étroit passage, jusqu'à une porte de côté qu'il ouvrit. Elle donnait sur un petit corridor qui aboutissait à une épaisse porte blindée. L'ayant également ouverte, M. Merryweather nous fit descendre une volée de marches en pierre qui se terminait devant une autre porte non moins impressionnante. Là, M. Merryweather s'arrêta le temps d'allumer une lanterne, puis nous fit emprunter un couloir obscur et déclive qui sentait la terre mouillée, au bout duquel il ouvrit une troisième porte blindée, pour nous faire pénétrer dans une grande cave ou salle voûtée, à l'intérieur de laquelle s'entassaient des caisses massives et des coffres.

— Par en haut, vous n'êtes pas trop vulnérable, constata Holmes en élevant la lanterne et regardant autour de lui.

— Ni par en dessous, ajouta M. Merryweather en frappant de sa canne les dalles formant le sol. Mais... Ma parole, ça sonne creux! s'exclama-t-il avec surprise.

— Je dois vraiment vous prier de vous tenir un peu plus tranquille, dit Holmes d'un ton sévère. Vous venez déjà de compromettre tout le succès de notre expédition. Voulez-vous avoir la bonté de vous asseoir sur une de ces caisses et de ne plus broncher?

Le solennel M. Merryweather se percha sur l'une des caisses, en affectant un air offensé, tandis que Holmes s'agenouillait par terre et, s'aidant de la lanterne ainsi que d'une grosse loupe, examinait les interstices entre les dalles de pierre. Quelques secondes lui suffirent, et il se releva très vite en rempochant sa loupe.

— Nous avons au moins une heure devant nous, déclarat-il, car ils ne bougeront pas avant que le brave prêteur sur gages soit dans son lit. Mais après ça, ils ne perdent plus une minute, vu que, plus ils termineront vite leur travail, plus ils auront de temps pour assurer leur fuite. Comme vous l'avez sans doute deviné, Docteur, nous nous trouvons dans le sous-sol de l'agence de la City d'une des plus importantes banques de Londres. M. Merryweather en est le président du conseil d'administration, et il va vous expliquer les raisons pour lesquelles le plus audacieux criminel de la capitale s'intéresse tant actuellement à ce sous-sol.

— C'est à cause de notre or français, chuchota le directeur. Nous avons été avertis à plusieurs reprises qu'on tenterait de s'en emparer.

— Votre or français?

— Oui. Nous avons eu l'occasion, voici quelques mois, d'accroître nos possibilités et, dans ce but, nous avons emprunté trente mille napoléons à la Banque de France. Il s'est su que nous n'avions encore eu aucune raison de toucher à cet or et qu'il était toujours dans notre chambre forte. La caisse sur laquelle je suis assis contient deux mille napoléons séparés par des feuilles de plomb. Notre réserve d'or est donc beaucoup plus importante actuellement que ne l'est d'ordinaire celle d'une simple agence de quartier, et cela ne laisse pas d'inquiéter la direction.

— Inquiétude parfaitement justifiée, intervint Holmes. Ceci dit, il est temps d'arranger nos petits plans. J'escompte le dénouement pour dans moins d'une heure. En attendant, monsieur Merryweather, nous allons faire tomber le volet de votre lanterne.

— Et rester dans l'obscurité?

— Je crains que nous n'ayons pas le choix. J'ai un jeu de cartes dans ma poche et, puisque nous formions une *partie carrée* (1), j'avais pensé que vous pourriez finalement jouer quand même au whist, monsieur Merryweather, mais je m'aperçois que les préparatifs de l'ennemi sont trop avancés pour que nous courrions le risque d'avoir de la lumière. Avant tout, il nous faut choisir nos places. Ce sont des hommes extrêmement hardis et, bien que nous ayons l'avantage de la surprise, ils sont capables de nous mettre à mal si nous ne sommes pas extrêmement prudents. Je me tiendrai derrière cette caisse et vous autres, cachez-vous derrière celles-là. Lorsque j'enverrai sur eux la clarté de la lanterne, cernez-les en vitesse. S'ils font feu, Watson, n'ayez aucune hésitation à les abattre!

Après l'avoir armé, je posai mon revolver sur la caisse en bois derrière laquelle je me tapis. Holmes abaissa le volet de la lanterne, nous plongeant dans les ténèbres les plus épaisses qu'il m'eût encore été donné de connaître. L'odeur du métal chauffé attestait seule que la lanterne demeurait allumée et prête à faire son office d'une seconde à l'autre. Les nerfs tendus à l'extrême, il y avait pour moi quelque chose de déprimant et d'annihilant dans cette soudaine obscurité comme dans la froideur humide de l'atmosphère qui régnait en ce sous-sol.

– Ils n'ont qu'une seule retraite possible, chuchota Holmes, et c'est par la maison de Saxe-Cobourg Square. J'espère que vous avez fait ce que je vous ai demandé, Jones?

– J'ai un inspecteur et deux agents aux aguets devant la porte.

– Alors, nous avons bouché tous les trous. A présent, faisons silence et attendons!

Comme le temps nous sembla long! Par la suite, il ressortit de la confrontation de nos souvenirs que cette attente avait duré une heure un quart. Or, pour ma part, j'eus l'impression que presque toute la nuit s'était passée ainsi et que l'aube n'allait pas tarder à poindre au-dessus de nous. Mes membres étaient raides et douloureux, car je n'osais me risquer à changer de position. Dans le même temps, la tension de mes nerfs n'avait cessé de croître et mon ouïe était devenue si sensible que non seulement

---

(1) Bien qu'elle constitue ici une impropriété, cette locution a été conservée parce qu'elle figure en français dans le texte. (N. du T.)

je percevais la respiration de mes compagnons, mais arrivais à distinguer celle, profonde et lourde, de Jones d'avec celle, faiblement soupirée, du directeur de banque. D'où j'étais, il m'était possible de voir le sol par-dessus la caisse. Soudain, mon regard capta une lueur.

Tout d'abord, ce ne fut guère qu'une sorte d'étincelle blafarde sur la dalle de pierre. Puis elle s'allongea jusqu'à devenir une ligne jaune et tout à coup, sans bruit ni aucun avertissement, cette déchirure parut s'ouvrir. Une main en surgit, une main blanche, presque féminine, qui tâtonna au centre de la petite flaque de clarté. Durant une longue minute, la main tortilla ainsi des doigts, puis s'escamota aussi brusquement qu'elle était apparue, et de nouveau ce fut l'obscurité, avec juste l'étincelle blafarde marquant l'encoche entre les dalles.

Mais cette disparition ne fut que momentanée. Dans un bruit de déchirement, d'arrachement, une des larges dalles blanches se leva complètement d'un côté, découvrant un trou carré, béant, d'où jaillissait la clarté d'une lanterne. Les yeux au ras du sol, apparut un visage juvénile, imberbe, qui regarda avec attention autour de lui, puis ses mains prenant appui de chaque côté de l'ouverture, l'adolescent émergea du trou jusqu'à la taille, posa un genou sur le rebord. L'instant d'après, il était debout près de l'ouverture et halait un compagnon, petit et souple comme lui, avec un visage blafard et une masse de cheveux roux.

— Rien à signaler, murmura-t-il. Tu as le ciseau et les sacs? Oh! bon sang! Fous le camp, Archie, fous le camp! Je me débrouillerai!

Sherlock Holmes avait bondi et empoigné l'intrus par le col. Le complice plongea vers le trou et j'entendis un bruit d'étoffe déchirée comme Jones s'agrippait à lui. Je vis le canon d'un revolver luire dans la clarté provenant du trou, mais la cravache de Holmes s'abattit sur le poignet de l'homme et l'arme rebondit sur les dalles.

— C'est peine perdu, John Clay, dit Holmes d'un ton légèrement narquois. Vous n'avez pas la moindre chance.

— C'est ce que je vois, répondit l'autre avec le plus grand calme. Je pense que mon ami s'en est tiré, bien que vous l'ayez attrapé par les pans de sa veste.

— Trois hommes l'attendent à la sortie, dit Holmes.

— Oh! vraiment? Vous semblez avoir pensé à tout. Il me faut vous complimenter.

— Et moi de même, rétorqua Holmes. Votre idée des rouquins était tout à la fois neuve et efficace.

— Vous n'allez pas tarder à revoir votre copain, intervint Jones. Il est plus agile que moi pour sauter dans les trous! Tendez les poignets, que je vous passe les menottes.

— Veuillez ne pas me toucher avec vos mains sales, dit notre captif tandis que les menottes se refermaient autour de ses poignets. Vous ignorez peut-être que j'ai du sang royal dans les veines. Quand vous vous adressez à moi, ayez la bonté de dire « monsieur » et « s'il vous plaît ».

— Très bien, fit Jones en le toisant d'un air ironique. S'il vous plaît, monsieur, voulez-vous remonter par l'escalier, afin que nous trouvions un cab pour transporter Votre Altesse jusqu'au poste de police?

— Voilà qui est mieux, opina John Clay d'un ton serein.

Nous saluant tous trois d'une inclinaison du buste, il s'éloigna paisiblement sous la garde du policier.

— Vraiment, monsieur Holmes, dit M. Merryweather tandis que nous quittions à leur suite la salle voûtée, je ne sais comment la banque pourra vous remercier et s'acquitter envers vous! Il ne fait aucun doute que vous avez découvert et déjoué totalement un des plus audacieux cambriolages de banque dont j'aie jamais eu connaissance!

— J'avais moi-même un ou deux petits comptes à régler avec M. John Clay, dit Holmes. Cette affaire a nécessité quelques frais, dont je m'attends à être remboursé par la banque. Mais, en dehors de cela, j'ai été largement payé de ma peine en ayant vécu cette expérience qui, à bien des égards, est absolument unique, et en m'entendant raconter la très remarquable histoire de la Ligue des Rouquins.

— Voyez-vous, Watson, m'expliqua-t-il aux petites heures alors que nous nous trouvions à Baker Street assis devant un whisky-soda, il était dès l'abord parfaitement évident que cette assez fantastique histoire de l'annonce insérée par la Ligue et de la copie de l'*Encyclopaedia Britannica* ne devait avoir d'autre but que d'éloigner de chez lui, pendant un certain nombre d'heures chaque jour, ce prêteur sur gages pas très futé. C'est une assez curieuse façon de procéder mais, à vrai dire, on aurait du mal à en imaginer une meilleure. Cette méthode a sans doute été suggérée à l'esprit ingénieux de Clay par la couleur des cheveux de son complice. Les quatre livres par semaine constituaient un excellent appât pour M. Jabez Wilson, tout en n'étant vraiment rien pour eux qui comptaient s'en approprier plusieurs milliers. Ils ont donc fait insérer l'annonce; un de ces coquins loue provisoirement le bureau, tandis que l'autre pousse leur homme à poser sa candidature, et ils réussissent ainsi à être assurés de son absence chaque matin de la semaine. Lorsque j'ai entendu raconter que le commis s'était offert à travailler pour la moitié du salaire normal, j'ai compris qu'il devait avoir une puissante raison de vouloir travailler là.

– Mais comment avez-vous deviné cette raison?

– S'il y avait eu une femme dans la maison, j'aurais pensé à quelque intrigue beaucoup plus ordinaire. Mais c'était exclu. Wilson n'avait qu'un petit commerce et rien chez lui qui justifiât des préparatifs aussi coûteux et élaborés. Alors, quelque chose hors de la maison? Mais quoi? Je me suis rappelé la passion du commis pour la photographie et comme il disparaissait fréquemment dans la cave. La cave! Ce devait être le fin mot de cette histoire compliquée. Je me suis alors livré à une petite enquête concernant cet étrange employé, et j'ai découvert que j'avais affaire à l'un des criminels les plus froidement audacieux de tout Londres. Il trafiquait quelque chose dans la cave... quelque chose qui demandait plusieurs heures par jour pendant des semaines d'affilée. Encore une fois, qu'est-ce que cela pouvait bien être? Je n'arrivais à imaginer rien d'autre qu'un tunnel devant lui donner accès à un autre immeuble.

« J'en étais là lorsque nous nous sommes rendus sur les lieux. Je vous ai étonné en frappant le trottoir avec ma canne. Je voulais savoir si la cave s'étendait par-devant ou par-derrière l'immeuble. Ce n'était pas par-devant. Là-dessus, je sonne et, comme je l'espérais, c'est l'employé qui répond à mon coup de sonnette. Nous avions eu quelques escarmouches, mais nous ne nous étions encore jamais vus. C'est à peine si je donnai un coup d'œil à son visage, car c'étaient les genoux de son pantalon que je voulais voir.

Vous avez dû remarquer vous-même comme ils étaient usés, frippés et tachés. Ils évoquaient des heures passées à fouir le sol. Le seul point restant à découvrir, c'était vers où allait le terrier. Tournant au bout de la rue, je vis que l'agence de la City & Suburban Bank était attenante au commerce de notre ami, et j'eus alors le sentiment d'avoir résolu mon problème. Lorsque vous êtes rentré chez vous à l'issue du concert, je suis allé à Scotland Yard puis trouver le président du conseil d'administration de la banque, avec le résultat que vous avez vu.

– Et comment avez-vous su qu'ils feraient leur tentative cette nuit? questionnai-je.

– Eh bien, le fait qu'ils eussent fermé le bureau de leur Ligue indiquait que la présence de M. Jabez Wilson à son domicile ne les gênait plus; autrement dit : ils avaient fini de creuser leur tunnel. Mais il importait qu'ils l'utilisent au plus vite, de crainte qu'on le découvre ou que l'or soit transporté ailleurs. Samedi était le jour idéal pour eux, car ils auraient ainsi jusqu'au lundi pour disparaître. C'est pour ces différentes raisons que je m'attendais à les voir ce soir.

– Tout cela est parfaitement raisonné! m'exclamai-je avec une sincère admiration. Une longue chaîne de déductions, mais dont chaque maillon était bien solide.

– Cela m'a sauvé de l'ennui, déclara-t-il en bâillant. Hélas! je le sens sur le point de m'envahir à nouveau... Ma vie n'est qu'un long effort pour tenter d'échapper aux banalités de l'existence. Ces petits problèmes m'y aident beaucoup.

– Et vous êtes ainsi un bienfaiteur de l'humanité, conclus-je.

Il haussa les épaules :

– Ma foi, après tout, c'est peut-être de quelque petite utilité, opina-t-il. Comme l'écrivait Gustave Flaubert à George Sand : « *L'homme, c'est rien... l'œuvre, c'est tout* » (1).

---

(1) En français dans le texte. Nous n'avons pas réussi à retrouver cette citation, mais nous avons tout lieu de penser que Flaubert avait formulé la remarque dans une meilleure langue. C'est probablement le docteur Watson qui l'aura mal transcrite... (N. du T.)

4

LE MYSTÈRE DU VAL DE BOSCOMBE

Un matin, ma femme et moi étions en train de prendre notre petit déjeuner lorsque la bonne nous apporta un télégramme. Il émanait de Sherlock Holmes et était ainsi conçu : « *Disposez-vous deux trois jours? Viens recevoir dépêche de l'ouest de l'Angleterre concernant tragédie Val Boscombe. Serais heureux veniez avec moi. Air vivifiant, paysage splendide. Train 11 h 15 de Paddington.* »

– Qu'en pensez-vous, mon chéri? s'enquit ma femme en me regardant par-dessus la table. Allez-vous y aller?

– Je ne sais vraiment que vous dire... J'ai toute une liste de rendez-vous...

– Oh! Anstruther vous remplacera. Je vous trouve plutôt pâle depuis quelque temps. Je pense qu'un peu de changement vous fera du bien... et puis vous êtes toujours tellement intéressé par les affaires de M. Sherlock Holmes.

– Je serais bien ingrat si je m'en désintéressais, vu la conquête que j'ai faite au cours de l'une d'elles! répondis-je. Mais si je dois partir, il me faut faire ma valise tout de suite, car je n'ai qu'une demi-heure devant moi.

La vie de camp que j'ai menée en Afghanistan a eu au moins pour effet de faire de moi un voyageur toujours prêt à plier bagage en un rien de temps. Je n'avais besoin d'emporter que peu de chose, si bien que je me retrouvai très vite dans un cab avec ma valise, roulant vers la gare de Paddington. Sherlock Holmes arpentait le quai, la maigreur de sa haute silhouette encore accentuée par son long manteau de voyage gris et sa casquette bien ajustée.

– C'est vraiment très aimable à vous d'être venu, Watson,

me dit-il. Pour moi, cela change tout que d'avoir la compagnie de quelqu'un à qui je puisse me fier entièrement. L'aide que l'on trouve sur place ne vaut généralement rien ou manque d'impartialité. Si vous voulez bien nous réserver ces deux coins, je vais aller prendre les billets.

Nous avions le compartiment pour nous seuls, si j'excepte la masse de journaux que Holmes avait apportés avec lui. Il n'arrêtait pas de les compulser ne s'interrompant de lire que pour prendre des notes ou s'abstraire dans ses pensées, jusqu'à ce que nous ayons dépassé Reading. Alors, brusquement, il les rassembla tous en une gigantesque boule qu'il jeta dans le filet.

— Avez-vous entendu parler de l'affaire? questionna-t-il.

— Non, pas un mot. Cela fait plusieurs jours que je n'ai pas ouvert un journal.

— La presse londonienne n'a pas donné beaucoup de détails. Je viens de parcourir les quotidiens d'hier et d'aujourd'hui pour me pénétrer des faits. A première vue, ça semble être une de ces affaires toutes simples qui sont tellement épineuses.

— Voilà qui me paraît un peu paradoxal.

— Mais qui est profondément vrai. Une singularité se révèle presque toujours être un indice. Mais le crime banal, sans rien de saillant, est le plus difficile à élucider. En cette affaire, toutefois, ils ont déjà échafaudé une assez solide accusation contre le fils de l'homme qui a été assassiné.

— Il s'agit donc d'un meurtre?

— C'est ce qui semble ressortir des faits. Mais je ne tiens rien pour acquis tant que je n'ai pas eu la possibilité de juger par moi-même. Je vais vous expliquer en quelques mots cette affaire, telle que j'ai pu la comprendre.

« Le Val de Boscombe est un canton proche de Ross, dans le Herefordshire. Le plus gros propriétaire terrien de l'endroit est un M. John Turner, qui est revenu au pays, voici quelques années, après être allé faire fortune en Australie. Une de ces fermes, celle de Hatherley, était louée à M. Charles McCarthy, qui lui aussi avait vécu en Australie. Les deux hommes s'étaient connus aux colonies et il n'y a donc rien d'anormal qu'ils aient souhaité s'établir aussi près que possible l'un de l'autre. Turner était apparemment le plus riche des deux, si bien que McCarthy devint son locataire; ceci mis à part il semble que les deux hommes vivaient sur un pied de parfaite égalité et se voyaient souvent. McCarthy avait un fils, un garçon de dix-huit ans, et Turner une fille du même âge, mais tous deux étaient veufs. Apparemment, ils ne fréquentaient pas les familles anglaises du voisinage et menaient une vie retirée, encore que les McCarthy fussent des passionnés de sport, que l'on voyait souvent sur les champs de courses de la région. McCarthy avait deux domestiques : un valet et une jeune bonne, tandis que Turner avait un train de maison d'au moins une demi-douzaine de serviteurs. C'est à peu près tout ce que j'ai pu apprendre sur les familles en cause. Passons maintenant aux faits.

« Le 3 juin – autrement dit, lundi dernier – McCarthy a quitté sa maison de Hatherley vers trois heures de l'après-midi et est allé à pied jusqu'à l'étang de Boscombe, endroit où s'élargit le cours d'eau qui arrose le Val de Boscombe. Le matin, il était allé à Ross avec son domestique, auquel il avait dit devoir se presser, ayant un rendez-vous important à trois heures. De ce rendez-vous, il n'est jamais revenu vivant.

« L'étang de Boscombe est distant d'environ quatre cents mètres de la ferme de Hatherley, et deux personnes ont rencontré McCarthy en chemin. Une vieille femme, dont le nom n'est pas mentionné, et William Crowder, un garde-chasse au service de M. Turner. Ces deux témoins ont déclaré que M. McCarthy marchait seul. Le garde-chasse a ajouté que, quelques minutes après avoir croisé M. McCarthy, il a vu son fils, M. James McCarthy, allant dans la même direction, un fusil sous le bras. Il a le sentiment que le père était alors encore en vue et que le fils le suivait. Il n'y a pas attaché d'importance avant le soir, lorsqu'il a appris le drame.

« Les deux McCarthy ont été aperçus après le moment où William Crowder, le garde-chasse, les a perdus de vue. L'étang de Boscombe est cerné par des bois épais avec juste une bordure d'herbes et de roseaux. Une adolescente de quatorze ans, Patience Moran, fille du gardien de la propriété du Val de Boscombe, cueillait des fleurs dans l'un des bois. Elle a déclaré que, se trouvant à l'orée de celui-ci et à proximité de l'étang, elle aperçut M McCarthy et son fils qui paraissaient avoir une discussion orageuse. Elle a entendu M. McCarthy user de paroles cinglantes à l'adresse du jeune homme et vu ce dernier lever la main, comme pour frapper son père. Leur violence l'a tellement effrayée qu'elle est partie en courant et, dès son retour à la maison, a dit à sa mère avoir laissé les McCarthy en train de se quereller près de l'étang de Boscombe, au point qu'elle avait eu peur qu'ils en viennent aux mains. A peine achevait-elle de parler que le jeune McCarthy est arrivé en courant, dire qu'il venait de découvrir son père mort dans le bois et demander l'aide du gardien. Il était extrêmement agité, sans son fusil ni son chapeau, sa main et sa manche droites tachées de sang frais. L'ayant suivi, ils trouvèrent le cadavre de son père gisant sur le bord herbeux de l'étang. On lui avait défoncé le crâne, en lui portant plusieurs coups d'un instrument lourd et contondant. Ces blessures pouvaient très bien avoir été infligées avec la crosse du fusil appartenant au fils, que l'on retrouva à quelques pas du corps. Dans ces conditions, le jeune homme fut appréhendé sur-le-champ et l'enquête judiciaire qui s'est tenue le mardi a conclu à l'assassinat. Le mercredi, le jeune hommme a comparu devant les magistrats de Ross, et l'affaire sera jugée aux prochaines assises. Ce sont là les principaux faits de cette affaire, tels qu'ils ont été exposés à la police et au coroner.

– On en imaginerait difficilement de plus accablants, remarquai-je. Toutes les présomptions accusent ce garçon.

– Il faut se méfier beaucoup des présomptions, me rétorqua Holmes d'un air pensif. Elles semblent indiquer une chose, mais si vous les étudiez sous un angle légèrement différent, vous vous apercevez qu'elles indiquent de façon tout aussi directe quelque chose de complètement différent. Il faut toutefois reconnaître que l'affaire paraît extrêmement grave pour le jeune homme et il est très possible que ce soit bien lui le coupable. Il y a néanmoins plusieurs personnes du voisinage, parmi lesquelles Miss Turner, la fille du propriétaire, qui croient en son innocence et ont fait appel à Lestrade – dont vous n'avez certainement pas oublié le rôle qu'il a joué lors de ce que vous avez appelé *L'Etude en rouge* – pour étudier l'affaire dans l'intérêt du jeune homme. Assez embarrassé, Lestrade m'en a référé, et voilà pourquoi deux messieurs d'âge moyen roulent maintenant vers l'ouest à quatre-vingts kilomètres-heure, au lieu d'être chez eux, à digérer tranquillement leur petit déjeuner.

– Dans cette affaire, les faits sont tellement évidents que j'ai peur que vous ne tiriez pas grand crédit de l'avoir éclaircie.

– Il n'y a rien de plus trompeur qu'un fait évident, me répondit-il en riant. Par ailleurs, nous aurons peut-être la chance de tomber sur quelques autres faits évidents... dont l'évidence aura échappé à M. Lestrade. Vous me connaissez trop bien pour penser que je me vante lorsque je déclare que je confirmerai ou infirmerai son hypothèse par des méthodes qu'il est absolument incapable d'employer, voire de comprendre. Tenez, par exemple, j'ai le sentiment très net que, dans votre chambre, la fenêtre est du côté droit, mais je me demande si M. Lestrade aurait même remarqué une chose aussi évidente.

– Comment diable...!

– Mon cher ami, je vous connais. Je connais le souci tout militaire que vous avez de votre apparence. Vous vous rasez donc chaque matin et, en cette saison, vous le faites à la clarté du jour, mais comme vous êtes de moins en moins bien rasé à mesure que vous allez vers la gauche, et que cette négligence atteint son maximum lorsque vous contournez votre menton, il est évident que ce côté doit être moins éclairé que l'autre. Or je n'imagine pas un homme ayant vos habitudes qui, se voyant clairement ainsi dans une glace, se trouverait bien rasé. Ce n'est là qu'un banal exemple de ce que l'on arrive à déduire en observant avec attention. C'est cela mon métier (1) et il peut se révéler de quelque utilité dans l'enquête qui nous attend. L'enquête a fait ressortir un ou deux détails, qui méritent d'être étudiés.

– Lesquels?

– Il semble que l'arrestation n'ait pas eu lieu immédiatement, mais après le retour à Hatherley Farm. A l'inspecteur de police l'avertissant qu'il était mis en état d'arrestation, le jeune homme a répondu que cela ne l'étonnait pas et qu'il le méritait. Le fait qu'il eût formulé cette remarque a tout naturellement dissipé les derniers doutes qui auraient pu subsister dans l'esprit des jurés.

---

(1) En français dans le texte (N. du T.).

— C'était un aveu.
— Non, car ce fut suivi d'une protestation d'innocence.
— Venant après une telle série de faits accablants, cette déclaration était à tout le moins équivoque.
— Au contraire! affirma Holmes. C'est même ce qui me paraît plaider le plus en sa faveur. Son innocence fût-elle totale, il n'est certainement pas idiot au point de ne pas se rendre compte que les circonstances l'accusent. Eût-il paru surpris de son arrestation ou feint de s'en indigner, que cela m'aurait semblé extrêmement suspect, car ni la surprise ni l'indignation n'eussent été naturelles en l'occurrence, mais un esprit tortueux aurait pu estimer qu'une telle réaction s'imposait. Qu'il se soit incliné devant les faits montre que cet homme est innocent, ou bien alors qu'il possède une grande maîtrise de soi. Rien d'anormal à ce qu'il ait dit mériter cela, si l'on considère qu'il venait de voir le cadavre de son père, alors que peu de temps auparavant il s'était oublié jusqu'à parler rudement à l'auteur de ses jours et même, selon le témoignage si important de la petite fille, à lever la main comme pour le frapper. Le remords et le repentir dont témoigne cette remarque m'apparaissent comme la réaction d'un esprit sain et non un aveu de culpabilité.

Je secouai la tête :
— Bien des hommes ont été pendus sur des preuves beaucoup plus légères.
— Certes. Et nombre d'entre eux l'ont été à tort.
— Quelle version ce jeune homme donne-t-il de l'affaire?
— Une version guère encourageante pour ses suppporters, encore qu'elle présente un ou deux faits très suggestifs. Tenez, c'est là-dedans, vous n'avez qu'à lire.

De la boule de journaux, il extirpa un numéro du quotidien régional du Herefordshire, chercha la page et m'indiqua le paragraphe relatant la déposition de l'infortuné jeune homme. Me carrant dans l'angle du compartiment, je lus avec attention ce qui suit :

« M. James McCarthy, le fils unique du défunt, est alors appelé à la barre et dépose en ces termes : J'étais allé passer trois jours à Bristol et en étais revenu le matin même du 3, c'est-à-dire lundi dernier. Ne trouvant pas mon père à la maison, je questionnai la bonne, laquelle me dit qu'il s'était rendu à Ross avec John Cobb, notre valet. Peu après mon retour, j'entendis dans la cour le bruit familier des roues de son cabriolet. Me penchant à la fenêtre, je le vis descendre de voiture et quitter rapidement la cour, mais je ne prêtai pas attention à la direction qu'il empruntait. Je pris alors mon fusil et m'en fus du côté de l'étang de Boscombe, à cause de la garenne se trouvant sur l'autre rive. En chemin, j'ai croisé William Crowder, le garde-chasse, comme il l'a dit dans sa déposition; mais il s'est trompé en supposant que je suivais mon père. J'ignorais absolument que celui-ci était en avant de moi. A une centaine de mètres de l'étang j'entendis crier « Cooee! », comme nous le faisons habituellement mon père ou moi pour nous appeler l'un l'autre. Je pressai alors le pas et le trouvai debout près de l'étang. Il parut très surpris de me voir et me demanda assez rudement ce que je faisais là. De fil en aiguille, nous en vînmes à des propos violents et presque aux coups, car mon père était un homme très emporté. Voyant qu'il ne se possédait plus, je le quittai et m'en retournai vers Hatherley Farm. Mais je n'avais pas dû parcourir plus de cent cinquante mètres lorsque j'entendis derrière moi un cri atroce, qui me fit rebrousser chemin en courant. Je trouvai mon père par terre, quasi mort, avec de terribles blessures à la tête. Je lâchai mon fusil, afin de la prendre dans mes bras, mais il expira presque aussitôt. Je demeurai quelques instants agenouillé près de lui, puis je me précipitai chez le gardien du domaine de M. Turner, pour lui demander secours, car sa maison était la plus proche de là. Quand j'étais retourné auprès de mon père, il n'y avait personne à proximité et j'ignore absolument d'où lui venaient ces blessures. Parce qu'il était d'un naturel distant et assez froid, mon père n'était pas très populaire dans la région mais, autant que je sache, il n'avait pas d'ennemis déclarés. Voilà, c'est tout ce que j'ai à dire...

Le coroner : Votre père vous a-t-il dit quelque chose avant d'expirer?

Le témoin : Il a bredouillé des mots... Il semblait parler d'un rat.

Le coroner : A quoi croyez-vous qu'il faisait allusion?

Le témoin : Pour moi, cela n'avait aucun sens. J'ai pensé qu'il délirait.

Le coroner : A quel propos votre père et vous avez-vous eu cette ultime querelle?

Le témoin : Je préférerais ne pas répondre

Le coroner : J'insiste pour que vous le fassiez.

Le témoin : Il m'est vraiment impossible de vous le dire, mais je vous assure que cela n'a aucun rapport avec le drame.

Le coroner : C'est à la Cour d'en décider. Je n'ai pas besoin de vous souligner que votre refus de répondre vous fera beaucoup de tort s'il y a procès.

Le témoin : Je me dois néanmoins de persister dans mon refus.

Le coroner : A ce que je comprends, le cri « Cooee » était un signal convenu entre votre père et vous?

Le témoin : Oui.

Le coroner : Comment se fait-il alors que votre père ait poussé ce cri avant de vous avoir vu, et avant même de savoir que vous étiez rentré de Bristol?

Le témoin (visiblement embarrassé) : Je l'ignore.

Un juré : Quand vous êtes revenu sur vos pas après avoir entendu crier et avez trouvé votre père mortellement blessé, n'avez-vous rien remarqué de suspect?

Le témoin : Rien de précis.

Le coroner : Que voulez-vous dire?

Le témoin : J'étais alors tellement bouleversé que, lorsque je me suis mis à courir, je ne pensais qu'à mon père. Cependant, comme je me précipitais vers lui, j'ai eu la vague impression de quelque chose se trouvant par terre à ma gauche... Quelque chose de gris... une veste... ou peut-être une couverture. Quand je me suis relevé, j'ai regardé autour de moi, mais il n'y avait plus rien.

Le coroner : Dois-je comprendre que cette chose a disparu avant que vous alliez chercher du secours?

Le témoin : Oui, ça n'était plus là.

Le coroner : Vous ne pouvez préciser de quoi il s'agissait?

Le témoin : Non, j'ai eu le sentiment que quelque chose se trouvait là, mais c'est tout.

Le coroner : A quelle distance du corps?

Le témoin : Une douzaine de mètres environ.

Le coroner : Et à quelle distance de l'orée du bois?

Le témoin : Sensiblement la même.

Le coroner : Donc, si l'on a enlevé cette chose, c'est pendant que vous vous trouviez à une douzaine de mètres d'elle?

Le témoin : Oui, mais je luis tournais le dos.

Et c'est là-dessus que se termina l'interrogatoire du témoin. »

— Je vois, dis-je en parcourant la colonne du regard, que, dans ses conclusions, le coroner s'est montré plutôt sévère à l'égard du jeune McCarthy. Avec raison, il attire l'attention sur l'anomalie qu'il y a dans le fait que son père lui aurait adressé leur habituel signal avant de l'avoir vu; il souligne aussi son refus de donner des détails touchant les propos qu'il a échangés avec son père, et l'étrangeté des dernières paroles du mourant telles qu'il les rapporte. Autant de choses qu'il estime être contre le jeune homme.

Holmes rit doucement et étendit ses jambes sur la banquette rembourrée.

— Le coroner et vous, Watson, vous êtes donné beaucoup de mal pour faire ressortir les points qui plaident le plus en faveur du jeune homme. Ne vous rendez-vous pas compte que vous lui attribuez tour à tour trop ou trop peu d'imagination? Trop peu, s'il est incapable d'inventer un sujet de dispute qui lui gagnerait la sympathie du jury; et vraiment trop, s'il a consciemment élaboré quelque chose d'aussi *outré* (1) que cette allusion faite par un mourant à un rat, ou la disparition de cette chose grise aperçue par lui. Non, monsieur! Pour ma part, j'aborderai l'affaire en considérant que ce jeune homme dit la vérité, et nous verrons où nous mènera cette hypothèse. Sur ce, je prends la petite édition de Pétrarque que j'ai dans ma poche, et plus mot de cette affaire avant que nous ayons atteint les lieux du drame. Nous déjeunerons à Swindon, où nous arriverons dans vingt minutes.

Il était près de quatre heures quand enfin, à travers la belle vallée du Stroud et par-dessus la Severn étincelante, nous pénétrâmes dans le jolie petite ville de Ross. Un homme maigre, à tête de furet, l'air furtif et rusé, nous attendait sur le

---

(1) En français dans le texte (N. du T.).

quai. En dépit de son léger cache-poussière marron et de ses leggins de cuir, je n'eus aucune difficulté à reconnaître Lestrade, de Scotland Yard. Avec lui, nous prîmes une voiture qui nous conduisit aux *Armes de Hereford*, où une chambre avait déjà été retenue pour nous.

— J'ai loué une voiture, dit Lestrade tandis que nous prenions une tasse de thé, car je connais votre nature énergique et sais que vous ne serez pas heureux tant que vous ne vous trouverez pas sur la scène du crime.

— Vous me faites là un bien aimable compliment, répondit Holmes. Mais c'est uniquement une question de pression atmosphérique.

Lestrade parut déconcerté :

— Je ne vous suis pas très bien...

— Que marque le baromètre à siphon que je vois là? Vingt-neuf... Bon. Et il n'y a pas de vent, ni le moindre nuage dans le ciel. J'ai avec moi un étui plein de cigarettes ne demandant qu'à être fumées et ce canapé me paraît très supérieur à l'abominable spécimen que l'on trouve habituellement dans les hôtels de campagne. Il me paraît improbable que j'utilise la voiture ce soir.

Lestrade eut un rire indulgent :

— Sans doute avez-vous déjà tiré vos conclusions en lisant les journaux? L'affaire est claire comme le jour, et plus on l'approfondit plus elle paraît limpide. Mais, bien sûr, on ne saurait opposer une fin de non-recevoir à une dame, surtout une dame aussi résolue que celle-ci. Ayant entendu parler de vous, elle voulait avoir votre opinion, bien que je lui eusse dit et répété qu'il n'y avait rien que vous puissiez faire que je n'aie déjà fait. Mais, Dieu me pardonne, voici sa voiture devant l'auberge!

A peine finissait-il de parler que fit irruption dans la pièce l'une des plus ravissantes jeunes femmes que j'eusse jamais vues. Lèvres entrouvertes, ses yeux violets tout brillants, une exquise roseur avivant ses joues, elle était soucieuse et surexcitée au point de s'être dépouillée de la réserve qui devait lui être habituelle.

— Oh! monsieur Sherlock Holmes! s'écria-t-elle en nous regardant l'un après l'autre, avant que son intuition féminine lui fît identifier notre compagnon. Comme je suis heureuse que vous soyez venu! J'ai pris la voiture pour vous le dire sans plus attendre. Je sais que James est innocent. Cela ne fait aucun doute pour moi et je tiens à ce que vous commenciez votre enquête en le sachant. Ne laissez aucun doute vous effleurer à cet égard. James et moi nous nous connaissons depuis que nous étions tout petits, et je suis mieux informée que quiconque de ses défauts; mais il a le cœur si tendre qu'il ne ferait pas de mal à une mouche. Pour qui le connaît, une telle accusation ne tient pas debout!

— J'espère que nous arriverons à le disculper, miss Turner, dit Sherlock Holmes. Soyez assurée que je ferai tout mon possible pour cela.

— Mais vous avez lu les dépositions... vous avez dû vous forger une opinion? N'apercevez-vous pas une faille, une issue quelconque? N'êtes-vous pas persuadé de son innocence?

— Elle me semble très probable.

— Ah! vous entendez! s'exclama-t-elle en rejetant la tête en arrière et regardant Lestrade d'un air de défi. Vous entendez! Il me donne de l'espoir!

Lestrade haussa les épaules :

— Je crains, dit-il, que les conclusions de mon collègue ne soient un peu hâtives.

— Mais il est dans le vrai! Oh! je suis sûre qu'il ne se trompe pas! James n'a jamais fait une chose pareille. Et pour ce qui est de la dispute avec son père, je suis convaincue que s'il n'a pas voulu en donner la raison au coroner, c'est parce que j'étais en cause.

— Comment cela? s'enquit Holmes.

— Ce n'est vraiment pas le moment de vous cacher quoi que ce soit. James et son père avaient maints désaccords à mon sujet. M. McCarthy souhaitait vivement notre mariage. James et moi nous sommes toujours aimés comme frère et sœur, mais il est très jeune évidemment et ne connaît guère encore la vie... et... et... bref, il ne voulait pas se marier si vite. Alors, tous deux se disputaient parfois à ce sujet, et je suis certaine que c'était le cas ce jour-là.

— Et votre père? questionna Holmes. Etait-il favorable à cette union?

— Non, il y était opposé. M. McCarthy était le seul à nous y pousser.

Son frais visage s'empourpra tandis que Holmes lui décochait un de ses regards inquisiteurs, pénétrants.

— Merci de cette information, dit-il. Votre père me recevra-t-il si je vais le voir demain?

— Je ne crois pas que le docteur le permette.

— Le docteur?

— Oui, vous n'êtes pas au courant? Cela fait des années que mon père ne va pas très bien, mais ceci l'a complètement achevé. Il a dû s'aliter et le Dr Willows dit qu'il est au bout du rouleau, que son système nerveux est complètement détraqué. M. McCarthy était le seul homme encore en vie qui l'ait connu autrefois à Victoria.

— Ah! A Victoria! Voilà qui est important.

— Oui, aux mines.

— Oui, oui, ces mines d'or dans lesquelles, à ce que j'ai compris, M. Turner avait fait fortune?

— Exactement, oui.

— Merci, miss Turner. Vous m'avez beaucoup aidé.

— Vous me direz demain si vous avez quelque chose de nouveau? Vous allez sans doute vous rendre à la prison voir James... Oh! si vous y allez, monsieur Holmes, dites-lui que je suis convaincue de son innocence!

— Ce sera fait, miss Turner.

— Maintenant il me faut rentrer, car papa est vraiment très malade, et ma présence lui manque beaucoup quand je m'absente. Au revoir, et que Dieu vous aide dans votre enquête!

Elle quitta la pièce aussi impulsivement qu'elle y était entrée, et nous entendîmes les roues de sa voiture s'éloigner dans la rue.

— J'ai honte de vous, Holmes, dit Lestrade avec dignité après quelques instants de silence. Pourquoi suscitez-vous des espoirs qui seront forcément déçus? J'ai beau n'être pas moi-même un cœur tendre, je vous trouve cruel!

— Je crois entrevoir le moyen d'innocenter James McCarthy, rétorqua Holmes. Avez-vous un permis pour lui rendre visite?

— Oui, mais valable seulement pour vous et moi.

— Alors, contrairement à ce que j'avais dit, je vais ressortir. Nous avons encore le temps de prendre un train pour Hereford et le voir ce soir?

– Amplement le temps.
– Alors, partons. Watson, vous allez peut-être les trouver longues, mais je ne serai pas absent plus de deux heures.

Je les accompagnai jusqu'à la gare, puis m'en fus par les rues de la petite ville avant de regagner l'hôtel, où je m'étendis sur le canapé en m'efforçant de m'intéresser à un roman. Mais l'intrigue en était par trop mince et simplette, comparée à ce mystère au milieu duquel nous tâtonnions, si bien que mon esprit se détachait sans cesse de la fiction pour revenir à la réalité, et je finis par envoyer le livre voltiger à travers la pièce pour ne plus m'occuper que des événements de la journée. A supposer que le récit fait par ce malheureux jeune homme fût parfaitement vrai, quelle intervention démoniaque, quelle calamité aussi extraordinaire qu'imprévue avait bien pu se produire entre le moment où il avait quitté son père et celui où les cris l'avaient fait revenir dans la clairière? Quelque chose de terrible et de mortel... mais quoi? La nature des blessures ne pourrait-elle renseigner le médecin que j'étais? Je sonnai et demandai qu'on m'apporte l'hebdomadaire régional, qui publiait *in extenso* les dépositions faites devant le coroner. Au cours de la sienne, le médecin légiste avait précisé que le tiers postérieur du pariétal gauche et la moitié gauche de l'occipital avaient été fracassés par un coup violent, dû à un instrument contondant. Je repérai l'endroit sur mon propre crâne. De toute évidence, le coup avait été asséné par-derrière, ce qui était plutôt en faveur de l'accusé qui avait été vu se disputant, face à face avec son père. Cela n'avait toutefois pas beaucoup de poids, le père ayant pu tourner la tête juste avant qu'on ne le frappe. Cela valait néanmoins que je le signale à Holmes. Et puis il y avait cette étrange allusion à un rat, faite au moment d'expirer. Que pouvait-elle signifier? Elle ne relevait pas du délire. Un homme mourant d'un coup qui vient de lui être asséné ne délire généralement pas. Non, beaucoup plus probablement, il avait tenté d'expliquer ce qui lui était arrivé. Mais qu'avait-il voulu dire? J'avais beau me creuser la cervelle, je ne parvenais pas à trouver une explication plausible. Et puis il y avait cette étoffe grisâtre, aperçue par le jeune McCarthy. S'il disait vrai, l'assassin avait dû perdre un de ses vêtements en s'enfuyant - probablement son manteau - puis avoir l'audace de revenir le chercher pendant que le fils, agenouillé à quelques pas, lui tournait le dos. Toute cette affaire n'était vraiment qu'un tissu d'invraisemblances et de mystères! Je comprenais la réaction de Lestrade, mais j'avais une telle confiance dans la perspicacité de Sherlock Holmes que je ne pouvais cependant perdre espoir tant que des faits nouveaux semblaient renforcer sa conviction touchant l'innocence du jeune McCarthy.

Il était tard quand Sherlock Holmes revint. Il arriva seul, car Lestrade logeait ailleurs.

– Le baromètre continue d'être au beau, déclara-t-il en s'asseyant. C'est très important que nous soyons en mesure d'examiner le théâtre du drame avant qu'il ne pleuve. D'un autre côté, pour s'occuper d'une affaire aussi délicate, on se doit d'être en pleine forme et je ne voudrais pas le faire avant de m'être remis des fatigues de notre voyage. J'ai vu le jeune McCarthy.

– Et que vous a-t-il appris?

– Rien.

– Il n'a pu jeter aucune lumière...?

– Absolument aucune. Un moment, j'ai pensé qu'il savait qui avait fait le coup et cherchait à le ou la protéger, mais je suis à présent convaincu qu'il nage tout autant que nous. Ce n'est pas un garçon à l'esprit très vif, mais il a un physique agréable et, je crois, un bon fond.

– Je ne saurais admirer son goût, remarquai-je, si c'est exact qu'il répugnait à se marier avec une aussi charmante jeune personne que miss Turner.

– Ah! C'est là une assez pénible histoire. Ce garçon est follement, éperdument amoureux d'elle, mais voici quelque deux ans, alors qu'il n'était encore qu'un adolescent et ne la connaissait pas vraiment, vu qu'elle a passé cinq années dans un pensionnat, est-ce que cet idiot ne s'est pas laissé embobiner par la serveuse d'un bar de Bristol au point de l'épouser civilement! Personne n'a eu vent de l'affaire, mais vous imaginez combien il doit enrager de s'entendre reprocher de se refuser à ce pour quoi il donnerait ses deux yeux. C'est un effet de cette colère qui lui a fait lever les mains face à son père, lorsque celui-ci, au cours de leur dernière conversation, l'incitait à demander miss Turner en mariage. D'un autre côté, il n'avait personnellement aucun moyen d'existence et son père – lequel était vraiment à tous égards un homme très dur – n'aurait pas hésité à le jeter à la rue s'il avait su la vérité. C'est avec sa barmaid de femme qu'il avait passé ces trois derniers jours à Bristol, et son père ignorait où il était. Notez bien ce point, car il est important. D'un mal peut néanmoins sortir un bien et c'est ainsi que la serveuse, apprenant par les journaux qu'il avait de graves ennuis et risquait d'être pendu, a voulu rompre tout lien avec lui et s'est empressée de lui écrire qu'elle avait déjà un mari travaillant dans les chantiers navals. Leur union n'est donc pas valable et je crois que le fait d'apprendre cela a consolé le jeune McCarthy de tout ce qu'il a souffert.

– Mais, s'il est innocent, qui est l'assassin?

– Ah! oui, qui? J'aimerais attirer particulièrement votre attention sur deux points. L'un, c'est que le défunt avait rendez-vous avec quelqu'un près de l'étang, quelqu'un qui n'était certainement pas son fils, vu qu'il savait celui-ci absent et ignorait son retour. Le second, c'est qu'on a entendu le défunt crier « Cooee! » avant qu'il ait pu être au courant de ce retour. Sur ces points critiques repose toute l'affaire. Maintenant, s'il vous plaît, parlons de George Meredith (1) et laissons le reste attendre jusqu'à demain.

Comme Holmes l'avait prédit, il n'y eut pas de pluie : le matin se révéla lumineux, sans aucun nuage. A neuf heures, Lestrade vint nous chercher avec la voiture, qui nous emmena vers Hatherley Farm et l'étang de Boscombe.

– Mauvaises nouvelles ce matin, annonça Lestrade. Il paraît que M. Turner, le propriétaire du Hall, est si malade qu'on désespère de le sauver.

– Un homme âgé, je présume? dit Holmes.

– La soixantaine environ, mais il n'avait pas une constitution capable de résister à la vie coloniale et sa santé déclinait depuis déjà un certain temps. Cette affaire a eu sur lui un très mauvais effet, car c'était un vieil ami de McCarthy, dont il était aussi un peu le bienfaiteur car j'ai appris qu'il ne lui demandait aucun loyer pour Hatherley Farm.

– Vraiment? Voilà qui est intéressant, remarqua Holmes.

– Oh! oui, et il l'aidait encore de cent autres façons. Tout

---

(1) Un des grands écrivains anglais du XIXe siècle. (N. du T.).

le monde ici parle de sa bonté à l'égard de McCarthy.

– Par exemple! N'estimez-vous pas quelque peu singulier que ce McCarthy, lequel ne possède apparemment pas grand-chose et se trouve si grandement obligé par Turner, ait parlé de marier son fils – et avec quelle arrogante assurance! – à la fille de Turner – laquelle doit probablement hériter de son père – comme s'il suffisait de demander la main de la jeune fille pour que la chose se fasse? Et cela paraît encore plus étrange lorsqu'on sait que Turner était opposé à cette union. C'est la demoiselle elle-même qui nous l'a dit. N'en déduisez-vous rien?

– Ah! nous voici arrivés aux déductions et aux inférences! dit Lestrade, en me gratifiant d'un clin d'œil. J'ai déjà suffisamment de mal avec les faits, Holmes, pour me laisser aller à échafauder des hypothèses et autres billevesées.

– Oui, acquiesça Holmes sans sourciller, vous avez effectivement beaucoup de mal avec les faits.

– N'empêche que j'en ai établi un, dont vous semblez avoir grande difficulté à vous pénétrer! riposta Lestrade avec chaleur.

– Lequel donc?

– Le fait que McCarthy père a été tué par McCarthy fils, et que toutes les hypothèses tendant à établir le contraire ne sont que fariboles.

– Mieux vaut parfois une faribole bien établie qu'une vérité branlante, dit Holmes en riant. Mais si je ne m'abuse, voici Hatherley Farm sur notre gauche?

– Oui, c'est exact.

Il s'agissait d'une vaste et confortable maison à deux étages, avec un toit d'ardoise et de grandes plaques de mousse jaune sur ses murs gris. Toutefois, ses volets fermés et ses cheminées sans fumée lui donnaient un air de profonde tristesse, comme si tout le poids du drame pesait encore sur elle. Nous signalâmes notre présence et, à la demande de Holmes, la bonne nous fit voir les bottes que son maître portait au moment de sa mort, ainsi qu'une paire appartenant au fils, mais pas celles qu'il avait lors du drame. Après les avoir mesurées en sept ou huit points, Holmes manifesta le désir d'être conduit dans la cour, d'où nous prîmes le petit chemin sinueux qui menait à l'étang de Boscombe.

Lorsqu'il se trouvait sur une piste, comme c'était le cas,

Sherlock Holmes devenait un autre homme. Les personnes ayant eu affaire uniquement au logicien tranquille de Baker Street, abstrait dans ses pensées, ne l'auraient pas reconnu. Son visage prenait de l'éclat, ses sourcils devenaient deux traits d'une noire dureté, sous lesquels ses yeux avaient des reflets d'acier. La tête penchée en avant, épaules voutées, lèvres serrées, les veines saillant comme des cordes sur son long cou musclé, ses narines étaient comme dilatées par une passion tout animale de la chasse. Son esprit était si totalement concentré sur ce qui l'occupait que questions ou remarques ne suscitaient aucune réaction de sa part ou, tout au plus, un grognement agacé. Il progressait rapidement et en silence sur le sentier qui coupait les prairies pour aller, à travers bois, jusqu'à l'étang de Boscombe. Comme dans tout de secteur, le sol en était détrempé, marécageux et l'on distinguait de nombreuses traces de pas tant sur le sentier lui-même que dans l'herbe rase qui le bordait de chaque côté. Parfois Holmes accélérait le train ou bien s'arrêtait net, et il fit même un petit *détour* (1) dans la prairie. Lestrade et moi marchions derrière lui; le détective affectait une indifférence dédaigneuse, tandis que j'observais mon ami avec grand intérêt, car j'étais convaincu que tout ce qu'il faisait tendait vers une solution définitive.

L'étang de Boscombe, cerné de roseaux et large d'une cinquantaine de mètres, se situait à la limite des terres de Hatherley Farm et du parc de M. Turner. Par-dessus les arbres qui s'élevaient sur l'autre bord, nous apercevions les tuiles faîtières de la demeure du riche propriétaire. De notre côté de l'étang, le bois était très dense; entre les arbres et les roseaux, il y avait une bande d'herbes détrempées, large d'une vingtaine de pas. Lestrade nous indiqua l'endroit exact où le corps avait été découvert, et le terrain était si spongieux que je voyais distinctement l'empreinte qu'il y avait laissée. Si j'en jugeais par l'expression tendue de son visage tandis que son regard étudiait le terrain, Holmes devait lire bien d'autres choses encore sur l'herbe piétinée. Il courut en rond, tel un chien cherchant une piste, puis se tourna vers mon compagnon :

– Qu'êtes-vous allé faire dans l'étang? demanda-t-il.

(1) En français dans le texte (N. du T.).

— J'en ai exploré le fond avec un râteau. J'espérais y trouver une arme ou quelque chose... Mais comment diable avez-vous...?

— Oh! tut, tut! Je n'ai pas le temps. On voit un peu partout l'empreinte de votre pied gauche, lequel est toujours en dedans quand vous marchez. Une taupe même l'aurait repéré et, là, il disparaît au milieu des roseaux. Oh! comme tout aurait été simple si je m'étais trouvé ici avant qu'une pareille horde de buffles ne vienne piétiner partout! Voici l'endroit par où est arrivé le gardien avec ceux qui l'accompagnaient, et ils ont oblitéré toute trace dans un rayon d'au moins deux mètres autour du corps. Mais voilà trois empreintes différentes des mêmes pieds.

Sortant sa loupe, il se coucha par terre sur son imperméable afin de mieux voir, tout en continuant de parler, mais moins à nous qu'à lui-même.

— Ce sont les empreintes du jeune McCarthy. Deux de ces traces de pas ont été faites alors qu'il marchait; la troisième fois, il courait, car les semelles ont profondément marqué le sol, alors que les talons sont à peine visibles. Cela confirme ses déclarations. Il a couru quand il a vu son père gisant par terre. Et là, ce sont les empreintes laissées par le père, allant et venant. Et ça, qu'est-ce donc? La crosse du fusil, appuyant par terre tandis que le fils écoutait. Mais ça? Ha, ha! Qu'avons-nous là? Quelqu'un marchant sur la pointe des pieds! Des chaussures à bout carré, vraiment peu répandues. Elles vont, elles repartent, elles reviennent de nouveau... Mais oui, bien sûr, pour ramasser ce qui était par terre Voyons un peu d'où elles venaient!

Il se mit à courir deçà, delà, tantôt perdant la piste, tantôt la retrouvant, jusqu'à ce que nous atteignions l'orée du bois puis, plus avant, sous le feuillage d'un grand hêtre, le plus gros arbre se trouvant dans les parages. Holmes le contourna, puis s'étendit de nouveau par terre en poussant un petit cri satisfait. Il demeura ainsi un long moment, retournant des feuilles ou des brindilles, rassemblant dans une enveloppe ce qui me parut être de la poussière, puis examinant à la loupe non seulement le sol mais également le tronc de l'arbre aussi haut qu'il le pouvait. Une pierre aux arêtes vives gisait parmi la mousse, qu'il examina aussi avec attention avant de l'emporter. Puis il suivit un sentier à travers le bois, jusqu'à ce qu'il atteigne la grand'route où les empreintes de pas se perdaient.

— Une affaire des plus intéressantes, déclara-t-il en redevenant comme à son ordinaire. Je suppose que cette maison grise, à droite, doit être celle du gardien? Je crois que je vais y aller, causer un peu avec Moran et peut-être écrire un mot. Lorsque ce sera fait, nous rentrerons déjeuner. Allez m'attendre dans la voiture, je vous rejoins tout de suite.

Une dizaine de minutes plus tard, quand la voiture repartit vers Ross, Holmes avait toujours avec lui la pierre ramassée dans le bois.

La présentant à Lestrade, il lui dit :

— Il vous intéressera peut-être d'apprendre que c'est avec ça que le meurtre a été commis.

— Je ne vois rien qui l'indique.

— Non, elle ne présente aucune marque.

— Alors comment savez-vous que...?

— Sous elle, l'herbe était haute. Cette pierre ne se trouvait donc là que depuis quelques jours. Je n'ai vu aux alentours aucun endroit d'où elle ait pu provenir. Mais elle correspond aux blessures et il n'y a pas trace d'une autre arme.

— Et l'assassin?

— C'est un homme de haute taille, gaucher, boitant de la jambe droite, portant des bottes de chasse à semelle épaisse et un manteau gris. Il fume des cigares indiens en utilisant un fume-cigares et a dans sa poche un canif au tranchant émoussé. Je connais encore plusieurs autres détails le concernant, mais ceux-ci devraient suffire à nous aider dans notre enquête.

Lestrade rit :

— Je crains de rester encore sceptique. Des hypothèses, c'est très beau, mais nous avons affaire à un jury britannique, dur à convaincre.

— *Nous verrons* (1), répliqua posément Holmes. Agissez selon votre méthode, et moi, je suivrai la mienne. Tantôt, je vais être occupé et rentrerai probablement à Londres par le train du soir.

— En laissant l'affaire en plan?

— Non, terminée.

---

(1) En français dans le texte (N. du T.).

— Mais le mystère?
— Il est résolu.
— Quel était l'assassin, alors?
— L'homme que j'ai décrit.
— Mais qui est-il?
— Le trouver ne doit pas être difficile. La population d'ici n'est pas tellement nombreuse.

Lestrade haussa les épaules.

— Je suis un homme pratique, et je ne vais pas battre le pays à la recherche d'un gaucher qui boite. Je deviendrais la risée de Scotland Yard!

— Comme vous voudrez, dit Holmes calmement. Je vous ai donné votre chance. Vous voici chez vous. Au revoir. Je vous déposerai un mot avant de partir.

Ayant laissé Lestrade à son hôtel, nous continuâmes en voiture jusqu'au nôtre, où le déjeuner nous attendait. Holmes était silencieux, perdu dans ses pensées, une expression peinée sur le visage, comme quelqu'un qui se trouve dans une situation embarrassante.

— Bon, Watson, me dit-il quand la table eut été desservie. Asseyez-vous dans ce fauteuil et laissez-moi vous exposer un peu mes pensées, car je ne sais que faire et j'aimerais bien avoir votre avis. Allumez un cigare et je m'explique...

— Allez-y.

— Voici... Quand on examine cette affaire, il y a dans la déposition du jeune McCarthy deux points qui nous ont tout de suite frappés... Moi, j'ai trouvé qu'ils étaient en sa faveur et vous, le contraire. Le premier c'est que, selon lui, son père a crié « Cooee! » avant de le voir. L'autre, c'est l'étrange allusion à un rat faite par le mourant avant d'expirer. Il a bredouillé plusieurs mots, mais c'est là tout ce qu'a saisi l'oreille du jeune homme. C'est à partir de ces deux points que nous devons orienter notre enquête et nous allons commencer par présumer que le jeune homme a dit l'absolue vérité.

— Mais alors, comment expliquer ce « Cooee! »?

— Eh bien, de toute évidence, il ne s'adressait pas au fils. Celui-ci, pour ce qu'en savait la victime, était à Bristol. C'est tout à fait par hasard qu'il s'est trouvé à portée d'oreille. Le « Cooee! » était destiné à attirer l'attention de la personne avec qui le vieux McCarthy avait rendez-vous. Mais

« Cooee! » est un appel spécifiquement australien et n'est donc utilisé qu'entre Australiens. Il y a par conséquent de fortes présomptions pour que la personne que McCarthy comptait retrouver près de l'étang de Boscombe ait vécu en Australie.

– Et le rat, alors?

Sherlock Holmes sortit de sa poche une feuille pliée qu'il étala sur la table

– Voici une carte de la colonie de Victoria, dit-il. Je l'avais demandée à Bristol hier soir par télégramme.

Il posa sa main sur une partie de la carte.

– Que lisiez-vous là? demanda-t-il.

– UNRAT

– Et maintenant? fit-il en levant sa main.

– BALLUNRAT

– Exactement. C'est le mot prononcé par la victime et dont son fils n'a perçu que les deux dernières syllabes. Il cherchait à dénoncer son assassin : Untel de Ballunrat.

– C'est formidable! m'exclamai-je.

– Evident, tout simplement. Et à présent, voyez-vous, j'ai considérablement réduit le champ de nos investigations. La possession d'un vêtement gris constitue un troisième point qui, si l'on décide de croire le fils, relève de la certitude. Nous sortons donc du vague et savons avoir affaire à un Australien de Ballunrat qui a un manteau gris.

– En effet, oui.

– Et qui habite dans les parages, car étant donné qu'on ne peut accéder à l'étang que par la ferme ou la propriété, il est improbable que quelqu'un d'étranger s'y aventure.

– Exact.

– Et nous en arrivons à notre expédition d'aujourd'hui. En examinant le terrain, j'ai appris les menus détails que j'ai communiqués à cet imbécile de Lestrade touchant la personnalité de l'assassin.

– Mais comment les avez-vous appris?

– Vous connaissez ma méthode. Elle est fondée sur l'observation des menus détails.

– Sa taille, je sais que vous avez pu l'évaluer approximativement d'après la longueur de ses pas. Ses chaussures, vous avez pu aussi vous les représenter d'après les empreintes qu'elles ont laissées.

— Oui, c'étaient des chaussures assez particulières.
— Mais sa claudication ?
— L'empreinte faite par son pied droit était toujours moins nette que celle du pied gauche, car il pesait moins dessus. Pourquoi ? Parce qu'il boitait.
— Vous avez dit aussi qu'il était gaucher ?
— Vous avez vous-même été frappé par la nature de la blessure, telle que nous l'a décrite le médecin légiste lors de l'enquête. Le coup a été asséné de très près par derrière et sur la gauche. Comment cela aurait-il pu être fait autrement que par un gaucher ? Il se tenait derrière le gros arbre durant la conversation entre le père et le fils. Il a même fumé là, car j'y ai découvert de la cendre d'un cigare, que ma grande connaissance de la question m'a permis d'identifier comme étant un cigare indien. J'ai, vous le savez, étudié le sujet et écrit une petite monographie sur cent quarante sortes de cendres, qu'elles soient de pipe, de cigare ou de cigarette. Ayant découvert ces cendres, je me suis mis en quête du mégot que j'ai trouvé dans la mousse où il l'avait jeté. C'était un cigare indien, de ceux qui sont roulés à Rotterdam.
— Et le fume-cigares ?
— J'ai constaté que le bout du mégot n'avait pas été dans la bouche du fumeur. C'est donc qu'il utilisait un fume-cigares. Le bout en avait été tranché et non sectionné avec les dents, mais la coupure n'était pas nette. J'en ai déduit que la lame du canif était émoussée.
— Holmes, dis-je, vous avez tissé autour de cet homme un filet d'où il ne saurait s'échapper, et vous avez sauvé la vie d'un innocent, aussi sûrement que si vous aviez coupé la corde à laquelle il était pendu par le cou. Je vois dans quelle direction pointe tout ce que vous m'avez dit. Le coupable est...
— M. John Turner, annonça le garçon d'hôtel en ouvrant la porte de notre salon pour y introduire un visiteur.

L'homme qui entra avait une allure étrange et impressionnante. Sa démarche lente et claudicante, ainsi que la voussure de ses épaules, lui donnaient un air de décrépitude, mais son visage aux traits durs, profondément marqués, tout comme ses membres extrêmement musclés, indiquaient une grande force de caractère et une puissance physique peu courante. Une barbe en broussaille, des cheveux grisonnants, des sourcils proéminents, contribuaient à lui donner une apparence de robuste dignité, mais son visage était d'une pâleur cendreuse, et bleuâtres étaient ses lèvres aussi bien que les ailes de son nez. Pour moi, je vis d'emblée que cet homme souffrait d'une maladie mortelle.

– Asseyez-vous donc sur le canapé, lui dit Holmes avec douceur. Vous avez reçu mon mot ?

– Oui, le gardien me l'a porté. Vous y disiez souhaiter me voir pour éviter un scandale ?

– J'ai pensé que cela risquerait de faire jaser les gens si j'allais au Hall.

– Et pourquoi désirez-vous me voir ?

Il regarda mon compagnon et ses yeux las exprimaient le désespoir, comme si sa question avait déjà reçu réponse.

– Oui, dit Holmes répondant au regard plus qu'aux paroles. C'est bien ça. Je sais tout concernant McCarthy.

Le vieil homme se cacha le visage dans ses mains en s'écriant :

– Que Dieu me vienne en aide ! Mais je n'aurais pas laissé condamner le jeune homme. Je vous donne ma parole que j'aurais tout avoué si les choses avaient mal tourné pour lui aux assises.

– Je suis heureux de vous l'entendre dire, déclara gravement Holmes.

– Si je ne l'ai pas fait tout de suite, c'est à cause de ma chère enfant. Cela lui aurait brisé le cœur... Oui, elle aura le cœur brisé quand elle apprendra que j'ai été arrêté.

– Cela n'ira peut-être pas jusque-là, dit Holmes.

– Quoi !

– Je n'appartiens pas à la police officielle. A ce que j'ai compris, c'est votre fille qui a demandé que je vienne enquêter ici et j'ai donc ses intérêts à cœur. Mais, bien sûr, il faut que le jeune McCarthy soit libéré.

– Diabétique depuis des années, dit le vieux Turner, je suis pratiquement à l'article de la mort. Mon médecin m'accorde un mois tout au plus. Mais j'aimerais mieux mourir sous mon toit qu'en prison.

Se levant, Holmes alla s'asseoir à la table, prit une plume et des feuilles de papier.

– Dites-nous simplement la vérité, demanda-t-il. Je vais noter les faits. Vous signerez, et Watson ici présent servira de témoin. De la sorte, j'aurai la possibilité de faire état de votre confession s'il fallait en arriver à cette extrémité pour sauver le jeune McCarthy. Je vous promets de n'en faire usage que si cela devient absolument indispensable

– D'accord, dit le vieil homme. Comme il s'agit simplement de savoir si je vivrai jusqu'au moment du procès, cela n'a guère d'importance pour moi, mais je voudrais épargner ce choc à Alice. Et maintenant je vais tout vous raconter. Cela s'étend sur le longues années, mais il ne me faudra pas longtemps pour vous le résumer.

« Vous ne connaissiez pas le défunt McCarthy. C'était le démon incarné. Je suis bien placé pour vous le dire. Que Dieu vous garde de vous trouver entre les griffes d'un pareil homme. Cela fait vingt ans que je subissais son emprise et il a ruiné ma vie. Il me faut d'abord vous dire comment je suis tombé en son pouvoir.

« Cela se passait au début des années 60, parmi les chercheurs d'or. J'étais alors un jeune gars intrépide et au sang chaud, n'hésitant pas à prêter la main à n'importe quoi. J'avais de mauvaises fréquentations et je m'étais mis à boire. N'ayant pas eu de chance avec mon *claim* (1), je pris le maquis et, en un mot, je devins ce qu'on appelle ici un voleur de grands chemins. Nous étions six à mener cette vie sauvage et libre, attaquant une gare de temps à autre, ou arrêtant un convoi desservant les claims. Je me faisais appeler Black Jack de Ballunrat et l'on se souvient encore de nous là-bas comme de « la bande de Ballunrat ».

« Un jour, nous nous mîmes en embuscade pour attaquer un convoi d'or allant de Ballunrat à Melbourne. Il était défendu par six soldats et nous étions six aussi, c'est dire que le coup était risqué. Dès notre premier tir, nous en fîmes tomber quatre de leur cheval. Mais trois des nôtres furent tués avant que nous réussissions à nous emparer du butin. Je mis le canon de mon pistolet sur la nuque du conducteur du charriot, lequel n'était autre que ce même McCarthy. Dieu m'est témoin que je regrette de ne pas l'avoir tué alors, mais je l'épargnai, bien que j'eusse vu le regard de ses petits yeux méchants se river sur mon visage, comme pour en fixer les

---

(1) Titre de propriété minière, conférant le droit d'exploiter sur une superficie déterminée.(N. du T.)

moindres traits dans sa mémoire. Nous filâmes avec l'or et, devenus riches, nous repartîmes pour l'Angleterre sans avoir été suspectés. Là, je me séparai de mes vieux amis, décidé à mener désormais une existence paisible et respectable. J'achetai ce domaine, qui se trouvait à vendre, et m'installai ici avec l'idée de faire un peu de bien avec mon argent, pour que Dieu me pardonne la façon dont je l'avais gagné. Je me mariai aussi et bien que ma femme soit malheureusement morte très jeune, elle m'a laissé ma chère petite Alice. Même quand elle n'était encore qu'un bébé, sa menotte me guidait dans le bon chemin, mieux que n'importe quoi. En un mot, j'avais tourné la page et je faisais de mon mieux pour racheter le passé. Tout allait bien lorsque McCarthy mit le grappin sur moi.

« J'étais allé à Londres pour un placement, et je le rencontrai dans Regent Street, avec tout juste des vêtements sur le dos et des chaussures aux pieds.

« Nous voici, Jack », dit-il en me touchant le bras « nous allons être comme une famille pour vous, car j'ai un fils et vous allez vous charger de nous. Si vous vous y refusez... Eh bien, l'Angleterre est un beau pays, avec des lois, et où il y a toujours un agent de police à portée de voix. »

« Ils m'ont donc suivi ici, car je n'avais aucun moyen de m'en libérer, et là ils ont vécu sur mes meilleures terres sans payer de loyer. Il ne me fallait plus espérer ni paix, ni repos, ni oubli; où que je me tournasse, je retrouvais toujours près de moi son visage ricanant empreint de ruse. Cela s'aggrava à mesure qu'Alice grandissait, car McCarthy se rendit vite compte que je craignais davantage de voir ma fille plutôt que la police avoir la révélation de mon passé... Argent, terres, maisons, tout ce qu'il voulait, il l'eut sans discussion, jusqu'à ce qu'il en arrive à me demander une chose qu'il m'était impossible de lui donner : Alice.

« Son fils, bien sûr, avait grandi comme ma fille et, me sachant en mauvaise santé, il estima que ce serait une excellente chose que son garçon eût ainsi accès à tous mes biens. Mais là, je fus irréductible. Je ne voulais pas voir sa maudite descendance s'unir à la mienne. Ce n'était pas que j'eusse quoi que ce fût contre le garçon, mais il me suffisait de savoir que le sang de son père coulait dans ses veines. Devant mon refus, McCarthy devint menaçant. Je le mis au défi de mettre ses menaces à exécution. Nous devions nous retrouver près de l'étang, à mi-chemin de nos maisons, pour discuter de cela.

« Quand j'arrivai là-bas, je l'aperçus qui s'entretenait avec son fils. J'allai donc derrière un arbre pour fumer un cigare en attendant qu'il fût seul. Mais en l'écoutant parler, ce fut comme si tout ce qu'il y avait en moi de noirceur et d'amertume remontait à la surface. Il pressait son fils d'épouser mon enfant, sans plus se soucier des sentiments d'Alice que si elle eût été une fille des rues. Cela me rendit fou de penser que moi et ce que je chérissais le plus au monde étions au pouvoir d'un tel homme. Mais comment rompre cette chaîne? Au bord de la tombe, je me sentais acculé au désespoir. Bien que lucide et encore vigoureux, je n'avais plus longtemps à vivre. Mais j'avais une fille et aussi une réputation qui me survivraient. Toutes deux seraient sauvées, si je faisais taire à jamais cet être ignoble. C'est ce que j'ai fait, monsieur Holmes. Et je serais prêt à recommencer. Si grave qu'ait été ma faute, je l'ai expiée par le martyre que j'ai vécu. Mais que ma fille se trouvât prise dans le même engrenage était plus que je ne pouvais endurer. J'ai frappé McCarthy sans plus de remords que si c'eût été une bête féroce ou venimeuse. Son cri fit rebrousser chemin à son fils, mais j'avais eu le temps de disparaître dans le bois, encore que j'aie été obligé de revenir chercher le manteau que j'avais perdu en m'enfuyant. Voilà, messieurs, le récit véridique de ce qui s'est passé.

— Ce n'est pas à moi de vous juger, dit Holmes tandis que le vieil homme signait ce que mon ami avait transcrit sur le papier de ces déclarations. Je prie le Ciel que nous ne soyons jamais exposés à pareille tentation.

— Je ne vous le souhaite pas, monsieur. Et que vous proposez-vous de faire?

— Vu votre état de santé, rien. Vous avez vous-même conscience que vous serez bientôt appelé à répondre de vos actes devant un bien plus grand juge que celui des assises. Je vais garder votre confession. Si McCarthy est condamné, je serai forcé d'en faire usage, mais dans le cas contraire, nul ne la verra jamais et, que vous mourriez ou non, votre secret ne risquera pas d'être trahi par nous.

— Adieu alors, dit le vieil homme avec solennité. Quand

votre heure viendra, vos derniers moments seront adoucis par le souvenir de la paix dont vous avez entouré les miens.

C'est en chancelant et tremblant de tout son grand corps qu'il quitta lentement la pièce d'un pas mal assuré.

– Que Dieu nous aide! dit Holmes après un long silence. Pourquoi le sort joue-t-il de tels tours à de pauvres vers de terre sans défense? Je n'ai jamais entendu évoquer de tels drames sans me rappeler les paroles de Baxter (1) et me dire : « Sans la miséricorde divine, il en eût été pareillement de Sherlock Holmes ».

Aux assises, James McCarthy fut acquitté, grâce à un certain nombre de faits en sa faveur, que Holmes avait mis en évidence et indiqués à son avocat. Le vieux Turner a vécu encore sept mois après avoir eu cet entretien avec nous. Mais à présent il est mort, et tout semble indiquer que le fils comme la fille vivront heureux ensemble, dans l'ignorance du nuage noir qui a pesé sur leur passé.

---

(1) Andrew Baxter, philosophe écossais du XVIIIe siècle, auquel on doit notamment un ouvrage intitulé *Recherches sur l'âme humaine*. (N. du T.)

5

LES CINQ PÉPINS D'ORANGE

QUAND je feuillette mes notes et mes dossiers se rapportant aux enquêtes menées par Sherlock Holmes de 1882 à 1890, un si grand nombre d'entre elles présente des faits singuliers et captivants, qu'il n'est pas facile de choisir celles à relater ou à laisser de côté. De certaines, toutefois, il a déjà été abondamment parlé dans les journaux, tandis que d'autres n'ont pas donné à mon ami la possibilité de mettre en valeur ces qualités qu'il possède à un si haut degré et que mes écrits se proposent avant tout d'illustrer. Quelques-unes ont mis en échec sa perspicacité et constitueraient ainsi des récits sans conclusions, tandis que d'autres n'ont été élucidées qu'en partie, leur explication finale étant fondée davantage sur des conjectures et des présomptions que sur ces preuves légalement irréfutables qui lui étaient si chères. Mais parmi ces dernières, il en est une tellement remarquable dans ses détails et dont le dénouement est si surprenant que je suis tenté néanmoins d'en faire la relation, bien qu'elle présente certains faits qui n'ont pas été et ne seront probablement jamais complètement élucidés.

L'année 1887 nous offrit une longue série d'affaires d'un plus ou moins grand intérêt, dont j'ai gardé les dossiers. Parmi celles survenues au cours de ces douze mois, il y a notamment l'affaire de l'Etude Chamber, de la Société des Mendiants amateurs – qui avait installé un club luxueux dans le sous-sol d'un garde-meubles –, les faits se rattachant à la disparition du trois-mâts britannique *Sophy Anderson*, les singulières aventures des Grice Paterson dans l'île d'Uffa, les empoisonnements de Camberwell. Dans cette dernière affaire, on se souvient que Sherlock Holmes avait pu établir, en remontant la montre du défunt, qu'elle avait été remontée deux heures auparavant et que, par conséquent, il y avait deux heures au plus que la victime s'était couchée, déduction qui avait puissamment contribué à la solution de l'affaire. De toutes ces enquêtes, je parlerai peut-être un jour ou l'autre, mais aucune d'elles ne présente un aussi curieux concours de circonstances que celle que je vais maintenant relater.

On était alors dans les derniers jours de septembre et les tempêtes d'équinoxe étaient d'une rare violence. Toute la journée, le vent n'avait cessé de hurler et la pluie de cingler les vitres, si bien que même là, en plein cœur de Londres, contraints d'arracher par instants nos esprits à la routine quotidienne de l'existence, nous devions bien convenir de la présence de ces grandes forces de la nature qui, tels des fauves en cage, assaillent l'humanité de leurs cris à travers les barreaux de la civilisation. A l'approche du soir, la tempête devint de plus en plus violente, tandis que, dans la cheminée, le vent gémissait et sanglotait comme un enfant. Assis près de l'âtre, Sherlock Holmes vérifiait son fichier d'un air morose, tandis que, lui faisant vis-à-vis, j'étais plongé dans une de ces belles histoires de la mer qu'a écrites Clark Russell, le hurlement du vent s'harmonisant avec le texte et l'acharnement de la pluie contre les vitres finissant par évoquer le bruit des vagues. Ma femme étant allée passer quelques jours chez sa tante, j'avais en son absence momentanément réintégré mon ancien domicile de Baker Street.

— Mais, fis-je en levant les yeux et regardant mon compagnon, c'est bien la sonnette? Qui peut venir par une telle soirée? Un de vos amis, peut-être?

— En dehors de vous, je n'en ai aucun, répondit-il. Et je n'encourage pas les visites.

— Un client, alors?

— Dans ce cas, c'est pour une affaire grave. Seule une affaire grave, peut inciter quelqu'un à sortir par un tel temps et à une heure pareille. Mais il s'agit plus probablement de quelque amie de notre logeuse.

Sur ce point toutefois Sherlock Holmes se trompait, car il y eut un bruit de pas dans le couloir et l'on toqua à la porte. Etendant son long bras, mon ami déplaça une lampe, afin qu'elle le laisse dans la pénombre mais éclaire le fauteuil où s'assiérait l'arrivant.

– Entrez! dit-il.

L'homme qui pénétra dans la pièce était jeune, vingt-deux ans environ, bien vêtu et d'apparence très soignée, avec même quelque chose de délicatement raffiné dans ses façons. Tout comme le parapluie accroché à son bras, son imperméable luisant de pluie témoignait du mauvais temps qu'il avait dû affronter. Dans le rayonnement de la lampe, il promena autour de lui un regard anxieux; son visage était très pâle et il avait les yeux battus d'un homme accablé par une vive angoisse.

– Je vous dois des excuses, dit-il tout en chaussant un lorgnon à monture d'or. J'espère n'être pas trop importun, mais je crains d'avoir apporté avec moi, dans cette pièce confortable, des séquelles du mauvais temps qu'il fait dehors.

– Donnez-moi votre parapluie et votre imperméable, dit Holmes. Je vais les accrocher ici pour qu'ils sèchent. Vous venez du sud-ouest, à ce que je vois.

– Oui, de Horsham.

– Oui, ce mélange de craie et de chaux dont je vois des traces sur vos chaussures est très caractéristique.

– Je suis venu en quête d'un conseil.

– C'est facile à donner.

– Et d'aide.

– Ce n'est pas toujours aussi aisé à obtenir.

– J'ai entendu parler de vous, monsieur Holmes. Par le Major Prendergast, qui m'a dit de quelle façon vous l'aviez sauvé du scandale du Club de Tankerville.

– Ah! oui... On l'avait injustement accusé de tricher aux cartes.

– Il m'a déclaré que vous étiez capable de résoudre n'importe quel problème.

– Il a exagéré.

– Et que vous n'aviez jamais été mis en échec.

– Si, à quatre reprises : trois fois par des hommes et la quatrième, par une femme.

– Mais qu'est-ce en comparaison de toutes vos réussites?

– Il est exact que la chance est généralement de mon côté.

— Alors, ce peut être encore le cas en ce qui me concerne.
— Approchez donc votre fauteuil du feu, je vous prie, et faites-moi la grâce de m'expliquer votre affaire.
— Elle sort nettement de l'ordinaire.
— Il en va de même pour toutes celles que l'on vient me soumettre. Je suis l'ultime cour d'appel, en quelque sorte.
— Et pourtant je me demande, monsieur, si, en dépit de toute votre expérience, vous avez jamais eu connaissance d'une série d'événements aussi mystérieux et inexplicables que ceux advenus à ma propre famille.
— Vous m'emplissez d'intérêt, dit Holmes. S'il vous plaît, relatez-nous l'essentiel en commençant par le commencement, et je vous interrogerai ensuite à propos des détails qui me paraîtront les plus importants.

Le jeune homme rapprocha sa chaise du feu, au rayonnement duquel il présenta ses chaussures mouillées.

— Je m'appelle John Openshaw, déclara-t-il, mais pour autant que je sache, mes affaires personnelles n'ont pas grand-chose à voir avec ce drame horrible. Comme le passé y joue un rôle, il me faut remonter dans le temps pour vous donner une idée des faits.

« Sachez donc que mon grand-père avait deux fils : Elias, mon oncle, et Joseph, mon père. Ce dernier possédait une petite usine à Coventry, à laquelle il donna de l'extension lors de l'invention de la bicyclette. C'est lui qui avait fait breveter le pneu increvable Openshaw, et son affaire prospéra si bien qu'il put la vendre et se retirer en ayant de confortables revenus.

« Tout jeune homme, mon oncle avait émigré en Amérique, et s'était installé planteur en Floride, où l'on disait qu'il réussissait très bien. Lors de la guerre de Sécession, il combattit dans l'armée de Jackson, puis ensuite sous les ordres de Hood, où il s'éleva jusqu'au grade de colonel. Lorsque Lee déposa les armes, mon oncle regagna sa plantation, où il demeura pendant trois ou quatre ans. Vers 1869 ou 70, il revint en Europe et acheta une petite propriété dans le Sussex, près de Horsham. Aux Etats-Unis, il avait amassé une fortune considérable; s'il les avait quittés, c'était à cause de son aversion pour les Noirs et parce qu'il désapprouvait la politique des Républicains visant à les affranchir. C'était un homme singulier, au tempérament vif et emporté, extrêmement grossier lorsqu'il était en colère mais, en même temps, très effacé. Durant toutes les années où il a vécu à Orsham, je doute qu'il soit jamais allé même une fois en ville. Il avait un jardin et deux ou trois champs autour de sa maison, et c'est là qu'il prenait de l'exercice, encore qu'il lui arrivât très souvent de rester des semaines sans sortir de sa chambre. Il buvait beaucoup de cognac, fumait sans arrêt, mais ne voyait personne. Il ne voulait recevoir aucun ami, pas même son frère.

« Moi, ça n'était pas pareil et, il m'avait même pris en affection car, lorsqu'il m'avait vu pour la première fois, j'avais dans les douze ans. Ce devait être en 1878, huit ou neuf ans après son retour en Angleterre. Il avait demandé à mon père de me laisser aller vivre avec lui et, à sa façon, il était très bon pour moi. Quand il n'avait pas bu, nous jouions aux dames ou au jacquet, et il m'avait délégué pour le représenter tant auprès des domestiques que des commerçants si bien que, à seize ans, j'étais le véritable maître de la maison. Je détenais toutes les clefs, pouvant aller où je voulais et y faire ce qui me plaisait, du moment que je ne le dérangeais pas. A une seule exception toutefois, car mon oncle avait une pièce, sorte de cabinet de débarras, située sous les toits, qui restait toujours fermée à clef et où nul n'était autorisé à pénétrer pas plus moi que quiconque. Avec une curiosité de gamin, j'avais regardé par le trou de la serrure, mais sans rien distinguer d'autre qu'une collection de vieilles malles et de caisses, comme il est normal dans un endroit de ce genre.

« Un jour – c'était en mars 1883 – une lettre avec un timbre étranger attendait à table, devant l'assiette du colonel. Il lui arrivait très rarement de recevoir du courrier, car il payait toujours tout comptant et n'avait aucun ami d'aucune sorte. « Des Indes! » fit-il en la prenant. « Le cachet est de Pondichéry. Qu'est-ce que ça peut bien être? » Comme il l'ouvrait précipitamment, il en jaillit cinq pépins d'orange desséchés, qui tombèrent dans son assiette. Cela me fit rire, mais le rire se figea sur mes lèvres quand je vis l'expression de son visage. Bouche bée, il avait les yeux exorbités et son teint était couleur mastic. Il regardait fixement l'enveloppe que tenait encore sa main tremblante. « K.K.K., s'écria-t-il d'une voix stridente. Mon Dieu, mon Dieu, mes fautes m'ont rejoint! »

« – Qu'est-ce donc, mon oncle? » m'exclamai-je.

« – La mort, dit-il et, se levant de table, il se retira dans sa chambre, me laissant tout palpitant d'effroi. Prenant alors l'enveloppe, j'y vis, griffonnée sous le rabat, juste au-dessus de la colle, la lettre K trois fois répétée. Et il n'y avait rien d'autre, en dehors des cinq pépins desséchés. Quelle était donc la raison de cette terreur qui s'était emparée de mon oncle? Je quittai à mon tour la table du petit déjeuner et, comme je montais l'escalier, je le vis qui descendait, tenant d'une main une vieille clef rouillée – sans doute celle du débarras – et de l'autre une petite boîte de cuivre, une sorte de cassette.

« – Quelque moyen qu'ils emploient, je n'en réussirai pas moins à leur faire échec! dit-il en mâchonnant un juron. Va demander à Mary de m'allumer du feu dans ma chambre, puis tu iras me chercher Fordham, le notaire de Horsham. »

« Je fis ce qu'il m'avait commandé et lorsque le notaire arriva, je fus prié de monter dans la chambre. Dans la cheminée où flambait un bon feu, il y avait un tas de cendres, comme si l'on y avait brûlé des papiers, cependant que la cassette en cuivre se trouvait près de l'âtre, ouverte et vide. Comme je la regardais, j'eus un tressaillement en remarquant que le couvercle était marqué du triple K que j'avais vu le matin sous le rabat de l'enveloppe.

« – John, me dit mon oncle, je désire que tu sois témoin de mon testament. Je lègue mes biens, avec tous les avantages et les inconvénients qu'ils comportent, à mon frère, ton père, dont tu hériteras sans aucun doute. Si tu peux en jouir paisiblement, tant mieux. Mais dans le cas contraire, suis mon conseil, et lègue le tout à ton plus mortel ennemi. Je suis désolé de te faire ainsi un cadeau peut-être empoisonné, mais je me sens incapable de prévoir la tournure que prendront les événements. Alors signe, je te prie, ce papier à l'endroit que t'indique Me Fordham.

« Je signai comme on me le demandait, et l'avocat emporta le document avec lui. Comme vous le pensez bien, ce singulier incident fit sur moi une profonde impression, et je ne cessai d'y repenser, en tournant et retournant les éléments dans ma tête, sans arriver à y comprendre quoi que ce soit. Mais je ne parvenais pas à me libérer du vague sentiment de crainte qu'il m'avait laissé, sentiment qui allait cependant en diminuant à mesure que les semaines passaient sans que rien vînt troubler la routine de nos existences. Chez mon oncle, en revanche, je percevais un changement. Il buvait plus que jamais et répugnait de plus en plus à voir qui que ce fût. Il passait le plus clair de son temps retranché derrière la porte verrouillée de sa chambre, mais il lui arrivait parfois d'en surgir, en proie à une sorte de délire alcoolique. Il traversait la maison en trombe pour se précipiter dans le jardin avec un revolver à la main, hurlant qu'il ne craignait personne et que ni homme ni démon ne le ferait demeurer parqué comme un mouton. Mais quand ces violentes crises cessaient, il courait vite se barricader bruyamment, comme un homme incapable de crâner plus longtemps alors que la terreur le rongeait jusqu'à l'âme. A ces moments-là, même par un jour de froidure, j'ai vu son visage tellement ruisselant de sueur qu'on aurait cru qu'il venait de le tremper dans une cuvette.

« Bref, pour en terminer et ne pas abuser de votre patience, monsieur Holmes, sachez qu'un soir, sous l'empire de l'ivresse, il se livra à une de ces violentes démonstrations, dont il ne devait jamais revenir. Quand nous partîmes à sa recherche, nous le trouvâmes à plat ventre dans une petite mare à la surface couverte d'écume verdâtre, située au bas du jardin. Il n'y avait aucun indice de lutte, et l'eau n'avait que quelque cinquante centimètres de profondeur; aussi, connaissant sa réputation d'excentricité, le jury rendit-il un verdict de suicide. Mais moi, qui sais combien la seule idée de la mort le terrifiait, j'eus beaucoup de peine à me convaincre qu'il ait pu décider de mettre fin à ses jours. Cela passa et mon père entra en possession de l'héritage, c'est-à-dire de la propriété en sus d'environ quatorze mille livres qui se trouvaient au crédit du compte en banque.

— Un instant, intervint Holmes. Votre récit est, je crois bien, un des plus extraordinaires qu'il me sera donné d'entendre. Précisez-moi la date à laquelle votre oncle a reçu cette lettre et celle aussi de son suicide supposé.

— La lettre est arrivée le 10 mars 1883. Sa mort est survenue sept semaines plus tard, dans la nuit du 2 mai.

– Merci. Continuez, je vous prie.

– Lorsque mon père est entré en possession du domaine de Horsham, il a, sur ma demande, examiné minutieusement la mansarde qui était jusqu'alors fermée à clef. Nous y trouvâmes la cassette de cuivre, bien que son contenu eût été brûlé. A l'intérieur du couvercle, un papier était collé sur lequel se répétaient les initiales K.K.K. et, au-dessous, il y avait écrit : « Lettres, notes, reçus et agenda ». Cela indique, je présume, la nature des papiers qui avaient été détruits par le colonel Openshaw. En dehors de cela, il n'y avait vraiment rien d'important dans cette mansarde, excepté un grand nombre de papiers et de carnets relatifs à la vie que mon oncle avait menée en Amérique. Certains dataient de l'époque de la guerre et montraient qu'il avait bien fait son devoir, ce qui lui avait valu la réputation d'être un courageux soldat. D'autres avaient été rédigés lors de la reconstruction des États du Sud, et parlaient surtout de politique, mon oncle ayant de toute évidence pris une part active dans la forte opposition rencontrée par les politiciens envoyés du Nord.

« C'était au début de 1884 que mon père était venu s'installer à Horsham et, en ce qui nous concerne, tout se passa aussi bien que possible, jusqu'en janvier 1885. Quatre jours après le Nouvel An, alors que nous prenions ensemble le petit déjeuner, mon père poussa un cri de surprise. Je le vis tenant d'une main une enveloppe qu'il venait de décacheter, tandis que dans la paume de l'autre il avait cinq pépins d'orange desséchés. Il avait toujours ri de ce qu'il appelait mon extravagante histoire au sujet du colonel, mais il paraissait déconcerté et effrayé maintenant que pareille chose lui arrivait.

« – Qu'est-ce que ça peut bien signifier, John ? balbutia-t-il.

« Mon cœur était devenu comme de plomb.

« – C'est K.K.K., dis-je.

« Mon père regarda à l'intérieur de l'enveloppe.

« – En effet ! s'écria-t-il. Les trois lettres sont bien là. Mais qu'y a-t-il d'écrit au-dessus ?

« – Déposez les papiers sur le cadran solaire », déchiffrai-je par-dessus son épaule.

« – Quels papiers ? Quel cadran solaire ? » questionna-t-il.

« – Le cadran solaire du jardin. Il n'y en a pas d'autre », répondis-je. Mais les papiers doivent être ceux qui ont été brûlés.

« – Peuh! » dit-il en se cramponnant à son courage. « Ici, nous sommes dans un pays civilisé, où l'on ne se prête pas à des pantalonnades de ce genre. D'où vient la lettre? »

« – De Dundee, l'informai-je, en regardant le tampon de la poste.

« – Il s'agit de quelque farce absurde », dit-il. « Qu'ai-je à faire de cadrans solaires et de papiers? Je ne tiendrai aucun compte de cette imbécillité.

« – Je crois, moi, que j'en parlerais à la police », dis-je.

« – Pour me faire rire au nez? Pas question. »

« – Alors, laisse-moi m'en charger. »

« Non, je te le défends. Je ne veux pas faire toute une histoire d'une pareille sottise. »

« Ce fut en vain que j'insistai, car c'était un homme extrêmement entêté. Mais mon cœur resta la proie de sombres pressentiments.

« Trois jours après l'arrivée de cette lettre, mon père alla rendre visite à l'un de ses vieux amis, le major Freebody, qui commande l'un des forts qui sont sur la colline de Portsdown. Je fus heureux de le voir partir, car il me semblait être plus éloigné du danger quand il n'était pas à la maison. En quoi, je me trompais. Le second jour de son absence, je reçus un télégramme du major, me demandant de venir de toute urgence. Mon père avait fait une chute dans une de ces carrières de craie qui sont nombreuses dans les parages, et on l'avait relevé sans connaissance, avec une fracture du crâne. Je me rendis en hâte à son chevet, mais il mourut sans même avoir repris connaissance. Il s'en revenait apparemment de Fareham à la tombée de la nuit, et ne connaissait pas le pays; alors, comme la carrière n'était pas clôturée, le jury rendit sans aucune hésitation un verdict de « mort due à un accident ». J'eus beau étudier avec attention jusqu'au moindre fait se rattachant à ce décès, je ne découvris rien qui pût faire penser à un meurtre. Il n'y avait aucun indice de violence ou de vol, aucune empreinte de pas, aucun étranger qui eût été aperçu dans les parages. En dépit de quoi, je n'ai pas besoin de vous dire que je ne me sentais pas convaincu pour autant, ayant la quasi-certitude que mon père avait été victime de quelque infernal complot.

« C'est de cette sinistre façon que je me trouvai entrer en possession du domaine. Sans doute allez-vous me demander pourquoi je ne m'en suis pas débarrassé; je vous répondrai que c'est parce que j'avais le sentiment très net que nos malheurs provenaient de quelque incident dans la vie de mon oncle, et que le danger demeurerait aussi pressant dans n'importe quelle maison.

« C'est en janvier 1885 que mon pauvre père a ainsi trouvé la mort; deux ans et huit mois se sont écoulés depuis lors, durant lesquels j'ai vécu paisiblement à Horsham. Aussi commençais-je à espérer que la malédiction ne pesait plus sur la famille et s'était terminée avec la précédente génération. Mais je m'étais trop vite rassuré; hier matin, le coup m'a frappé de la même façon que mon père.

Le jeune homme sortit d'une poche de son veston une enveloppe froissée et, la retournant au-dessus de la table, il en fit tomber cinq pépins d'orange desséchés.

— Voici l'enveloppe, dit-il. Elle porte le tampon de Londres-Est. A l'intérieur, il y a le même message que mon père avait reçu : « K.K.K. », et puis : « Déposez les papiers sur le cadran solaire. »

— Qu'avez-vous fait? s'informa Holmes.

— Rien.

— Rien?

— Pour tout vous dire, répondit l'autre en cachant son visage entre ses mains fines et blanches, je me suis senti totalement impuissant, comme un de ces pauvres lapins vers lequel rampe le serpent. Il me semble être à la merci de quelque puissance inexorable, contre laquelle nulle précaution, rien, ne peut me protéger.

— Taratata! s'écria Holmes. Il vous faut agir, mon garçon, sans quoi vous êtes perdu. Seule votre énergie peut vous sauver. Ce n'est pas le moment de vous abandonner au désespoir.

— J'ai vu la police.

— Ah?

— Mais ils souriaient en m'écoutant raconter mon histoire. Je suis convaincu que l'inspecteur s'est mis dans la tête que ces lettres n'étaient que des farces, et que nul n'a provoqué ni la mort de mon oncle ni celle de mon père, lesquelles seraient sans rapport avec les avertissements.

Joignant les mains au-dessus de sa tête, Holmes parut prendre le Ciel à témoin :

— Quelle imbécilité! Ça n'est pas croyable!

— Ils m'ont cependant délégué un agent de police, qui peut rester à la maison avec moi.

— Il vous a accompagné ici ce soir?

— Non. Ses ordres sont de rester à la maison.

De nouveau, Holmes eut le même geste expressif, puis demanda :

— Pourquoi êtes-vous venu me trouver? Et, surtout, pourquoi n'êtes-vous pas venu me trouver tout de suite?

— Je ne sais pas. C'est seulement aujourd'hui que j'ai fait part de mes ennuis au major Prendergast, lequel m'a conseillé de m'adresser à vous.

— Cela fait deux jours que vous avez reçu cette lettre. Nous aurions dû agir plus tôt. Vous n'avez pas d'autres indices, je suppose, que ceux dont vous nous avez fait part... Aucun détail suggestif qui serait de nature à nous aider?

— Il y a juste une chose, dit John Openshaw.

Fouillant dans la poche de sa veste, il en sortit un bout de papier décoloré, qui avait dû être bleu, et le posa sur la table :

— J'ai souvenance que le jour où mon oncle a brûlé les papiers, les bords des feuilles qui n'avaient pas été totalement consumées avaient cette même couleur. J'ai trouvé celle-ci dans sa chambre, par terre; j'incline à penser qu'il s'agit d'un de ces papiers qui lui aura échappé des mains et, de ce fait, à la destruction. Sauf qu'il y est fait mention des pépins, je ne pense pas qu'il nous soit d'un grand secours. Selon moi, il doit s'agir d'une page provenant d'un journal que tenait mon oncle, car l'écriture est incontestablement la sienne.

Holmes rapprocha la lampe et nous nous penchâmes tous deux sur cette feuille, dont le bord déchiqueté montrait effectivement qu'elle avait été arrachée de quelque agenda. Au-dessus de la date « mars 1869 », il y avait ces notes énigmatiques :

Le 4 – Hudson est venu. Même vieux procédé.

Le 7 – Envoyé les pépins à McCauley, Paramore et John Swain de saint-Augustin.

Le 9 — McCauley a déguerpi.
Le 10 — John Swain a déguerpi.
Le 12 — Visité Paramore. Tout bien.

— Merci, dit Holmes en pliant la feuille et la rendant à notre visiteur. A présent, vous ne devez plus perdre le moindre instant. Nous n'avons même pas le loisir de discuter de ce que vous venez de m'apprendre. Vous devez retourner immédiatement chez vous et agir.

— Que devrai-je faire?

— Il n'y a qu'une seule chose à faire, et à faire tout de suite. Vous allez mettre la feuille que vous venez de nous montrer dans la cassette de cuivre que vous nous avez décrite. Vous y joindrez une note disant que tous les autres papiers ont été brûlés par votre oncle, qu'il n'en subsiste que cette feuille. Exprimez cela d'une façon qui soit convaincante. Après quoi, vous irez aussitôt déposer la cassette sur le cadran solaire, comme on vous l'a commandé. Comprenez-vous?

— Oui, oui, très bien.

— Pour l'instant, n'ayez en tête aucune idée de vengeance, ni quoi que ce soit de semblable. A cela, je crois que nous pourrons arriver par des moyens légaux. Mais ce filet, il nous reste encore à le tisser, alors que le leur est déjà tendu. Il nous faut donc avant tout neutraliser le pressant danger qui vous menace. Ensuite, nous nous occuperons d'éclaircir le mystère et de punir les coupables.

— Je vous remercie, dit le jeune homme en se mettant debout et en enfilant son imperméable. Vous m'avez redonné de l'espoir et des forces. Je vais faire exactement ce que vous me conseillez.

— Ne perdez pas un seul instant. Et, surtout, soyez bien sur vos gardes en attendant, car il ne fait pas le moindre doute pour moi que vous soyez menacé par un danger aussi réel qu'imminent. Comment repartez-vous?

— Par le train, à la gare de Waterloo.

— Il n'est pas encore neuf heures et les rues doivent être pleines de monde, donc vous y serez sans doute en sécurité. Mais cependant vous ne vous montrerez jamais trop prudent.

— Je suis armé.

— Voilà qui est bien. Demain, je vais m'attaquer à votre affaire.

— Je vous verrai à Horsham alors?
— Non, c'est à Londres que se trouve cette secrète menace et c'est donc ici que je dois la débusquer.
— Alors je reviendrai vous voir dans un jour ou deux, avec les dernières nouvelles concernant la cassette et les papiers. Je vais suivre en tout point vos conseils.

Il nous serra la main et prit congé. Dehors, le vent continuait de hurler et la pluie de crépiter contre les fenêtres. On eut dit que l'étrange et terrible histoire qui venait de nous être contée nous avait été apportée par les éléments déchaînés, comme un bouquet d'algues que la tempête aurait un instant jeté à nos pieds avant de l'emporter de nouveau.

Sherlock Holmes demeura un long moment silencieux, assis la tête penchée en avant, le regard fixé sur les tisons de l'âtre. Puis il alluma sa pipe et, s'abandonnant contre le dossier de son fauteuil, il regarda les anneaux de fumée bleue se pourchasser vers le plafond.

— Je pense, Watson, dit-il enfin, que dans toutes nos affaires, nous n'en avons eu aucune aussi fantastique que celle-ci.
— Sauf, peut-être celle du *Signe des Quatre*.
— En effet, oui... Sauf celle-là, peut-être. Et cependant John Openshaw me semble menacé par de bien plus grands dangers que les Sholto.
— Mais, questionnai-je, êtes-vous arrivé à vous faire une idée précise de ces dangers?
— Leur nature ne fait aucun doute, me répondit-il.
— Alors de quoi s'agit-il? Qui est ce K.K.K. et pourquoi s'acharne-t-il ainsi contre cette malheureuse famille?

Sherlock Holmes ferma les yeux et, posant ses coudes sur les accotoirs de son fauteuil, il joignit les extrémités de ses doigts :

— Le logicien idéal, remarqua-t-il, lorsqu'un seul fait lui a été présenté sous tous ses aspects devrait, à partir de cet unique fait, pouvoir déduire non seulement la chaîne d'événements dont il est l'aboutissement, mais aussi tout ce qui découlera de lui. De même que Cuvier était capable de décrire correctement tout un animal à partir d'un seul os, l'observateur qui a parfaitement compris un chaînon d'une série d'incidents devrait être en mesure d'énoncer correctement ceux qui le précédaient comme ceux qui l'ont suivi.

Nous ne mesurons pas encore pleinement les résultats auxquels peut atteindre la seule raison. Des problèmes ont été résolus dans cette pièce, qui avaient tenus en échec tous ceux qui s'étaient efforcés d'en trouver la solution avec le seul concours de leurs cinq sens. Toutefois, pour porter un tel art à son plus haut degré, il est nécessaire que le logicien soit capable d'utiliser tous les faits dont il a eu connaissance. Et cela implique de sa part, comme vous vous en rendez certainement compte, une grande maîtrise de toutes les sciences qui, même à notre époque de l'enseignement gratuit et des encyclopédies, se rencontre rarement. Il n'est cependant pas impossible qu'un homme possède toutes les connaissances susceptibles de lui être utiles dans son travail, et c'est ce que je me suis efforcé de faire en ce qui me concerne. Si j'ai bonne mémoire, vous même aviez, au début de nos relations, en une certaine occasion, défini mes limites de façon très précises.

– Oui, acquiesçai-je en riant. C'était un document peu banal. Je me souviens que, concernant la philosophie, l'astronomie et la politique, vous étiez pratiquement nul. En botanique, vos connaissances étaient des plus variables, alors que très grandes en géologie pour tout ce qui concernait les taches de boue dans un rayon de quatre-vingts kilomètres autour de Londres. En chimie, vous vous montriez excentrique, et dépourvu de méthode en ce qui concernait l'anatomie, mais sensationnel en littérature et absolument unique pour tout ce qui relevait de l'histoire criminelle. Vous saviez jouer du violon, boxer, vous pratiquiez le sabre, connaissiez bien les lois, et vous intoxiquiez en usant de la cocaïne comme du tabac Voilà, je crois, quels étaient les principaux points de mon analyse.

Mon ultime remarque avait fait sourire Holmes.

– Eh bien, déclara-t-il, je vous dirai maintenant, comme je l'avais fait alors, qu'un homme devrait stocker dans le petit grenier de son cerveau tout ce dont il est susceptible d'avoir besoin; quant au reste, il n'a qu'à le ranger dans sa bibliothèque, où il l'aura sous la main, si jamais la nécessité s'en fait sentir. En ce qui concerne une affaire comme celle qui nous a été soumise ce soir, nous allons avoir certainement besoin de toutes nos ressources. Passez-moi, je vous prie, la lettre K de l'Encyclopédie américaine qui se trouve sur le rayon à côté de vous... Merci. A présent, étudions la situation et voyons ce que nous pouvons en déduire. Tout d'abord, il y a une forte présomption que ce colonel Openshaw ait eu une puissante raison de quitter l'Amérique. A l'âge qu'il avait, les hommes ne changent pas toutes leurs habitudes pour s'en aller, de surcroît, troquer le plaisant climat de la Floride contre une existence solitaire dans une ville de la province anglaise. Cet extrême amour de la solitude qu'il a manifesté en Angleterre donne à penser qu'il avait peur de quelqu'un ou de quelque chose; nous pouvons donc raisonnablement prendre comme hypothèse de travail que c'était la peur de quelqu'un ou de quelque chose qui lui avait fait quitter l'Amérique. Quant à la nature de ce qu'il redoutait tant, nous ne pouvons le déduire que des lettres extraordinaires reçues par lui-même et par ses successeurs. Avez-vous pris garde aux cachets postaux de ces lettres?

— La première venait de Pondichéry, la seconde de Dundee et la troisième de Londres.

— De Londres-Est. Qu'en déduisez-vous?

— Il s'agit de trois ports de mer. L'expéditeur devait donc être à bord d'un bateau.

— Excellent. Nous avons déjà un indice. Il paraît en effet extrêmement probable que le scripteur se trouvait à bord d'un bateau. Passons maintenant à un autre détail. En ce qui concerne la lettre de Pondichéry, sept semaines se sont écoulées entre la menace et sa mise à exécution; pour celle de Dundee, trois ou quatre jours seulement. Cela ne vous suggère-t-il rien?

— Pour venir de Pondichéry, on met plus longtemps que vous venir de Dundee.

— Mais il en allait de même pour la lettre.

— Alors, je ne vois pas...

— Eh bien, cela nous permet de présumer que le bateau sur lequel voyageait cet homme – à supposer qu'il fût seul – était un voilier. Ils semblent avoir toujours envoyé leur singulier avertissement avant de s'embarquer eux-mêmes pour leur mission. En ce qui concerne Dundee, vous avez vu comme l'acte a promptement suivi l'avertissement. Or s'ils étaient venus de Pondichéry à bord d'un vapeur, ils seraient arrivés presque en même temps que leur lettre. Alors que sept semaines se sont écoulées, qui représentent la différence entre le temps mis par le paquebot-poste qui transportait la lettre, et le voilier qui amenait son expéditeur.

– C'est possible.

– Je dirai même plus : c'est probable. Vous comprenez maintenant la terrible urgence de cette nouvelle affaire et pourquoi j'ai si vivement recommandé au jeune Openshaw d'être sur ses gardes. Le coup a toujours été porté à l'expiration du temps nécessaire à l'auteur de la lettre pour couvrir la distance. Mais celle-ci a été expédiée de Londres et nous ne devons donc compter sur aucun délai.

– Mon Dieu! m'exclamai-je. Mais à quoi peut bien tendre cette incessante persécution?

– Les papiers que Openshaw détenait sont très évidemment d'une importance vitale pour la ou les personnes du voilier. Pour moi, il doit y en avoir plusieurs. Un seul homme n'aurait pu commettre ces deux meurtres d'une façon telle qu'ils ont abusé le jury du coroner. Ils devaient donc être plusieurs et il s'agit certainement de gens déterminés, ayant un grand esprit de ressource. Il leur faut à tout prix ces papiers, quel qu'en soit le détenteur. Et de ce fait, K.K.K. cessent d'apparaître comme les initiales d'un individu pour devenir le sigle d'une société.

– Mais de quelle société?

– N'avez-vous jamais... commença Sherlock Holmes avant de baisser le ton en se penchant vers moi. N'avez-vous jamais entendu parler du Ku Klux Klan?

– Non, jamais.

Holmes tourna les pages du volume de l'encyclopédie posé sur ses genoux.

– Ah! voici, fit-il. « *Ku Klux Klan.* Nom dérivé de la ressemblance qu'il présenterait avec le bruit d'un fusil qu'on arme. Cette terrible société secrète fut constituée, après la guerre de Sécession, dans le Sud des Etats-Unis, par d'anciens soldats confédérés, et elle eut rapidement des ramifications locales dans différentes parties du pays, notamment le Tennessee, la Louisiane, les Carolines, la Georgie et la Floride. Elle utilisa sa puissance à des fins politiques, s'employant surtout à terroriser les électeurs noirs, assassinant ceux qui ne partageaient pas ses vues ou les obligeant à fuir le pays. Ses actions étaient généralement précédées par l'envoi d'un avertissement à la victime désignée, avertissement qui revêtait une forme extravagante mais reconnaissable : dans certains endroits, il s'agissait d'un rameau de feuilles de chêne, dans d'autres de graines de melon ou de pépins d'orange. En recevant cet avertissement, le destinataire avait le choix entre abjurer ouvertement sa conduite passée ou s'enfuir du pays. S'il décidait de passer outre, il en résultait immanquablement la mort pour lui, mort qui se produisait généralement de façon aussi étrange qu'imprévue. Cette société secrète était si parfaitement organisée et ses méthodes si bien mises au point que l'on aurait peine à citer des cas où la victime désignée a réussi impunément à braver le Ku Klux Klan, voire où l'on ait pu remonter jusqu'aux auteurs des meurtres. Durant quelques années, l'association prospéra en dépit des efforts du gouvernement des Etats-Unis et des meilleurs éléments de la communauté du Sud. Puis le mouvement s'effondra en 1869 de façon assez soudaine mais il y eut encore par la suite des manifestations sporadiques du même genre. Vous remarquerez, dit Holmes en posant le volume, que cet effondrement soudain de la société secrète coïncide avec la disparition d'Openshaw, quittant l'Amérique avec des papiers. Il s'agit peut-être bien de la cause et de l'effet. Auquel cas, il n'est pas étonnant que sa famille et lui aient été poursuivis par quelques-uns des membres les plus implacables. Vous comprenez : ces carnets et ce journal sont de nature à compromettre quelques-unes des personnalités éminentes du Sud, et nombreux doivent être ceux qui ne dormiront pas tranquilles tant que ces documents n'auront pas été récupérés.

— Alors, la page que nous avons vue...

— ... est bien telle que nous pourrions l'imaginer. Si je me souviens bien, on y lit « Envoyé les pépins à A, B et C », ce qui signifie qu'on leur a envoyé l'habituel avertissement du K.K.K. Puis il est mentionné que A et B ont déguerpi et, finalement, que C a reçu une visite qui aura eu, je le crains, de fatales conséquences pour lui. Eh bien, je pense, Docteur, que nous sommes en mesure de jeter quelque clarté dans ces ténèbres et que, entre-temps, la seule chance de survie qu'ait le jeune Openshaw c'est de suivre mes recommandations. Comme il n'y a rien d'autre à dire ni à faire ce soir, passez-moi donc mon violon et essayons d'oublier, l'espace d'une demi-heure, aussi bien ce triste temps que le comportement encore plus triste de nos frères humains.

Le lendemain matin, le ciel s'était éclairci et le soleil brillait, tamisé par le voile de brume qui s'étendait au-dessus de Londres. Quand je descendis, Sherlock Holmes prenait déjà son petit déjeuner.

— Vous m'excuserez de ne vous avoir pas attendu, me dit-il, mais je prévois que je vais avoir une journée très chargée avec cette affaire du jeune Openshaw.

— Quelles mesures allez-vous prendre? m'informai-je.

— Tout va dépendre du résultat de mes premières investigations. Il est possible, après tout, que je doive aller à Horsham.

— Vous n'allez pas commencer par là?

— Non, je vais d'abord me rendre dans la City. Sonnez et la bonne vous apportera votre café.

En attendant, je pris le journal qui se trouvait sur la table et n'avait pas encore été déplié. J'y vis un gros titre, qui me glaça le cœur.

— C'est trop tard, Holmes! m'écriai-je.

— Ah! fit-il en posant sa tasse, c'est bien ce que je craignais. Comment est-ce arrivé?

Il parlait calmement, mais je me rendis compte qu'il était violemment ému.

— C'est le nom d'Openshaw qui a capté mon regard, et le titre « *Drame près du pont de Waterloo* ». Voici l'article : « Entre neuf et dix heures hier soir, l'agent de police Cook, de la division H, était de service près du pont de Waterloo, lorsqu'il entendit un appel au secours et le bruit d'une chute dans l'eau. Il faisait très mauvais temps, si bien que la nuit était extrêmement sombre et, en dépit de l'aide apportée par plusieurs passants, il fut absolument impossible d'opérer un sauvetage. Mais l'alerte avait été donnée et, grâce à la police fluviale, le corps finit par être repêché. C'était celui d'un jeune homme dont le nom serait, d'après une enveloppe trouvée dans sa poche, John Openshaw, et qui habiterait près de Horsham. On suppose qu'il courait pour attraper le dernier train partant de la gare de Waterloo; dans sa hâte et étant donné la densité de l'obscurité, on pense qu'il s'est trompé de chemin et sera passé trop au bord d'un des petits débarcadères du quai. Le corps ne présentait aucune trace de violence, aussi ne fait-il aucun doute que le défunt a été victime d'un malheureux accident, qui devrait avoir pour effet d'attirer l'attention des autorités compétentes sur le danger présenté par ces débarcadères dans leur état actuel. »

Nous demeurâmes silencieux pendant plusieurs minutes. Jamais encore je n'avais vu Holmes aussi secoué.

— Mon orgueil est blessé, Watson, dit-il enfin. Je reconnais que c'est un sentiment mesquin, mais le fait est là. A présent, cette histoire devient pour moi une affaire personnelle et, si Dieu me donne la santé, pour le faire, je mettrai la main sur ce gang. Que ce garçon soit venu me demander secours et que je l'aie envoyé à la mort... !

Se levant d'un bond, il se mit à arpenter la pièce, en proie à une incontrôlable agitation; ses joues creuses s'étaient enfiévrées, cependant qu'il n'arrêtait pas de nouer et dénouer ses longues mains fines.

— Il faut vraiment que ces démons soient terriblement habiles, s'exclama-t-il enfin. Comment ont-ils pu l'entraîner par là-bas? Le quai n'est pas sur le chemin direct de la gare. Sans doute que, même par une telle nuit, il y avait trop de monde sur le pont pour qu'ils y commettent leur mauvais coup. Eh bien, Watson, nous allons voir qui aura le dernier mot! Je sors.

— Vous allez trouver la police?

— Non; je vais faire ma propre police. Quand j'aurai tissé ma toile, ils pourront y prendre les mouches, mais pas avant.

Durant toute la journée, je fus accaparé par l'exercice de ma profession, et il était tard ce soir-là quand je regagnai Baker Street. Sherlock Holmes n'était pas encore rentré. Il était près de dix heures quand il arriva, pâle et exténué.

Allant au buffet, il se coupa un morceau de pain qu'il mangea voracement, et il le fit descendre en buvant un grand verre d'eau.

— Vous êtes affamé, dis-je.

— Je meurs littéralement de faim. Ça m'était sorti de l'esprit : je n'ai rien pris depuis le petit déjeuner.

— Rien?

— Rien. Je n'ai même pas eu le temps d'y penser.

— Et comment les choses se sont-elles passées?

— Bien.

— Vous avez une piste?

— Je les tiens dans le creux de ma main. Le jeune Openshaw ne tardera pas à être vengé. Watson, je m'en vais retourner contre eux leurs diaboliques procédés. Ce sera pain bénit!

— Que voulez-vous dire?

Il alla chercher une orange dans le placard, l'éplucha, et en exprima les pépins au-dessus de la table. Il prit cinq de ces pépins et les mit dans une enveloppe. Sous le rabat de celle-ci, il écrivit « S.H. pour J.O. ». Puis il la cacheta et l'adressa au « Capitaine James Calhoun, à bord de la *Lone Star,* Savannah, Georgie ».

— Il trouvera ça quand il arrivera au port, dit-il avec un gloussement satisfait. Cela lui vaudra une nuit blanche car, aussi sûrement que Openshaw avant lui, il y verra un avertissement du sort qui l'attend.

— Et qui est ce capitaine Calhoun?

— Le chef de la bande. J'aurai les autres aussi, mais lui sera le premier.

— Comment êtes-vous remonté jusqu'à lui?

Il sortit de sa poche une grande feuille de papier, toute couverte de dates et de noms.

— J'ai passé ma journée, dit-il, à compulser les registres de la Lloyd's et des tas de fichiers, afin de reconstituer les déplacements ultérieurs de tout bateau ayant touché Pondichéry en janvier et février 1883. Durant ces deux mois, il y en a eu trente-six de bon tonnage, parmi lesquels la *Lone Star* a immédiatement retenu mon attention, car bien qu'il ait été signalé comme originaire de Londres, le nom qu'il porte est celui d'un bateau appartenant à l'un des Etats de l'Union.

— Le Texas, sans doute.

— Je n'en suis toujours pas sûr, mais je savais, en revanche, que son origine était bien américaine.

— Alors?

— Alors, j'ai cherché dans les fichiers relatifs à Dundee, et j'ai découvert que la *Lone Star* y avait fait escale en 1885. Dès lors, mon soupçon se mua en certitude. Il ne me restait plus qu'à m'informer des bateaux se trouvant actuellement dans le port de Londres.

— Oui?

- La *Lone Star* est arrivée ici la semaine dernière. Je me suis aussitôt rendu au port, où j'ai appris qu'elle était repartie ce matin, dès la première marée, à destination de Savannah. J'ai télégraphié à Gravesend où l'on m'a fait savoir par retour qu'elle venait de passer. Comme le vent souffle de l'est, je ne doute pas qu'elle ait franchi les Goodwins et se trouve maintenant à proximité de l'île de Wight.

- Qu'allez-vous faire, alors?

- Oh! c'est comme si je le tenais déjà, lui et ses deux officiers, qui sont les seuls membres de l'équipage nés en Amérique. Tous les autres sont des Finnois et des Allemands. J'ai appris aussi qu'aucun des trois n'était hier soir à bord. Je tiens cela de l'homme qui dirigeait le chargement du bateau. Quand ce voilier arrivera à Savannah, le courrier portant cette lettre l'y aura précédé, et un câble aura informé la police de Savannah que ces trois messieurs sont recherchés ici sous l'inculpation de meurtre.

Mais les plans humains les mieux conçus peuvent toujours comporter une faille, et les assassins de John Openshaw ne devaient jamais recevoir les pépins d'orange destinés à les avertir que quelqu'un d'aussi habile et résolu qu'eux-mêmes était sur leur trace. Très longues et très violentes furent cette année-là les tempêtes d'équinoxe. Nous attendîmes vainement des nouvelles de la *Lone Star* de Savannah. Nous finîmes par apprendre que, quelque part au milieu de l'Atlantique, on avait vu flotter sur les vagues un étambot sur lequel étaient gravées les lettres « L.S. », et c'est tout ce que nous sûmes jamais du sort ultime de la *Lone Star*.

6

L'HOMME À LA LÈVRE TORDUE

ISA Whitney, frère de feu Elias Whitney, docteur en théologie et, de surcroît, directeur du Collège de Théologie de Saint-Georges, fumait beaucoup l'opium. A ce que j'avais compris, l'habitude lui en était venue, pour avoir lu, lorsqu'il était au collège, la description faite par Thomas de Quincey des rêves que lui procurait l'opium et des sensations qu'il en tirait. Il avait essayé d'arriver aux mêmes résultats en imbibant du laudanum le tabac destiné à sa pipe. Comme bien d'autres, il avait alors découvert qu'il est plus facile de prendre l'habitude des stupéfiants que de s'en guérir; aussi, pendant nombre d'années, avait-il continué d'être l'esclave de la drogue, inspirant à ses amis et parents une pitié mêlée d'horreur. Et je le vois maintenant tassé dans un fauteuil, le visage jaune et bouffi, les paupières lourdes, les pupilles semblables à des pointes d'épingles : ce n'est que l'ombre d'un homme qui, avant cette ruine, a dû être quelqu'un de bien.

Un soir – c'était en juin 1889 – on sonna à ma porte. C'était l'heure où l'on commence à bâiller en regardant la pendule. Comme je me levais, ma femme posa son ouvrage sur ses genoux et me gratifia d'une petite grimace expressive.

– Un client! Vous allez devoir ressortir.

J'émis un grognement, car j'étais rentré depuis peu d'une journée épuisante.

Nous entendîmes la porte de la rue qu'on ouvrait, quelques paroles rapidement échangées, puis des pas précipités sur le linoléum. Notre porte s'ouvrit violemment et une dame, vêtue de sombre avec une voilette noire, entra dans la pièce.

— Vous voudrez bien m'excuser de venir si tard, commença-t-elle, puis, perdant tout contrôle de soi, elle courut vers ma femme, s'accrocha à son cou, et se mit à sangloter contre son épaule :

— Oh! si vous saviez dans quels ennuis je suis! J'ai tant besoin qu'on m'aide un peu!

— Mais, fit ma femme en relevant la voilette, c'est Kate Whitney! Vous m'avez toute saisie, Kate! Quand vous êtes entrée, je ne vous avais absolument pas reconnue!

— Je ne savais que faire, alors je suis venue vous trouver.

Il en était toujours ainsi. Les gens qui sont dans la peine viennent vers ma femme comme des oiseaux vers un phare.

— Et vous avez très bien fait, Kate. Maintenant vous allez boire un peu de vin et d eau, vous asseoir confortablement, puis nous dire de quoi il s'agit. Ou préférez-vous que j'envoie James se coucher?

— Oh! non, non! J'ai besoin que le docteur me conseille et m'aide aussi. C'est au sujet d'Isa. Cela fait deux jours qu'il n'est pas rentré. Je suis folle d'inquiétude!

Ce n'était pas la première fois qu'elle nous parlait de la toxicomanie de son mari, à moi parce que je suis médecin, à ma femme parce qu'elles sont amies depuis qu'elles étaient ensemble au pensionnat. Nous nous efforçâmes de trouver les mots pour la rassurer et la réconforter. Savait-elle où son mari était allé? Pensait-elle que nous puissions le lui ramener?

Il semblait que oui. Elle tenait de source sûre que, ces derniers temps, lorsqu'il était en crise, il allait dans une fumerie d'opium située tout à l'est de Londres. Jusqu'alors, ce genre d'orgie n'avait jamais excédé une journée, et il s'en revenait le soir chez lui, épuisé et tout secoué de tics. Mais cette fois, cela faisait quarante-huit heures qu'il était absent, et il devait très certainement se trouver là-bas, au milieu de ces rebuts d'humanité qui hantent les docks, fumant la drogue ou terrassé par ses effets. Elle était persuadée qu'on le trouverait au *Lingot d'or,* dans Upper Swandam Lane. Mais que pouvait-elle faire? Comment une jeune femme aussi timide serait-elle allée dans un tel endroit arracher son mari aux rufians dont il devait être entouré ?

A pareil problème, il n'y avait, bien sûr, qu'une seule solution. Pouvais-je refuser de l'escorter dans cet antre ? Et, à la réflexion, était-il même besoin qu'elle y vienne avec moi ? J'étais le médecin traitant d'Isa Whitney et, comme tel, j'avais sur lui une certaine influence. Je me débrouillerais plus facilement si j'étais seul. Je lui donnai ma parole que, s'il était bien à l'adresse indiquée, je le lui renverrais, dans les deux heures, en fiacre à son domicile. Et voilà comment, laissant derrière moi mon fauteuil et mon salon douillet, je me retrouvai dix minutes plus tard roulant vers l'est de Londres dans un hansom-cab, chargé d'une mission qui me paraissait déjà peu ordinaire mais qui devait par la suite l'être encore bien davantage.

Mais à son premier stade, mon aventure ne présenta pas grande difficulté. Upper Swandam Lane est une ruelle sordide embusquée derrière les hauts wharfs qui jalonnent la rive nord de la Tamise jusqu'à l'extrémité est du pont de Londres. Entre un fripier et un débit de boissons, je découvris la fumerie dont j'étais en quête et à laquelle on accédait par une volée de marches descendant vers une ouverture aussi noire que l'orifice d'une cave. Ayant dit à mon cocher d'attendre, je descendis ces degrés, creusés en leur milieu par un incessant défilé d'ivrognes ; la clarté vacillante d'une lampe à huile placée au-dessus de la porte me permit de repérer le loquet et je pénétrai dans une longue salle, au plafond bas, où l'on respirait un air lourd, épaissi par la fumée brune de l'opium, et où s'étageaient des couchettes en bois, comme dans le gaillard d'avant d'un bateau d'émigrants.

Au sein de cette pénombre, on distinguait vaguement des corps étendus dans des postures étranges ; épaules arquées, genoux tordus, têtes rejetées en arrière, menton pointant vers le haut et, de place en place, un œil sombre dont le regard éteint se tournait vers l'arrivant. Parmi ces ténèbres luisaient de rouges petits cercles de clarté, qui tantôt s'avivaient, tantôt se ternissaient selon que le brûlant poison croissait ou décroissait dans le fourneau des pipes de métal. La plupart des fumeurs restaient silencieux, mais certains marmottaient pour eux-mêmes tandis que d'autres parlaient ensemble d'une voix étrangement basse et monotone, leurs propos jaillissant par saccades pour sombrer brusquement dans le silence, chacun extériorisant ainsi ses pensées sans guère prêter attention aux paroles du voisin. A l'extrémité opposée de la salle, il y avait un petit brasero de charbon de bois, près duquel était assis sur un tabouret à trois pieds un grand vieillard maigre qui, les coudes sur ses genoux, le menton dans ses mains, regardait le feu.

A mon entrée, un Malais au teint jaune s'était hâté vers moi avec une pipe et une provision de drogue, en m'indiquant une couche libre.

— Merci, je ne suis pas venu pour rester, lui dis-je. J'ai ici un de mes amis, M. Isa Whitney, et je voudrais lui parler.

Une exclamation, suivie d'un brusque mouvement sur ma droite, me fit tourner la tête et, dans la pénombre, pâle, hagard, dans un état pitoyable, je vis Whitney qui me regardait.

— Mon Dieu! Watson!

Il était en pleine réaction, chaque nerf à vif.

— Watson... Quelle heure est-il?
— Près de onze heures.
— De quel jour?
— Du vendredi 19 juin.

— Grands dieux! Je croyais que c'était mercredi... Mais, bien sûr, c'est mercredi. Pourquoi cherchez-vous à me faire peur?

Et, cachant son visage au creux de ses bras, il se mit à sangloter de façon hystérique.

— Mon ami, je vous répète que nous sommes vendredi. Cela fait deux jours que votre femme vous attend. Vous devriez avoir honte de vous!

— Oh! j'ai honte... Mais vous avez dû vous tromper, Watson, car je ne suis ici que depuis quelques heures... Trois pipes ou quatre, je ne sais plus au juste... Mais je vais rentrer à la maison avec vous. Je ne voudrais pas faire peur à Kate... pauvre petite Kate! Donnez-moi la main? Avez-vous un fiacre?

— Oui j'en ai un qui attend.

— Alors, je vais y aller. Mais j'ai à payer quelque chose. Demandez combien je dois, Watson. Je ne suis pas dans mon assiette... Je me sens incapable de rien faire tout seul.

Je m'avançai dans l'étroit passage entre les deux rangées de dormeurs, retenant mon souffle pour ne pas inhaler les vapeurs intoxicantes de la drogue, et me mis à la recherche du patron. Comme j'allais dépasser l'homme maigre assis près du brasero, je sentis qu'on me tirait par le pan de ma veste et une voix me chuchota : « Continuez d'avancer, et puis retournez-vous vers moi. » Ces paroles que j'avais très distinctement perçues ne pouvaient avoir été prononcées que par le vieil homme assis sur le tabouret, et cependant il avait l'air plus abent que jamais, d'une extrême maigreur, tout ridé, courbé par l'âge, tenant une pipe à opium ballant entre ses jambes, comme à bout de forces. Je fis deux pas de plus, puis regardai derrière moi. Il me fallut toute ma présence d'esprit pour ne pas pousser un cri de stupeur. Lui aussi s'était retourné, de telle sorte que moi seul pouvais le voir. Il s'était brusquement étoffé, ses rides s'étaient effacées, son regard terne avait recouvré de l'éclat : assis près du feu, souriant de ma surprise, ce n'était autre que Sherlock Holmes. Il me fit discrètement signe de le rejoindre, puis se tourna vers la salle, retrouvant aussitôt sa sénilité dodelinante.

— Holmes! murmurai-je. Que diable faites-vous dans ce bouge?

— Parlez aussi bas que possible, car j'ai l'ouïe excellente. Si vous vouliez bien avoir l'extrême obligeance de vous débarrasser de votre abruti d'ami, je serais ravi d'avoir un petit entretien avec vous.

— J'ai un cab dehors.

— Alors, s'il vous plaît, renvoyez-le chez lui. Vous ne courez aucun risque en ce qui le concerne : il est vraiment trop flappi pour se mettre dans d'autres ennuis. Je vous conseille aussi de charger le cocher de porter à votre femme un mot lui disant que vous restez avec moi. Attendez dehors, je vous rejoins dans cinq minutes.

Quand Sherlock Holmes vous demande quelque chose, il est difficile de lui opposer un refus, car il le fait toujours d'un ton décidé et comme s'il parlait en maître. De toute façon, lorsque j'aurais installé Whitney dans le cab, ma mission serait pratiquement terminée, et, dès lors, rien ne pouvait m'être plus agréable que de me trouver associé de nouveau avec mon ami dans une de ces singulières aventures qui constituaient son existence ordinaire. En quelques minutes j'eus écrit le mot pour ma femme, payé la note de Whitney, que j'escortai jusqu'au cab, à bord duquel je le regardai s'éloigner dans l'obscurité. Très peu de temps après, une silhouette décrépite émergea de la fumerie et je m'éloignai en compagnie de Sherlock Holmes. Il chemina, voûté, le pas mal assuré, le long de deux pâtés d'immeubles puis, jetant un rapide regard autour de lui, il se redressa et éclata de rire.

— Vous vous imaginez, je suppose, Watson, me dit-il, que j'ai ajouté les fumées de l'opium aux piqûres de cocaïne et autres petites faiblesses à propos desquelles vous ne m'avez pas celé votre opinion de médecin.

— J'ai certainement été très surpris de vous trouver là.
— Mais pas tant que moi de vous y voir.
— Je suis venu y chercher un ami.
— Et moi, un ennemi.
— Un ennemi?
— Oui, un de mes ennemis naturels ou, plus exactement, une de mes proies naturelles. En deux mots, Watson, je suis au beau milieu d'une très passionnante enquête, et j'espérais, comme cela s'est déjà produit, apprendre quelque chose d'utile en écoutant les propos incohérents de ces imbéciles. Si j'avais été reconnu dans ce bouge, ma vie n'aurait pas valu cher, car j'ai déjà utilisé l'endroit à des fins personnelles et le coquin de lascar (1) qui en est le patron a juré de me faire payer ça. Derrière cette maison, à l'angle du Wharf Paul, il y a une porte dérobée, laquelle pourrait raconter de bien étranges choses qui sont passées par là durant des nuits sans lune.

— Quoi! Vous ne voulez quand même pas parler de... de corps?

— Hé si, Watson, des cadavres. Nous serions riches si nous avions autant de fois mille livres que de pauvres diables ont trouvé la mort dans cette fumerie. C'est l'endroit le plus dangereux de tout ce côté de la Tamise et je crains bien que

---

(1) Nom donné aux matelots indiens provenant de la classe des Parias (N. du T.).

Neville Saint-Clair y soit entré pour n'en jamais plus ressortir. Mais notre attelage ne doit pas être bien loin maintenant...

Plaçant ses deux index entre ses dents, il siffla de façon stridente, signal convenu auquel il fut répondu de même au loin, peu avant que ne se rapprochent rapidement le bruit d'une voiture tirée par un cheval.

– A présent, Watson, dit Holmes tandis qu'une charrette anglaise surgissait de l'obscurité, précédée par le double sillon lumineux de ses deux lanternes, vous venez avec moi, n'est-ce pas?

– Si je puis vous être utile, oui.

– Oh! un ami sûr est toujours utile. Et encore plus s'il se double d'un chroniqueur. La chambre que j'occupe aux Cèdres est à deux lits.

– Aux Cèdres?

– Oui, c'est la propriété de M. St Clair. Je m'y suis installé pour la durée de mon enquête.

– Et où est-ce?

– Près de Lee, dans le Kent, à une douzaine de kilomètres d'ici.

– Mais je nage complètement...

– Oui, bien sûr, mais vous n'allez pas tarder à tout savoir. Montez donc. C'est bon, John, nous n'aurons plus besoin de vous. Voici une demi-couronne. Venez me chercher demain matin vers onze heures. Passez-moi les rênes... Allez, au revoir!

Il effleura le cheval avec son fouet et nous partîmes à fond de train à travers une interminable succession de rues sombres et désertes, qui s'élargirent peu à peu pour nous mener à un large pont, orné d'une balustrade, qui enjambait la Tamise aux eaux sales et paresseuses. Sur l'autre rive, nous abordâmes une vaste étendue de brique et de mortier, dont le silence n'était rompu que par le pas lourd et régulier d'un policeman, ou les chansons et les exclamations d'un groupe de fêtards attardés. Un amoncellement de nuages dérivaient lentement dans le ciel, entre lesquels une étoile ou deux clignotaient de temps à autre. Holmes conduisait sans parler, la tête enfoncée dans les épaules. Il avait l'air d'un homme perdu dans ses pensées, tandis que je brûlais d'apprendre la nature de cette nouvelle enquête qui l'accaparait à un tel point, mais sans oser interrompre le cours de ses réflexions. Ayant parcouru plusieurs kilomètres, nous venions d'atteindre la banlieue et ses villas, lorsqu'il se secoua, eut un haussement d'épaules et alluma sa pipe d'un air content de soi, comme s'il était certain d'agir pour le mieux.

– Vous avez une grande faculté de silence, Watson, dit-il, ce qui fait de vous un inestimable compagnon. C'est vraiment énorme pour moi, je vous assure, que d'avoir quelqu'un à qui parler, car mes pensées ne sont pas toujours bien plaisantes. Je me demandais ce que je vais dire à cette chère petite femme quand elle m'ouvrira la porte.

– Vous oubliez que j'ignore de quoi il retourne.

– J'aurai juste le temps de vous mettre au fait avant que nous soyons à Lee. Ça paraît absurdement simple, et pourtant je ne trouve rien sur quoi m'appuyer. Il y a, sans aucun doute, quantité de fils à suivre, mais je n'arrive pas à en saisir un seul. Je m'en vais vous raconter cette affaire de façon aussi claire que concise, Watson, et peut-être réussirez-vous à projeter une lueur dans ce qui pour moi n'est que ténèbre.

– Alors, allez-y.

– Voici quelques années – en mai 1884, pour être précis – vint s'installer à Lee un monsieur nommé Neville St Clair qui semblait avoir beaucoup d'argent. Il acheta une belle maison, dont il fit arranger très joliment le jardin, et y mena une vie aisée. Peu à peu, il noua des relations dans le voisinage et, en 1887, il épousa la fille d'un brasseur de l'endroit, qui lui a donné deux enfants. Il n'avait pas d'occupation, mais possédait des intérêts dans plusieurs sociétés et, en règle générale, il se rendait à Londres chaque matin pour en revenir par le train qui, le soir, part de Cannon Street à 17 h 14. M. St Clair est maintenant âgé de trente-sept ans; c'est un homme ordinairement sobre, bon mari et père très affectueux, jouissant de la considération de tous ceux qui le connaissent. Je suis en mesure d'ajouter que, pour autant que nous ayons pu l'établir, ses dettes s'élèvent actuellement à 88 £ 10 shillings, alors qu'il a 220 £ au crédit de son compte à la *Capital and Counties Bank*. Il n'y a donc aucune raison de penser qu'il ait été en proie à des soucis d'argent.

» Lundi dernier, M. Neville St Clair est parti pour Londres un peu plus tôt que d'habitude, disant avant de s'en aller qu'il avait deux courses importantes à faire et rapporterait un jeu de construction à son petit garçon. Or le hasard a voulu que ce même lundi très peu de temps après son départ, sa femme reçoive un télégramme l'informant qu'un petit colis de grande valeur, qu'elle attendait était à sa disposition au bureaux de *l'Aberdeen Shipping Company*. Si vous connaissez bien votre Londres, vous n'ignorez certainement pas que les bureaux de cette Compagnie sont situés dans Fresno Street, artère qui débouche dans Upper Swandam Lane, où vous m'avez trouvé ce soir. Mme St Clair partit donc pour Londres après le déjeuner, fit quelques emplettes, puis se rendit au siège de la Compagnie, y prit son paquet et se retrouva ainsi, à 16 h 35 précises, descendant Swandam Lane pour regagner la gare. M'avez-vous bien suivi jusque là?

– Tout est très clair.

– Si vous vous en souvenez, il a fait lundi une chaleur accablante et Mme St Clair marchait lentement, regardant si elle n'apercevait pas un cab, car le quartier ne lui plaisait guère. Comme elle progressait ainsi dans Swandam Lane, elle entendit soudain une exclamation ou un cri, et fut stupéfaite de voir son mari qui la regardait d'une fenêtre du premier étage et, à ce qu'elle a cru, lui faisait signe. La fenêtre était ouverte et elle voyait distinctement son visage, qui lui parut exprimer une vive agitation. Il agita frénétiquement les mains dans sa direction, puis disparut si soudainement de la fenêtre qu'elle eut l'impression qu'il avait été violemment tiré par derrière. Détail singulier n'ayant pas échappé à un œil féminin : bien qu'il eût un veston foncé, comme à son départ de chez lui, il n'avait ni col ni cravate.

» Convaincue que quelque chose n'allait pas, elle dévala les marches – car la maison en question n'était autre que la fumerie d'opium où nous nous sommes rencontrés ce soir – et, franchissant la porte d'entrée, elle voulut prendre l'escalier menant à l'étage. Mais elle se heurta à ce lascar dont je vous ai parlé, qui la repoussa et, avec l'aide d'un Danois qui est son adjoint, la rejeta dans la rue. Affolée, en proie à tous les soupçons, elle se mit à courir dans la rue et eut la chance, dans Fresno Street, de tomber sur une escouade d'agents qui, conduits par un inspecteur, partaient faire leur ronde. Un inspecteur et deux agents la raccompagnèrent aussitôt jusqu'à la fumerie où, en dépit des protestations du patron, ils montèrent dans la pièce à la fenêtre de laquelle Mme St Clair avait aperçu son mari. Là, aucune trace du monsieur. D'ailleurs, à cet étage, ils ne trouvèrent absolument personne, si ce n'est un pauvre hère, du plus hideux aspect, qui apparemment logeait là. Lui et le lascar jurèrent leurs grands dieux que personne ne s'était trouvé dans la pièce de devant pendant la journée. Leurs dénégations étaient si véhémentes que l'inspecteur en fut troublé et presque porté à croire que Mme St Clair avait eu une hallucination lorsque celle-ci, poussant un cri, se précipita vers une petite boite en bois qui se trouvait sur la table et en arracha le couvercle faisant pleuvoir sur la table les éléments d'un jeu de construction. C'était le jouet que son mari avait promis de rapporter ce soir-là.

» Cette découverte et l'évidente confusion manifestée alors par l'infirme convainquirent l'inspecteur que l'affaire était grave. Toutes les pièces furent fouillées minutieusement et tout donnait à penser qu'un crime abominable avait été commis. La pièce de devant était meublée en salon et communiquait avec une petite chambre ayant vue sur l'arrière d'un des wharfs. Entre ce dernier et la fenêtre de la chambre s'étend une étroite bande de terrain, sèche à marée basse mais recouverte par environ un mètre et demi d'eau à marée haute. La fenêtre en question est une grande fenêtre à guillotine dont le panneau inférieur est mobile. Son examen permit de repérer des traces de sang sur le rebord, et il y avait aussi des gouttes éparses sur le plancher de la chambre. Et dans un recoin de la première pièce que dissimulait un rideau, on découvrit tous les vêtements de M. Neville St Clair, à l'exception de son costume. Ses chaussures, ses chaussettes, son chapeau et sa montre, tout était là. Ils n'attestaient aucune violence, et il n'y avait nul autre vestige de M. Neville St Clair. Il avait dû s'enfuir par la fenêtre, mais les sinistres traces de sang sur le rebord ne laissaient guère d'espoir qu'il ait pu se sauver à la nage, car la marée était à son maximum au moment du drame.

» Passons maintenant aux individus qui semblaient directement impliqués dans cette affaire. Le lascar était connu pour avoir de très mauvais antécédents mais comme, selon le récit de Mme St Clair, il se trouvait au pied de l'escalier quelques secondes à peine après qu'elle eut vu son mari à la fenêtre, il ne pouvait être au plus que complice. Il se défendit en prétendant tout ignorer, et affirma ne rien savoir des agissements de Hugh Boone, son locataire, ni pouvoir expliquer comment les vêtements du disparu se trouvaient là.

» Voilà pour le patron de l'endroit. Quant au sinistre infirme qui loge au-dessus de la fumerie, il était certainement le dernier à avoir vu Neville St Clair. Il se nomme Hugh Boone et son visage hideux est familier à ceux qui fréquentent la City. C'est un mendiant professionnel qui, pour être en règle avec la police, prétend vendre des allumettes-bougies. Quand on entre dans Threadneedle Street, vous avez peut-être remarqué, sur la gauche, un petit renfoncement dans le mur. C'est là que cette créature se tient, jour après jour, assis en tailleur, avec son petit éventaire d'allumettes sur les genoux. Et comme c'est un spectacle pitoyable, il pleut des pièces dans la graisseuse casquette de cuir posée par terre devant lui. Je l'ai observé plus d'une fois, avant même d'envisager de faire sa connaissance à titre professionnel, et j'ai été surpris de voir ce qu'il récolte en si peu de temps. Son aspect est tel, vous comprenez, qu'on ne peut passer sans le remarquer. Une tignasse d'un roux orangé, un visage blême, défiguré par une horrible cicatrice dont la contraction des chairs a fini par lui relever la lèvre supérieure en la tordant, un menton de bouledogue, et des yeux sombres, au regard extrêmement pénétrant, qui forment un singulier contraste avec sa chevelure, tout cela le distingue de la foule habituelle des mendiants, et il en va de même pour son esprit, car il sait toujours répliquer à n'importe quelle plaisanterie des passants. Voilà qui est celui dont nous venons d'apprendre qu'il loge à la fumerie d'opium et a été le dernier homme à voir le gentleman que nous recherchons.

— Mais un infirme! me récriai-je. Qu'aurait-il pu faire tout seul face à un homme dans la force de l'âge?

— Il est infirme, en ce sens qu'il marche en boitant; mais, par ailleurs, il donne l'impression d'un homme robuste et bien nourri. Votre expérience médicale, Watson, vous a certainement appris que la faiblesse d'un membre est souvent compensée par plus de force dans les autres.

– Continuez, je vous en prie, continuez...

– A la vue du sang sur le rebord de la fenêtre, Mme St Clair s'était évanouie, et elle fut reconduite chez elle en fiacre par les soins de la police, sa présence ne pouvant être d'aucune aide dans les recherches. L'inspecteur Barton, qu'on a chargé de l'enquête, s'était livré à un examen minutieux des lieux, mais sans y rien découvrir qui pût projeter quelque clarté dans cette affaire. L'erreur a été de ne pas arrêter Boone sur le champ, car cela lui a laissé quelques minutes pour communiquer avec son ami le lascar, mais cette erreur a été vite réparée : on l'a appréhendé et fouillé, sans rien trouver qui fût de nature à l'incriminer. A vrai dire, il y avait bien quelques taches de sang sur la manche droite de sa chemise, mais il a montré son annulaire, entaillé près de l'ongle, et expliqué que le sang provenait de là, ajoutant qu'il avait été à la fenêtre très peu de temps auparavant et que le sang maculant le rebord avait sans doute la même origine. Il a nié énergiquement avoir jamais vu M. Neville St Clair et jure que la présence dans sa chambre des différentes choses appartenant au disparu le déconcerte tout autant que la police. Quant au fait que Mme St Clair affirme avoir vu son mari à la fenêtre, il dit qu'elle doit avoir rêvé ou bien être folle. En dépit de ses protestations, il a été conduit au poste de police, tandis que l'inspecteur demeurait sur place dans l'espoir que, en se retirant, la marée lui livrerait quelque indice.

» Et c'est ce qui se produisit, encore qu'ils n'aient pas découvert sur la vase ce qu'ils redoutaient d'y voir. Ce que l'eau leur a livré en se retirant, c'est non pas Neville St Clair mais sa veste. Et que pensez-vous qu'ils ont trouvé dans les poches ?

– Je n'en ai aucune idée.

– Non, en effet, je ne crois pas que vous le devineriez. Les poches étaient bourrées de pièces d'un et d'un demi-penny : quatre cent vingt et une pennies, et deux cent soixante-dix demi-pennies. Pas étonnant donc que la veste n'ait pas été emportée par la marée. Mais un corps humain, c'est différent. Entre le wharf et la maison, s'établit un violent remous et il semble assez probable que ces tourbillons d'eau aient aspiré le corps vers le fleuve, alors que restait au fond la veste ainsi lestée.

– Mais, si j'ai bien compris, toutes les autres affaires ont été découvertes dans la chambre. Le corps n'aurait-il été vêtu que d'une veste ?

– Non, monsieur, mais les apparences peuvent être trompeuses. A supposer que ce Boone ait jeté Neville St Clair par la fenêtre, cela se sera passé sans témoin. Et qu'aurait-il fait ensuite ? Bien sûr, il se sera immédiatement rendu compte qu'il lui fallait se débarrasser de tout ce qui était de nature à l'incriminer. Il se saisit de la veste, mais, au moment de la jeter par la fenêtre, il comprend qu'elle va flotter et non couler. Il a peu de temps devant lui, car il a entendu l'altercation en bas lorsque la femme a voulu forcer son chemin vers l'étage, et peut-être a-t-il déjà appris par son lascar de complice que la police arrive dans la rue. Pas un instant à perdre. Il se précipite vers la cachette où il doit entasser ce que lui rapporte sa mendicité ; il enfourne dans les poches des poignées de pièces, afin d'être sûr que la veste coulera. Il la jette par la fenêtre et aurait fait de même avec les autres affaires s'il n'avait entendu gravir précipitamment l'escalier. Il a eu juste le temps de fermer la fenêtre avant que ne survienne la police.

– Cela paraît certes plausible...

– Alors, faute de mieux, ça va constituer notre hypothèse de travail. Boone, je vous l'ai dit, a été arrêté et conduit au poste de police, mais on ne lui a trouvé aucun antécédent suspect. Depuis des années, il est fiché comme mendiant professionnel, mais à part cela sa vie semble avoir été innocente et paisible. Voilà où l'on en est pour l'instant. Les questions qui se posent sont : que faisait Neville St Clair dans la fumerie d'opium ? que lui est-il arrivé durant qu'il s'y trouvait ? où est-il à présent, et quel rôle Hugh Boone a-t-il joué dans sa disparition ?... Autant de questions qui sont loin d'être résolues. Je ne me rappelle, je l'avoue, aucune affaire dans toute ma carrière qui, à première vue aussi simple, ait présenté cependant autant de difficultés.

Tandis que Sherlock Holmes me racontait en détail cette singulière suite d'événements, nous avions franchi rapidement la proche banlieue de la capitale ; nous venions d'en laisser derrière nous les dernières maisons et roulions maintenant dans la campagne, entre deux haies. Mais comme il achevait de parler, nous avions traversé deux villages, dont quelques fenêtres étaient encore éclairées.

– Nous approchons de Lee, me dit mon compagnon. Durant cette courte randonnée, nous avons touché trois comtés : partis du Middlesex, nous avons coupé un coin du Surrey et nous voici maintenant dans le Kent. Vous voyez cette lumière parmi les arbres? C'est le domaine des Cèdres, et près de cette lampe est assise une femme dont l'oreille, j'en ai le sentiment, a déjà perçu l'approche de notre cheval.

– Mais pourquoi ne vous occupez-vous pas de cette affaire à Baker Street? questionnai-je.

– Parce que bon nombre des recherches doivent être effectuées ici. Mme St Clair a fort obligeamment mis deux pièces à ma disposition, et soyez assuré qu'elle sera très heureuse d'accueillir mon collègue et ami. J'appréhende de la voir, Watson, alors que je n'ai aucune nouvelle de son mari à lui donner. Nous y voici. Ho, là, ho!

Nous venions de nous arrêter devant une grande villa, construite au milieu d'un jardin. Un valet d'écurie s'était précipité pour tenir la bride du cheval et, sautant à terre, je suivis Homes dans l'allée de gravier qui menait à la maison. Comme nous en approchions, la porte d'entrée s'ouvrit toute grande et, dans son encadrement, apparut une petite femme blonde, vêtue d'une robe en *mousseline de soie* (1) rose, froncée au col et aux poignets. Elle se détachait sur l'intérieur éclairé, une main appuyée au chambranle, l'autre à demi levée en un geste anxieux, le corps légèrement penché en avant, son regard et ses lèvres entrouvertes exprimant une avide interrogation :

– Alors? s'écria-t-elle. Alors?

Puis s'apercevant que nous étions deux, elle poussa un cri d'espoir qui s'acheva en gémissement lorsqu'elle vit mon compagnon secouer la tête en haussant les épaules.

– Pas de nouvelles?
– Aucune.
– Pas de mauvaises non plus?
– Non.

(1) En français dans le texte. (N. du T.)

144

— Dieu soit loué! Mais entrez... Vous devez être fatigué, car vous avez eu une longue journée!

— Voici mon ami le Dr Watson. Il m'a été d'un très grand secours dans plusieurs de mes enquêtes, et la chance a voulu que j'aie la possibilité de l'amener avec moi pour l'associer à mes recherches.

— Je suis ravie de vous connaître, dit-elle en me serrant chaleureusement la main. Vous voudrez bien nous excuser si tout n'est pas parfait dans ce que nous avons préparé pour vous accueillir... Ce coup terrible qui vient de nous frapper...

— Chère madame, dis-je, j'ai fait plusieurs campagnes où j'ai vécu à la dure! Mais même si ça n'était pas le cas, je me rends très bien compte qu'il n'y a rien à excuser. Si je puis être de quelque utilité, à vous ou à mon ami, j'en serai ravi.

Comme elle nous faisait pénétrer dans une salle à manger très éclairée où nous attendait un souper froid, la dame dit :

— Monsieur Sherlock Holmes, j'aimerais beaucoup vous poser une ou deux questions très simples, auxquelles je vous supplie de répondre tout aussi simplement.

— Mais certainement, madame.

— Ne vous inquiétez pas de ce que je peux ressentir. Je ne suis pas une femme hystérique ni qui s'évanouit facilement. Je désire seulement savoir ce que vous pensez vraiment.

— A quel propos?

— Tout au fond de vous-même, croyez-vous que Neville soit vivant?

La question parut embarrasser Sherlock Holmes.

— Dites-le moi franchement! insista-t-elle, tandis que, debout devant lui, qui avait pris place dans un fauteuil en osier, elle plongeait son regard dans le sien.

— Alors, franchement, madame, non.

— Vous pensez qu'il est mort?

— Oui.

— Assassiné?

— Je n'ai pas dit cela, mais c'est possible.

— Et quel jour est-il mort?

— Lundi.

— Alors, monsieur Holmes, peut-être serez-vous assez bon

pour m'expliquer comment il se fait que j'aie reçu aujourd'hui une lettre de lui?

Sherlock Holmes se leva d'un bond, comme galvanisé, en s'exclamant :

— Quoi!

— Oui, aujourd'hui.

Souriante, elle lui tendait une petite feuille de papier.

— Puis-je lire?

— Bien sûr!

Lui arrachant presque la feuille des mains tant il était impatient d'en prendre connaissance, il la posa sur la table en la défripant et, rapprochant la lampe, il l'examina avec une extrême attention. J'avait moi aussi quitté mon siège et regardais par-dessus son épaule. L'enveloppe était des plus ordinaires et portait le tampon de Gravesend avec la date du jour même, ou, plus exactement de la veille, puisque nous avions maintenant largement passé minuit.

— Ecriture bien vulgaire, murmura Holmes. Ça n'est sûrement pas celle de votre mari, madame.

— Non, mais celle de la lettre, oui.

— Je remarque également que la personne qui a rédigé l'enveloppe a dû aller s'enquérir de l'adresse.

— Qu'est-ce qui vous le fait dire?

— Le nom, comme vous le pouvez voir, est d'une encre bien noire, qui a séché toute seule. Le reste est d'une couleur grisâtre, attestant qu'on s'est servi d'un buvard. Si l'adresse avait été écrite d'un seul trait, puis qu'on ait ensuite passé le buvard, rien ne serait aussi noir. On a écrit le nom, puis il y a eu une pause avant que soit écrite l'adresse, ce qui signifie qu'elle n'était pas familière au scripteur. Ce n'est bien sûr qu'un infime détail, mais les détails infimes revêtent souvent une grande importance. Voyons un peu la lettre... Ah! quelque chose y était joint!

— Oui, une bague. Sa chevalière.

— Et vous êtes sûre que cette lettre est de l'écriture de votre mari?

— D'une de ses écritures.

— Une?

— Son écriture quand il était pressé. Elle diffère nettement de son écriture normale, mais je la connais néanmoins très bien.

— « *Ma chérie, ne soyez pas inquiète. Tout va s'arranger. Il s'agit d'une énorme erreur, qu'il faudra quelque temps pour réparer. Attendez patiemment. Neville.* » Ecrite au crayon sur la page de garde d'un livre, format octavo, sans filigrane. Postée aujourd'hui à Gravesend par un homme au pouce sale. Ah! si je ne m'abuse, l'enveloppe a été collée par quelqu'un qui chiquait du tabac. Et il ne fait aucun doute pour vous, madame, que c'est l'écriture de votre mari?

— Absolument aucun. C'est Neville qui a écrit cette lettre.

— Et elle a été postée aujourd'hui à Gravesend. Eh bien, madame St Clair, le ciel s'éclaircit, même si je ne me risquerai pas jusqu'à dire que le danger est passé.

— Mais il doit être vivant, monsieur Holmes!

— A moins que ceci ne soit un faux habile, destiné à nous égarer. La chevalière, après tout, ne prouve rien. On a pu la lui prendre.

— Non, non! C'est bien son écriture, j'en suis sûre, sûre!

— Très bien. Toutefois, cette lettre a pu être écrite lundi et mise à la poste seulement aujourd'hui.

— C'est possible.

— Auquel cas, bien des choses ont eu le temps de se produire dans l'intervalle.

— Oh! ne me découragez pas, monsieur Holmes! Je sens qu'il est sain et sauf. Il existe de tels liens entre nous que, s'il lui était arrivé du mal, je le saurais. Le jour même où je l'ai vu pour la dernière fois, il s'est coupé dans la chambre à coucher, et moi, qui me trouvais dans la salle à manger, je suis montée en courant, avec la quasi-certitude que quelque chose lui était arrivé. Pensez-vous que je réagirais pareillement pour un si petit incident, et ne ressentirais rien s'il était mort?

— J'ai vu trop de choses pour ne pas savoir que l'intuition féminine peut avoir plus de prix que les conclusions·d'un logicien. Et cette lettre constitue certainement une forte preuve à l'appui de votre sentiment. Mais si votre mari est vivant et en mesure d'écrire des lettres, pourquoi reste-t-il loin de vous?

— Je n'arrive pas à l'imaginer. C'est impensable!

— Lundi, avant de vous quitter, il n'a rien dit de particulier?

– Non.
– Et vous avez été surprise de le voir dans Swandam Lane?
– Stupéfaite!
– La fenêtre était ouverte?
– Oui.
– Alors il aurait pu vous appeler?
– Oui.
– Et, à ce que j'ai compris, il n'a émis qu'un cri inarticulé?
– Oui.
– Un appel au secours, selon vous?
– Oui. Il agitait les mains.
– Et si ç'avait été un cri de surprise? La stupéfaction de vous voir de façon aussi inattendue était de nature à lui faire lever les mains?
– C'est possible.
– Et vous pensez qu'on l'a tiré en arrière?
– Il a disparu si brusquement...
– Il a pu reculer d'un bond. Vous n'avez vu personne d'autre dans la pièce?
– Non, mais cet horrible homme a reconnu avoir été là, et le lascar se tenait au pied de l'escalier.
– En effet, oui. Pour autant que vous vous en soyez rendu compte, votre mari était vêtu comme d'ordinaire?
– Oui, mais sans col ni cravate. J'ai vu distinctement son cou nu.
– Lui était-il arrivé de vous parler de Swandam Lane?
– Jamais.
– N'aviez-vous pas eu l'impression qu'il fumait l'opium?
– Jamais!
– Merci, madame. Ce sont là les principaux points que je voulais tirer au clair. Nous allons maintenant faire honneur à ce petit souper, puis nous retirer, car la journée de demain sera probablement très chargée pour nous.

Une vaste et confortable chambre à deux lits avait été mise à notre disposition, et je me coulai vite entre les draps, car j'étais épuisé par cette soirée mouvementée. Mais Sherlock Holmes était un homme qui, lorsqu'un problème l'obsédait, pouvait passer des jours, voire une semaine, sans prendre de repos, tournant et retournant les faits dans sa tête, étudiant la chose sous tous les angles imaginables, jusqu'à ce qu'il ait sondé le mystère ou bien soit arrivé à se persuader qu'il n'avait pas suffisamment d'éléments d'appréciation. Je fus vite convaincu qu'il s'apprêtait à veiller. Ayant retiré sa veste et son gilet, il enfila une ample robe de chambre bleue, puis allant et venant dans la pièce, il entassa les oreillers de son lit, les coussins du canapé et des fauteuils, pour édifier une sorte de divan oriental sur lequel il s'assit en tailleur, avec devant lui un paquet de fort tabac, coupé fin et une boîte d'allumettes. A la faible clarté de la lampe, je le voyais assis là, une vieille pipe de bruyère entre les dents, son regard fixé d'un air absent sur un coin du plafond tandis que des volutes de fumée bleue montaient devant son visage, et il demeurait immobile, silencieux, la lumière soulignant le caractère fortement aquilin de ses traits. Il était ainsi quand je sombrai dans le sommeil et il n'avait pas bougé quand une soudaine exclamation m'éveilla, me faisant découvrir le soleil d'été emplissant la pièce. Holmes avait toujours la pipe à la bouche, dont la fumée continuait de monter vers le plafond; la chambre était envahie par une brume sentant fortement le tabac, car il ne subsistait plus rien du paquet que j'avais vu avant de succomber au sommeil.

— Réveillé, Watson? demanda-t-il.
— Oui.
— Disposé à faire une promenade matinale en voiture?
— Certainement.
— Alors, habillez-vous. Personne n'est encore debout, mais je sais où couche le valet d'écurie, et il ne lui faudra pas longtemps pour nous sortir la voiture.

Il émit un gloussement, ses yeux brillèrent, et il me parut un autre homme que le sombre penseur de la veille.

Tout en m'habillant, je regardai ma montre. Rien d'étonnant à ce que personne ne fût encore debout : il était quatre heures vingt-cinq. Je finissais à peine de me vêtir quand Holmes revint m'annoncer que le valet attelait le cheval.

— Je désire vérifier une de mes petites hypothèses, dit-il en chaussant ses bottines. Je crois, Watson, que vous vous trouvez actuellement en présence d'un des plus grands imbéciles qui soient en Europe. Je mériterais qu'on me fasse aller d'ici à Charing Cross à grands coups de pied dans le derrière. Mais je crois avoir maintenant la clef du mystère.

— Et où est-elle? demandai-je en souriant.

— Dans la salle de bains, me répondit-il. Oh! non, je ne plaisante pas, poursuivit-il en voyant mon regard incrédule. Je viens d'y aller, je l'ai trouvée et mise dans cette sacoche. Venez, mon garçon, nous allons voir maintenant si elle entre dans la serrure.

Nous descendîmes au rez-de-chaussée en nous efforçant de faire le moins possible de bruit, et sortîmes dans la clarté du soleil levant. Sur la route nous attendait la charrette anglaise attelée, avec le valet d'écurie à demi vêtu, tenant le cheval par la bride. Nous prîmes rapidement la route de Londres, où il y avait déjà quelques voitures de maraîchers à destination de la capitale, mais les maisons devant lesquelles nous passions étaient aussi dénuées de vie que si elles avaient appartenu à un rêve.

— A certains égards, ça a été une affaire singulière, dit Holmes en mettant le cheval au galop. Je reconnais m'être montré aussi aveugle qu'une taupe, mais mieux vaut y voir tard que jamais.

En ville, les lève-tôt commençaient seulement à mettre le nez à la fenêtre. Nous franchîmes le Tamise par le pont de Waterloo et enfilâmes Wellington Street où, tournant brusquement sur la droite, nous débouchâmes dans Bow Street. Au commissariat de cette rue, Sherlock Holmes était bien connu et les deux plantons de faction à la porte le saluèrent. L'un d'eux vint tenir la bride du cheval tandis que l'autre nous faisait entrer.

— Qui est de permanence? s'enquit Holmes.

— L'inspecteur Bradstreet, monsieur.

— Ah! Bradstreet, comment allez-vous? J'aimerais vous dire deux mots.

En veste à brandebourgs et képi, un robuste inspecteur venait d'apparaître dans le couloir dallé.

— Mais certainement, monsieur Holmes. Venez dans mon bureau.

C'était un tout petit bureau, avec un énorme registre posé sur la table et un téléphone mural. L'inspecteur s'assit et demanda :

— Que puis-je pour vous, monsieur Holmes?
— Je viens au sujet de ce mendiant, Boone... impliqué dans la disparition de M. St Clair, de Lee.
— Oui. Il a été amené ici en détention préventive.
— C'est ce qu'on m'a dit, en effet. Il est donc là?
— En cellule, oui.
— Est-il calme?
— Oh! il ne nous cause aucun souci. Mais il est vraiment dégoûtant.
— Dégoûtant?
— Oui, c'est tout juste si nous avons obtenu qu'il se lave les mains, et il a le visage aussi noir que celui d'un charbonnier. Quand sa situation aura été régularisée, nous lui ferons prendre le bain réglementaire. Et si vous le voyiez, vous estimeriez comme moi que ça ne sera pas du luxe!
— J'aimerais précisément le voir.
— Vraiment? C'est facile. Venez par ici. Vous pouvez laisser là votre sacoche.
— Non, je préfère l'emporter.
— Comme vous voudrez. Par ici, je vous prie.

Il nous fit prendre un couloir, où il ouvrit une porte verrouillée, avant de descendre un escalier en colimaçon aboutissant à un couloir blanchi à la chaux avec une rangée de portes de chaque côté.

— Il est dans la troisième cellule à droite, dit l'inspecteur. Le voici...

Ayant relevé un panneau de bois dans la partie supérieure de la porte, il jeta un coup d'oeil par le judas.

— Il dort, mais on le voit très bien.

Nous regardâmes tous deux à travers la grille. Plongé dans un profond sommeil, la respiration lente et oppressée, le prisonnier avait le visage tourné vers nous. C'était un homme de taille moyenne, grossièrement vêtu ainsi qu'il convenait à sa mendicité, une déchirure de son veston dépenaillé laissait voir une chemise de couleur. Comme l'avait dit l'inspecteur, il était extrêmement sale, mais la crasse couvrant son visage ne réussissait pas à cacher sa repoussante laideur. La large zébrure d'une vieille cicatrice allait d'un œil à son menton et, la contraction des chairs, lui tordait la lèvre supérieure, laissant voir trois dents, en une sorte de hargne perpétuelle. Une masse de cheveux d'un rouge éclatant lui tombaient sur le front et les yeux.

— Mignon, n'est-ce pas? lança l'inspecteur.

— Il a certainement besoin d'être lavé, opina Holmes. Je m'en doutais un peu, et c'est pourquoi j'ai pris la liberté d'apporter le nécessaire avec moi.

Tout en parlant, il avait ouvert la sacoche et, à ma surprise, en sortait une très grosse éponge.

— Ha! ha! Vous êtes un rigolo! s'esclaffa l'inspecteur.

— A présent, si vous voulez bien avoir la bonté d'ouvrir sans bruit cette porte, nous lui aurons vite redonné plus respectable apparence.

— Ma foi, pourquoi pas? dit le policier. Il ne fait pas une bonne réclame aux cellules de Bow Street, hein?

Il glissa la clef dans la serrure et nous entrâmes très doucement dans la cellule. Le dormeur se tourna à demi, mais sombra aussitôt dans un sommeil encore plus profond. Prenant la cruche d'eau, Holmes imbiba l'éponge puis, à deux reprises, en frotta vigoureusement le visage du détenu.

— Permettez-moi de vous présenter, s'écria-t-il, M. Neville St Clair, de Lee dans le comté de Kent.

De ma vie, je n'avais vu pareille chose. Sous l'action de l'éponge, le visage de l'homme pelait comme l'écorce d'un arbre. Disparue la crasse! Disparue aussi l'horrible cicatrice qui lui couturait le visage, et la lèvre tordue qui le faisait hideusement ricaner! D'un coup sec, la tignasse rousse fut arrachée et nous eûmes, assis sur le lit un homme brun, dont le visage triste et pâle avait un air distingué, qui se frottait les yeux en regardant autour de lui avec une stupeur ensommeillée. Puis, comprenant soudain qu'il était découvert, il poussa un cri et cacha son visage au creux de l'oreiller.

— Dieu du ciel! s'exclama l'inspecteur. C'est le disparu! Je le reconnais d'après la photographie!

Le prisonnier se retourna avec l'air désabusé d'un homme qui s'abandonne au sort.

— Et si c'est le cas, voulez-vous me dire, je vous prie, de quoi l'on m'accuse?

— D'avoir fait disparaître M. Neville St... Oh! non, on ne peut pas vous inculper de cela... à moins qu'ils n'en fassent une tentative de suicide (1), dit l'inspecteur en riant. Ça fait vingt-sept ans que je suis dans la police, mais ça, c'est vraiment le bouquet!

— Si je suis M. Neville St Clair, alors il est évident qu'aucun crime n'a été commis et ma détention est donc illégale.

— Aucun crime, non, mais une très grande erreur, dit Holmes. Vous auriez mieux fait de vous confier à votre femme.

— Ce n'était pas tant pour ma femme que pour mes enfants, grommela le prisonnier. Dieu m'est témoin, je ne voulais pas qu'ils aient honte de leur père. Seigneur! Quel scandale! Que puis-je faire?

S'asseyant près de lui au bord du lit, Sherlock Holmes le gratifia d'une tape amicale sur l'épaule.

— Si vous laissez à un tribunal le soin d'éclaircir l'affaire, ne comptez guère éviter la publicité, dit-il. En revanche, si vous réussissez à convaincre la police qu'aucune charge ne peut être retenue contre vous, je ne vois pas pour quelle raison on irait parler de ça dans les journaux. Je suis sûr que l'inspecteur Bradstreet voudra bien prendre en note tout ce que vous avez à nous apprendre, pour le soumettre ensuite aux autorités compétentes. Il n'y aurait alors aucune raison que l'affaire aille devant un tribunal.

— Que Dieu vous bénisse! s'écria le détenu avec passion. J'aurais préféré la prison ou même, oui, qu'on m'exécute, plutôt que de voir mon triste secret marquer à jamais mes enfants.

» Vous serez les premiers à connaître mon histoire. Mon père était instituteur à Chesterfield, où j'ai reçu une excellente éducation. Durant ma jeunesse, j'ai voyagé, tâté du théâtre, avant de devenir reporter pour un journal londonien du soir. Un jour, mon rédacteur en chef exprima le désir d'avoir une série d'articles sur la mendicité dans la capitale, et je me portai volontaire. De là ont découlé toutes mes aventures. Je ne pouvais recueillir la matière de mes articles qu'en m'essayant moi-même à mendier. Ayant été acteur, je

---

(1) Considérée en Angleterre comme un crime jusqu'à la loi dite « Suicide Act » de 1961; la tentative de suicide n'a plus aujourd'hui de conséquences judiciaires. (N. du T.)

153

connaissais, bien sûr, tous les secrets du maquillage et, dans la profession, je m'étais même acquis une certaine réputation à cet égard. Cela me servit pour ce que je voulais faire. Je me maquillai le visage puis, pour me rendre aussi pitoyable que possible, je me fis une grande cicatrice et me retroussai la lèvre supérieure en utilisant un petit emplâtre de couleur chair. Après quoi, avec une perruque rousse et des vêtements appropriés, je me postai dans une des rues les plus passantes de la City, où je mendiai en affectant de vendre des allumettes. Sept heures durant je me livrai à cette activité et, quand je retournai chez moi ce soir-là, je constatai avec surprise que ça m'avait rapporté pas moins de vingt-six shillings et quatre pence.

» Je rédigeai mes articles et ne repensai plus guère à la chose; mais quelque temps plus tard, m'étant porté garant pour un ami, je fus sommé de payer vingt-cinq livres. Je ne savais comment me procurer cet argent quand, soudain, il me vint une idée. Je suppliai le créancier de m'accorder quinze jours de délai, puis demandai à mon journal un congé que j'employai à mendier dans la City sous mon déguisement. En dix jours, j'eus réuni l'argent nécessaire et je remboursai la dette.

» Vous imaginez comme il fut pénible de reprendre un travail ardu pour deux livres par semaine, quand je savais pouvoir gagner autant en une journée si je me maquillais le visage et restais assis par terre, après avoir posé ma casquette devant moi. Ce fut une lutte entre ma fierté et l'appât du gain, mais l'argent l'emporta et j'abandonnai le reportage pour m'asseoir, jour après jour, à l'endroit que j'avais choisi, inspirant par mon horrible visage une pitié qui m'emplissait les poches. Un seul homme connaissait mon secret. C'était le tenancier d'un bouge de Swandam Lane, chez qui j'avais loué un logement d'où je pouvais émerger chaque matin en sordide miséreux et revenir le soir pour me transformer en élégant gentleman. Ce type, un lascar, était grassement payé pour le service qu'il me rendait, et j'étais donc sûr qu'il ne trahirait pas mon secret.

» Très vite, je m'aperçus que j'amassais des sommes considérables. Je ne veux pas dire que n'importe quel mendiant se fasse dans les sept cents livres par an – ce qui est moins que la moyenne de mes gains – mais j'avais l'avantage exceptionnel de savoir me maquiller, et puis aussi un don de la repartie qui accroissait mon audience et avait fait de moi une sorte de « personnalité » dans la City. Toute la journée les pennies, assortis de quelques pièces d'argent, pleuvaient dans ma casquette et il fallait vraiment que ce fût un très mauvais jour pour que je ne fasse pas mes deux livres.

» A mesure que je m'enrichissais, je devins plus ambitieux. J'achetai une maison à la campagne et je finis même par me marier, sans que jamais personne se soit douté de ma véritable occupation. Ma chère femme savait que je faisais des affaires dans la City, mais ignorait lesquelles.

» Lundi dernier, j'avais terminé ma journée et je m'habillais dans ma chambre au-dessus de la fumerie d'opium lorsque je regardai machinalement par la fenêtre. Quelle ne fut pas ma stupeur horrifiée de voir ma femme arrêtée dans la rue, les yeux levés vers moi. Je poussai un cri de surprise en cherchant à me cacher le visage derrière les bras et courus demander à mon confident, le lascar, d'empêcher quiconque de monter chez moi. J'entendis la voix de ma femme en bas, mais je savais qu'elle ne pourrait pas monter. Retirant vivement mes vêtements, j'enfilai mes hardes de mendiant, coiffai la perruque et me maquillai en hâte. Même ma femme n'aurait pu percer ce déguisement. Mais je m'avisai qu'on fouillerait peut-être la chambre, auquel cas mes vêtements me trahiraient. J'ouvris la fenêtre si brusquement qu'une petite coupure que je m'étais faite le matin se remit à saigner. Saisissant alors ma veste dont les poches étaient pleines des pièces que je venais d'y transférer pour vider le sac de cuir me servant à transporter mes gains, je la jetai par la fenêtre et elle disparut dans la Tamise. Mes autres affaires auraient pris le même chemin si, à cet instant, des agents de police ne s'étaient rués dans l'escalier. Quelques minutes après – et plutôt à mon soulagement, je l'avoue – au lieu de me voir identifier comme étant Neville St Clair, je fus accusé de l'avoir assassiné.

» Je ne crois pas avoir rien d'autre à vous expliquer. J'étais résolu à préserver mon déguisement aussi longtemps que possible, et c'est pourquoi je ne voulais pas me laver la figure. Sachant que ma femme serait folle d'inquiétude, je profitai d'un moment où aucun policier ne me regardait, pour faire passer ma chevalière au lascar, avec quelques

155

mots griffonnés en hâte disant à ma femme qu'elle n'avait pas lieu de s'inquiéter.

— Ce billet lui est parvenu seulement aujourd'hui, l'informa Holmes.

— Mon Dieu! Quelle semaine elle a dû passer!

— La police surveillait le lascar, dit l'inspecteur Bradstreet, et je comprends très bien que, dans ces conditions, il ait eu du mal à poster une lettre sans risquer qu'on s'en aperçoive. Il a probablement dû la confier à quelque marin de sa clientèle, lequel l'aura oubliée dans sa poche pendant plusieurs jours.

— Oui, c'est très probablement ça, opina Holmes. Mais n'avez-vous jamais fait l'objet de poursuites pour mendicité?

— Si, souvent. Que m'importait d'avoir à payer une amende?

— Mais désormais, c'est fini, intervint Bradstreet. Si la police étouffe cette affaire, Hugh Boone doit disparaître à jamais.

— Je vous le jure sur ce que j'ai de plus cher.

— Dans ce cas, je pense que l'affaire en restera probablement là. Mais si l'on vous y repince, tout se saura, je vous le garantis! Nous vous sommes vraiment très reconnaissants, monsieur Holmes, d'avoir élucidé cette affaire. Je voudrais bien savoir comment vous arrivez à de tels résultats!

— A celui-ci, dit mon ami, je suis arrivé en m'asseyant sur cinq coussins et fumant tout un paquet de tabac noir. Je crois, Watson, que si nous regagnons Baker Street avec la voiture, nous y serons juste à point pour le petit déjeuner.

7

L'ESCARBOUCLE BLEUE

Le surlendemain de Noël, j'étais allé voir mon ami Sherlock Holmes dans la matinée, avec l'intention de lui présenter mes vœux. Je le trouvai étendu sur le canapé en robe de chambre violine, ayant à portée de sa main droite un râtelier de pipes, et près de lui une pile de journaux du matin froissés que, de toute évidence, il venait de dépouiller. A côté du canapé était une chaise de bois, dont, à l'un de ses angles, le dossier servait de patère à un vieux chapeau melon, absolument importable et cabossé en plusieurs endroits. Une loupe et une pince posées sur le siège de la chaise me donnèrent à penser que le chapeau avait été accroché là aux fins d'examen.

— Vous travaillez, dis-je. Peut-être que je vous dérange...

— Pas du tout. Je suis ravi, au contraire, d'avoir un ami avec qui discuter de mes conclusions. L'objet est en soi parfaitement trivial, dit-il avec un mouvement du pouce en direction du chapeau, mais il se rattache à certains faits qui ne sont pas entièrement dénués d'intérêt, et me paraissent même instructifs.

Je m'assis dans le fauteuil qu'il occupait habituellement et présentait mes mains au feu pétillant dans l'âtre, car il faisait ce jour-là un froid vif et les vitres de la fenêtre étaient couvertes de givre.

— Je suppose, attaquai-je, qu'en dépit de sa piètre apparence, ce chapeau est mêlé à quelque drame, qu'il constitue un indice appelé à vous guider vers la solution d'un mystère et le châtiment d'un crime.

— Non, non, pas d'un crime! dit Sherlock Holmes en riant.

Juste un de ces petits incidents bizarres comme il ne manque pas de s'en produire lorsque quatre millions d'êtres humains se coudoient dans un espace de quelques kilomètres carrés. Des actions et réactions engendrées par un tel essaim d'humanité, peuvent résulter toutes les combinaisons imaginables d'événements, aboutissant à maints petits problèmes qui se révèleront étranges et frappants sans être criminels. Nous avons déjà eu des expériences de ce genre.

— A un tel point que, soulignai-je, des six dernières affaires ajoutées à mes archives, il y en avait trois absolument exemptes de crime.

— C'est exact. Vous faites allusion à ma tentative pour récupérer les papiers d'Irene Adler, à la singulière affaire de Miss Mary Sutherland et à l'aventure de l'homme à la lèvre tordue. Eh bien, je suis convaincu que cette petite chose entrera dans la même innocente catégorie. Vous connaissez Peterson, le commissionnaire?

— Oui.

— C'est à lui qu'appartient ce trophée.

— C'est son chapeau?

— Non, non, il l'a trouvé. Propriétaire inconnu. Je vous prie de bien vouloir considérer ce chapeau, non pas en tant que melon cabossé, mais comme un problème intellectuel. Que je vous dise d'abord comment il est ici. Il y est arrivé le matin de Noël, en compagnie d'une bonne oie bien grasse dont je ne doute pas qu'elle rôtisse actuellement devant le feu de Peterson. Voici les faits. Vers quatre heures du matin, le jour de Noël, Peterson — qui, vous le savez, est un très honnête garçon — s'en revenait d'un joyeux réveillon et regagnait son domicile en passant par Tottenham Court Road. A la clarté des réverbères, il voyait, progressant devant lui, un homme de haute taille, à la démarche légèrement titubante, qui transportait une oie jetée sur son épaule. Comme il atteignait le coin de Goodge Street, cet homme eut une altercation avec une bande de voyous. L'un de ceux-ci lui ayant fait tomber son chapeau, l'homme brandit sa canne pour se défendre et, en esquissant un moulinet au-dessus de sa tête, il brise la vitrine d'un magasin derrière lui. Peterson se précipite pour l'aider à se défendre contre ses agresseurs mais l'inconnu, tout secoué d'avoir brisé la vitrine et voyant un homme en uniforme se ruer vers lui, lâche l'oie, prend les jambes à son cou et disparaît dans le labyrinthe de petites rues qui avoisinent Tottenham Court Road. Les voyous s'étaient enfuis aussi à l'approche de Peterson, si bien que celui-ci se retrouva maître du champ de bataille avec pour trophées ce chapeau cabossé et une très belle oie de Noël.

— Qu'il a sûrement voulu restituer à leur propriétaire?

— C'est là, mon cher ami, que gît le problème. Certes, à la patte gauche du volatile était attachée une petite carte avec cette indication « Pour Mme Henry Baker » et les initiales « H.B. » sont marquées sur le cuir de ce chapeau, mais comme il y a quelques milliers de Baker et plusieurs centaines de Henry Baker dans notre capitale, il n'était pas facile de savoir lequel est le propriétaire en question.

— Alors, qu'a fait Peterson?

— Il m'a apporté l'oie et le chapeau le matin de Noël, sachant que je m'intéresse même aux plus petits problèmes. L'oie, nous l'avons conservée jusqu'à ce matin mais, en dépit du froid, certains signes indiquaient qu'il convenait de la manger sans plus attendre. Peterson l'a donc emportée vers son ultime destin d'oie, tandis que je continue de garder le chapeau du gentleman inconnu qui a ainsi perdu son déjeuner de Noël.

— Il n'a pas fait passer d'annonce dans les journaux?

— Non.

— Alors quel indice avez-vous donc touchant son identité?

— Uniquement ceux que nous livrent nos déductions.

— A propos du chapeau?

— Exactement, oui.

— Mais vous vous moquez! Que pouvez-vous déduire de ce vieux chapeau cabossé?

— Voici ma loupe. Vous connaissez mes méthodes. Qu'êtes-vous en mesure d'apprendre vous-même touchant la personnalité de l'homme qui a porté ce chapeau?

Je pris le couvre-chef et le tournai entre mes mains, d'un air plutôt morose. C'était un melon très ordinaire, en feutre noir et dur, qui devait être désagréable à porter. La coiffe de soie rouge était en grande partie décolorée, et ne présentait aucune indication de chapelier; mais comme Holmes me l'avait dit, les initiales « H.B. » étaient marquées sur le cuir. Le bord comportait deux perforations correspondant à l'élastique qui permettait de l'assujettir en cas de vent, mais l'élastique manquait. Pour le reste, il était cabossé, très poussiéreux et à plusieurs endroits, il semblait qu'on eût cherché à masquer des taches en les recouvrant d'encre noire.

– Je n'y vois vraiment rien, dis-je en le rendant à mon ami.

– Au contraire, Watson, vous y voyez tout ce qu'il y a d'intéressant, mais vous ne savez pas raisonner à partir de ce que vous voyez. Vous êtes trop timide pour tirer des déductions.

– Alors, je vous prie, dites-moi quelles déductions vous tirez, vous, de ce chapeau?

Holmes le considéra avec cette attention soutenue qui le caractérisait.

– Il est peut-être moins évocateur qu'il aurait pu l'être, déclara-t-il, mais il permet néanmoins d'inférer certaines choses de façon très nette, et quelques autres avec seulement un fort pourcentage de probabilité. Que son propriétaire soit quelqu'un d'extrêmement cérébral, cela saute aux yeux, et aussi qu'il a connu une assez belle aisance au cours de ces trois dernières années, bien qu'il subisse maintenant des revers. C'est un homme prévoyant, mais moins à présent que naguère, à cause d'une certaine régression morale qui, s'ajoutant à ses revers de fortune, semble indiquer qu'il est en proie à une mauvaise influence, probablement celle de la boisson. Cela expliquerait aussi le fait non moins évident que sa femme a cessé de l'aimer.

– Mon cher Holmes!

– Il a toutefois conservé un certain amour-propre, continua-t-il sans tenir compte de mon interruption. C'est un homme qui mène une vie sédentaire, sort peu, et n'est plus du tout en forme. D'âge moyen, il est grisonnant, s'est fait couper les cheveux ces jours-ci, et utilise un cosmétique au citron. Voilà ce que l'on peut déduire de plus évident en examinant son chapeau. Et aussi qu'il n'a probablement pas le gaz chez lui.

– Là, vous plaisantez sûrement, Holmes!

– Pas le moins du monde. Est-il possible que maintenant

encore, alors que je vous donne ces conclusions, vous soyez incapable de voir comment j'y suis parvenu?

— Je suis certainement très stupide, mais j'avoue ne pas arriver à vous suivre. Par exemple, qu'est-ce qui vous permet de dire que cet homme est extrêmement cérébral?

En guise de réponse, Holmes se coiffa du chapeau qui lui descendit sur le front jusqu'à l'arête du nez.

— C'est une question de volume, dit-il. Un homme doté d'une si grosse tête doit avoir quelque chose dedans.

— Et ses revers de fortune?

— Ce chapeau date de trois ans, époque où c'était la mode de ces bords plats légèrement relevés. Chapeau de très belle qualité : regardez ce ruban de soie côtelée, et cette coiffe! Si cet homme était en mesure de s'offrir voici trois ans un chapeau aussi coûteux et n'en a plus acheté depuis lors, c'est certainement qu'il a subi de graves revers de fortune.

— Tout cela me paraît maintenant assez clair, j'en conviens. Mais la prévoyance? Et la régression morale?

Sherlock Holmes rit :

— Voici pour la prévoyance, dit-il en posant le doigt sur les perforations du bord. Un chapeau n'est jamais vendu avec un élastique. Si cet homme a demandé qu'on lui en pose un, cela témoigne d'une certaine prévoyance, puisqu'il a pensé à prendre cette précaution pour les jours de vent. Mais nous constatons que l'élastique s'est rompu et qu'il ne s'est pas donné la peine de le faire remplacer; cela montre qu'il est moins prévoyant que naguère et témoigne d'un certain affaiblissement de son caractère. En revanche, le fait qu'il se soit efforcé de masquer ces taches en les tamponnant avec de l'encre est signe qu'il n'a pas abdiqué tout amour-propre.

— Votre raisonnement paraît certainement plausible.

— Quant au fait qu'il soit d'âge moyen, grisonnant et qu'il se soit fait récemment couper les cheveux qu'il enduit d'un cosmétique au citron, tout cela se déduit du cuir intérieur. A la loupe, on y décèle nombre de bouts de cheveux, coupés par les ciseaux du coiffeur. Ils y sont comme collés et sentent le citron. Quant à cette poussière, remarquez-le, ça n'est pas la poussière grise et granuleuse des rues, mais la poussière brunâtre et floconneuse de l'intérieur des maisons. Cela prouve qu'il restait la plupart du temps suspendu à quelque patère. Ces traces d'humidité attestent que l'homme portant ce chapeau transpire abondamment et donc qu'il n'est pas en très bonne forme physique.

– Mais sa femme... Vous dites qu'elle a cessé de l'aimer?

– Ce chapeau n'a pas été brossé depuis plusieurs semaines. Quand je vous verrai, mon cher Watson, porter un chapeau sur lequel se sera accumulée la poussière d'une semaine et constaterai que votre femme vous a laissé sortir ainsi, je craindrai que vous ayez aussi eu le malheur de perdre l'affection de votre femme.

– Il est peut-être célibataire.

– Non, car il rapportait chez lui une oie pour se réconcilier avec sa femme. Rappelez-vous la carte attachée à l'une des pattes.

– Vous avez réponse à tout. Mais d'où diable avez-vous déduit qu'il habitait une maison où il n'y a pas le gaz?

– Une tache de bougie ou même deux, ça peut arriver à n'importe qui. Mais quand je n'en compte pas moins de cinq, je me dis que ce quidam doit utiliser fréquemment une bougie allumée... probablement pour monter l'escalier le soir, quand il tient son chapeau d'une main et la chandelle de l'autre. S'il s'éclairait au gaz, ça ne lui serait pas arrivé. Etes-vous satisfait?

– Ma foi, tout cela est très ingénieux, dis-je en riant, mais comme vous m'avez déclaré qu'il ne s'agissait pas d'un crime et qu'il y avait pour tout dommage la perte d'une oie, cela me semble être une dépense d'énergie bien inutile.

Sherlock Holmes s'apprêtait à répliquer, lorsque la porte s'ouvrit brusquement et Peterson, le commissionnaire, fit irruption dans la pièce, avec les joues en feu et le visage d'un homme au comble de la stupeur.

– L'oie, monsieur Holmes! Oh! l'oie, monsieur! haleta-t-il.

– Eh bien quoi, l'oie? Aurait-elle repris vie pour s'envoler par la fenêtre de la cuisine?

Holmes s'était tourné sur le canapé afin de mieux voir l'arrivant.

– Regardez, monsieur! Regardez ce que ma femme a trouvé dans le jabot de l'oie!

Il tendit sa main sur la paume de laquelle scintillait brillamment une pierre bleue, un peu plus petite qu'un haricot, mais d'une telle pureté et d'un tel éclat qu'on eût dit une minuscule ampoule électrique allumée au creux de la main.

Sherlock Holmes se redressa en émettant un sifflement :

— Diable, Peterson, c'est vraiment ce qui s'appelle avoir trouvé un trésor! Vous savez, je suppose, ce que vous avez là?

— Un diamant, monsieur! Une pierre précieuse! Ça raye les vitres comme si le verre était du mastic!

— C'est plus qu'une pierre précieuse, Peterson, c'est *la* pierre précieuse.

— Pas l'escarboucle bleue de la comtesse de Morcar? m'exclamai-je.

— Si, précisément; je suis bien placé pour en connaître la taille et la forme, vu que je lis chaque jour l'annonce la concernant qui passe en ce moment dans le *Times*. Elle est absolument unique, sans prix, mais la récompense de mille livres promise par l'annonce ne représente certainement pas le vingtième de ce qu'on en tirerait sur le marché.

— Mille livres! Dieu du Ciel!

Le commissionnaire s'effondra dans un fauteuil en nous regardant l'un après l'autre.

— C'est la récompense offerte, et j'ai des raisons de penser que la comtesse irait jusqu'à donner la moitié de sa fortune pour récupérer ce joyau tant elle y est sentimentalement attachée.

— Si je me souviens bien, dis-je, elle l'avait perdu à l'Hôtel Cosmopolitan?

— Oui, le 22 décembre, voilà cinq jours exactement. Un plombier, John Honer, fut accusé de l'avoir subtilisé dans le coffret à bijoux de la dame. Les présomptions contre lui sont si fortes que l'affaire doit aller aux assises. Je crois avoir quelque part ici un article à ce sujet...

Il se mit à fourrager parmi les journaux, en regardant les dates, jusqu'à ce qu'il en s'électionnât un qu'il défripa et ouvrit avant de lire l'article suivant :

« VOL DE BIJOUX A L'HOTEL COSMOPOLITAN — *John Horner, un plombier âgé de vingt-six ans, vient d'être*

163

inculpé d'avoir, le 22 courant, volé dans le coffret à bijoux de la comtesse de Morcar, le célèbre joyau appelé « L'escarboucle bleue ». James Ryder, chef du personnel de l'hôtel, a déclaré, lors de sa déposition, avoir conduit Horner, le jour du vol, dans le cabinet de toilette de la comtesse, pour y souder la grille de la cheminé qui était défaite. Il est resté un moment avec Horner, mais ensuite il a été appelé ailleurs. En revenant, il a constaté que Horner n'était plus là et que le tiroir de la coiffeuse avait été forcé, sur laquelle gisait, vide, le petit écrin en maroquin où l'on apprit, par la suite, que la comtesse gardait le joyau. Ryder donna aussitôt l'alarme et Horner fut arrêté le soir même, mais on ne retrouva la pierre ni sur lui, ni chez lui. Catherine Cusack, camériste de la comtesse, a témoigné avoir entendu le cri de désarroi poussé par Ryder en constatant le vol et s'être précipitée dans le cabinet de toilette, où elle avait trouvé les choses en l'état décrit par le chef du personnel. L'inspecteur Bradstreet, de la Division B, a dit, lors de sa déposition touchant l'arrestation de Horner, que celui-ci s'était débattu farouchement en protestant avec énergie de son innocence. Le prévenu ayant déjà une condamnation pour vol à son casier judiciaire, le magistrat s'est refusé à juger de l'affaire au tribunal de simple police et l'a transmise aux assises. En apprenant cela, Horner, qui avait manifesté une intense émotion durant les débats, s'est évanoui et a dû être emmené hors du prétoire. »

– Et voilà pour ce qui est du tribunal de simple police, dit Holmes d'un air pensif en rejetant de côté le journal. Pour nous, le problème est de reconstituer la succession de faits qui ont fait aller l'escarboucle d'un écrin à l'Hôtel Cosmopolitan au jabot d'une oie dans Tottenham Court Road. Vous voyez, Watson, comme nos petites déductions revêtent soudain un aspect beaucoup plus important et moins innocent. Voici la pierre; la pierre provient de l'oie, et l'oie nous est arrivée par l'entremise de M. Henry Baker, le monsieur au vieux chapeau et autres caractéristiques dont je vous ai excédé. A présent, nous devons donc nous employer très sérieusement à retrouver ce monsieur, et établir quel rôle il a joué dans ce petit mystère. Pour cela, nous allons d'abord recourir aux moyens les plus simples, parmi lesquels se range indubitablement l'insertion d'une petite annonce dans tous les journaux du soir. Si cela ne donne pas de résultat, j'aurai recours à d'autres méthodes.

– Qu'allez-vous dire dans cette annonce?

– Passez-moi un crayon et cette feuille de papier. Voyons un peu... *Trouvé au coin de Goodge Street, une oie et un chapeau melon noir. M. Henry Baker pourra les récupérer en se présentant ce soir, à 18 h 30, 221 bis Baker Street.* » Voilà qui est clair et concis.

– Très. Mais lira-t-il cette annonce?

– Il doit sûrement avoir l'œil sur les journaux, car pour un homme pauvre, cela représente une grosse perte. Terrifié par le bris de la vitrine et par l'approche de Peterson, il n'a plus pensé qu'à fuir. Mais depuis lors il doit amèrement regretter l'impulsion qui lui a fait abandonner l'oie. Et puis comme son nom y est mentionné, il ne manquera sûrement pas de lire cette annonce, car tous ceux qui le connaissent la lui signaleront. Tenez, Peterson, courez vite porter ceci à l'agence de publicité, en demandant que ça paraisse dans les journaux du soir.

– Lesquels, monsieur?

– Oh!... le *Globe*, le *Star*, le *Pall Mall*, la *Gazette de Saint-James*, les *Evening News*, le *Standard*, l'*Echo* et tous ceux qui vous viendront encore à l'esprit.

– Très bien, monsieur. Et cette pierre?

– Ah! oui... Eh bien, je vais la garder. Merci. Autre chose, Peterson... En revenant, achetez une oie et laissez-la moi ici, car il nous en faut une que nous donnerons à ce monsieur pour remplacer celle que votre famille est en train de manger.

Le commissionnaire parti, Holmes prit la pierre et la présenta à la lumière.

– Vraiment très belle! apprécia-t-il. Voyez comme elle brille et jette des feux. Bien sûr, c'est une source de mal, un générateur de crimes. Il en va pareillement de toutes les belles pierres, qui sont les appâts préférés du diable. Dans les joyaux plus gros et plus anciens, chaque facette compte quasiment pour un crime. Cette pierre n'a pas encore vingt ans d'âge. Elle a été découverte sur les rivages de Hia-Men ou Amoy, une île de la Chine méridionale, et elle est remarquable en ceci qu'elle a toutes les caractéristiques de l'escarboucle, sauf qu'elle est bleue au lieu d'être rouge rubis. En dépit de sa jeunesse, elle a déjà une sinistre histoire. Deux personnes ont été assassinées, une autre vitriolée, une quatrième s'est suicidée, et plusieurs cambriolages ont été commis pour ces 2 grammes 50 de carbone cristallisé. Qui penserait qu'une aussi jolie chose puisse envoyer en prison et à l'échafaud? Je vais l'enfermer dans mon coffre-fort et envoyer un mot à la comtesse pour l'avertir que nous l'avons.

– Pensez-vous que cet Horner soit innocent?
– Je n'en sais rien.
– Et supposez-vous que l'autre, Henry Baker, soit pour quelque chose dans cette affaire?
– Il me paraît beaucoup plus probable que Henry Baker soit absolument innocent et ne se doute nullement que le volatile qu'il transportait avait plus de valeur encore que s'il eût été d'or massif. Mais c'est une chose qu'un simple test me permettra de déterminer si l'on répond à notre annonce.
– Et vous ne pouvez rien faire jusque-là?
– Rien.
– Dans ce cas, je vais continuer ma tournée professionnelle. Mais je reviendrai ce soir à l'heure que vous avez indiquée, car j'aimerais bien connaître le fin mot d'une affaire aussi embrouillée.
– Vous serez le bienvenu. Je dîne à sept heures. Je crois qu'il y a de la bécasse au menu... Au fait, étant donné ces récents événements, je devrais peut-être demander à Mme Hudson d'examiner son jabot!

J'avais été retardé par un malade, si bien qu'il était un peu plus de six heures et demie quand je me retrouvai dans Baker Street. En approchant de la maison, je vis un homme de haute taille, coiffé d'un béret écossais et avec un manteau boutonné jusqu'au menton, qui attendait dehors, dans le demi-cercle de clarté provenant de l'imposte. Juste comme j'arrivais, la porte s'ouvrit et nous fûmes ainsi introduits tous deux dans la pièce où se tenait Holmes.

– Monsieur Henry Baker, je crois, dit-il en quittant son fauteuil pour venir accueillir le visiteur avec cette cordialité qu'il manifestait si facilement. Je vous en prie, monsieur Baker, prenez ce siège près du feu. La nuit est froide et je vois que votre circulation sanguine supporte mieux l'été que l'hiver. Ah! Watson, vous arrivez à point! Ce chapeau est-il à vous, monsieur Baker?

— Oui, monsieur. C'est le mien, sans aucun doute.

C'était un homme corpulent, avec des épaules rondes, une tête massive et un visage large, intelligent, qui se terminait par une barbiche en pointe d'un brun grisonnant. Le rouge qui marquait son nez comme ses joues et un léger tremblement de la main tendue, me rappelèrent ce que Holmes avait avancé touchant ses habitudes. Sa redingote d'un noir roussâtre était boutonnée jusqu'au dernier bouton, avec le col relevé. Autour des poignets maigres sortant des manches, il n'y avait trace ni de manchettes ni de chemise. S'exprimant d'une voix sourde et saccadée, choisissant ses mots avec soin, il donnait l'impression d'un homme de lettres cultivé que le sort aurait maltraité.

— Nous avons gardé ces choses pendant quelques jours, dit Holmes, parce que nous nous attendions à voir une annonce où vous donneriez votre adresse. Je n'arrive pas à m'expliquer que vous n'en ayez point fait insérer une.

Notre visiteur eut un rire plutôt gêné:

— Je n'ai plus l'argent aussi facile qu'autrefois, déclara-t-il. J'étais convaincu que la bande de voyous qui m'avaient assailli, avaient emporté aussi bien l'oie que mon chapeau. N'ayant donc aucun espoir de les récupérer, j'avais jugé inutile de faire les frais d'une annonce.

— Oui, bien sûr. Au fait, l'oie... nous avons été contraints de la manger.

— De la manger!

Dans son excitation, notre visiteur s'était levé à demi.

— Oui. Si nous ne l'avions pas fait, elle eût été perdue pour tout le monde. Mais je suppose que cette autre oie que voici sur le buffet, vous satisfera aussi bien, vu qu'elle est sensiblement du même poids et d'une fraîcheur garantie?

— Oh! certainement, certainement! répondit M. Baker avec un soupir de soulagement.

— Bien entendu, si vous y tenez, nous avons encore les plumes, les pattes, et le jabot de votre oie...

L'homme rit de bon cœur:

— Je pourrais, bien sûr les garder comme souvenirs de

167

mon aventure, dit-il. A part cela, je ne vois guère à quoi me serviraient les *disjecta membra* de cette défunte connaissance. Non, monsieur, avec votre permission, je pense que je m'en tiendrai à la très belle oie que voici.

Sherlock Holmes me jeta un rapide coup d'œil en esquissant un léger haussement d'épaules.

– Alors voici votre chapeau et votre volaille, dit-il. Mais cela vous ennuierait-il de m'indiquer la provenance de l'autre? Je suis amateur de volaille et j'ai rarement mangé une oie aussi savoureuse.

– Mais pas du tout, monsieur, dit Baker qui s'était levé et fourrait l'oie sous son bras. Nous sommes quelques-uns qui fréquentons l'auberge Alpha près du Museum... Durant la journée, vous comprenez, nous travaillons au Museum... Cette année, notre excellent hôte, qui se nomme Windigate, a organisé une sorte de club où, moyennant quelques pence chaque semaine, nous recevons une volaille à Noël. J'avais ponctuellement versé mon écot, et vous connaissez la suite. Je vous suis très reconnaissant, monsieur, car un bonnet écossais convenait aussi mal à mon âge qu'à mon sérieux.

Avec une solennité un rien comique, il nous salua cérémonieusement et s'en fut.

– Et voilà pour M. Henry Baker! dit Holmes quand il eut refermé la porte derrière lui. Bien évidemment, il ignore tout de l'affaire. Avez-vous faim, Watson?

– Pas spécialement.

– Alors, je suggère que nous troquions notre dîner contre un souper et suivions cette piste tant qu'elle est encore chaude.

– Très volontiers.

La nuit étant glaciale, nous enfilâmes nos ulsters et nouâmes des écharpes de laine autour de notre cou. Dehors, les étoiles scintillaient dans un ciel sans nuages, et l'haleine des passants jaillissait de leurs bouches comme la fumée d'un canon de pistolet. Nos pas résonnaient bruyamment tandis que nous traversions le quartier des médecins, Wimpole Street, Harley Street et, par Wigmore Street, gagnions Oxford Street. En un quart d'heure, nous fûmes dans Bloomsbury, à l'Alpha, petite auberge située à l'angle d'une des rues qui mènent à Holborn. Holmes ouvrit la porte du bar, et commanda deux bières au patron, qui avait un visage rubicond et un grand tablier blanc.

— Si elle est digne de vos oies, votre bière doit être excellente, dit-il.

— Mes oies! fit l'homme, apparemment surpris.

— Oui. Voici une demi-heure à peine, je parlais avec M. Henry Baker, qui est membre de votre petit club...

— Ah! oui, monsieur, je vois... Mais ce n'est pas moi qui élève ces oies.

— Ah? D'où proviennent-elles alors?

— J'ai acheté ces deux douzaines à un volailler de Covent Garden.

— Vraiment? J'en connais plusieurs. Lequel est-ce?

— Il se nomme Breckinridge.

— Ah! celui-là, je ne le connais pas... Eh bien, à votre bonne santé, patron, et à la prospérité de votre maison. Bonsoir!

— Et maintenant, sus à M. Breckinridge, poursuivit-il en reboutonnant son ulster quand nous nous retrouvâmes dans la nuit froide. Souvenez-vous, Watson que si nous avons à l'une des extrémités de cette chaise quelque chose d'aussi sans façon qu'une oie, à l'autre bout se trouve un homme qui va certainement écoper de sept ans de travaux forcés, à moins que nous arrivions à établir son innocence. Il est possible que notre enquête confirme simplement sa culpabilité mais, en tout cas, nous suivons un fil qui a échappé à la police et qu'un singulier hasard a placé entre nos mains. Suivons-le jusqu'au bout. Donc, direction sud, et pressons le pas!

Nous traversâmes Holborn, descendîmes Endell Street et, par un lacis de ruelles, atteignîmes le marché de Covent Garden. L'un des plus grands étals arborait le nom de Breckinridge, son propriétaire, un homme avec un visage étroit et des favoris bien nets comme en arborent les turfistes, aidait un jeune commis à mettre les volets.

— Bonsoir. Quelle nuit froide! dit Holmes.

Le commerçant hocha la tête et jeta un regard interrogateur à mon compagnon.

— Je vois que vous n'avez plus d'oies, continua Holmes en indiquant les plaques de marbre dénudées.

— Je vous en aurai cinq cents demain matin.

— Ce sera trop tard.
— Alors, vous en avez encore quelques-unes là-bas, où c'est éclairé au gaz.
— Ah! mais c'est vous que l'on m'avait recommandé...
— Qui ça?
— Le propriétaire de l'Alpha.
— Ah! oui, je lui en ai envoyé deux douzaines.
— C'étaient vraiment de très belles oies. Où vous les procurez-vous?

A ma surprise, la question provoqua une brusque colère chez le marchand.

La tête penchée de côté et les poings sur les hanches, il s'enquit :

— Où voulez-vous en venir, m'sieu? Dites-le carrément.
— Ça me paraît assez clair. J'aimerais savoir qui vous a vendu les oies que vous avez livrées à l'Alpha.
— Eh bien, ça, je ne vous le dirai pas. Compris?
— Oh! c'est une chose sans importance... Je ne m'expliquai vraiment pas que vous preniez ma question avec tant de chaleur...
— Tant de chaleur! Ça vous chaufferait peut-être aussi les oreilles si vous étiez importuné comme je le suis! Quand je paie une bonne marchandise avec du bon argent, j'estime l'affaire terminée. Mais ce sont des « Où sont les oies? » « A qui avez-vous vendu les oies? » « Combien les vendriez-vous? » Ils font tant d'histoires à propos de ces oies, qu'on croirait qu'il n'y en a pas d'autres au monde!
— Je n'au aucun lien avec ces gens qui vous ont posé des questions, déclara Holmes avec détachement. Si vous ne voulez pas nous renseigner, tant pis pour le pari, et voilà tout. Mais je prétends m'y connaître en matière de volaille et j'avais parié cinq livres que l'oie qu'on m'a servie avait été engraissée dans une ferme.
— Dans ce cas, vous avez perdu, car c'est en ville qu'elle a été engraissée, répliqua le volailler.
— Absolument pas.
— Je vous dis que si.
— Eh bien, je ne vous crois pas.
— Est-ce que vous vous imagineriez vous y connaître en volaille mieux que moi, qui ai commencé à en manier alors

que j'étais tout gosse ? Je vous le répète : toutes les oies que j'ai livrées à l'Alpha ont été engraissées en ville.

— Vous ne me ferez jamais croire ça !
— Voulez-vous parier alors ?
— Ce serait presque vous voler l'argent, car je sais avoir raison. Mais je suis prêt quand même à parier un souverain, juste pour vous apprendre à ne plus jouer les entêtés.

Le commerçant ricana :
— Apporte-moi les livres, Bill, dit-il

Le gamin lui apporta un petit volume mince et un gros registre au dos graisseux, que l'homme ouvrit sous la lampe suspendue éclairant l'étal.

— Monsieur Je-sais-tout, dit alors le volailler, je croyais n'avoir plus d'oies, mais avant que j'en aie terminé, vous vous apercevrez qu'il en reste encore une ici. Vous voyez ce petit livre ?

— Oui... et alors ?

— C'est la liste de mes fournisseurs. Vous voyez ? Ici, sur cette page, ce sont les gens de la campagne, et les numéros qui sont à la suite de leurs noms, se réfèrent à leur compte dans le grand registre. Bon... Maintenant, vous voyez cette autre page, où c'est marqué à l'encre rouge ? C'est la liste de mes fournisseurs en ville. Regardez le troisième nom... Lisez-le moi tout haut.

— Mme Oakshott, 117 Brixton Road... 249, lut Holmes.
— Parfait. A présent, reportez-vous au registre.

Holmes chercha la page indiquée :
— Voici... Mme Oakshott, 117 Brixton Road, œufs et volaille.

— Bon. Et la dernière livraison ?
— *22 décembre : vingt-quatre oies à 7 shillings 6 pence.*
— C'est bien ça. Et en-dessous ?
— *Vendues à M. Windigate, de l'Alpha, à 12 shillings.*
— Eh bien, qu'est-ce que vous en dites ?

Sherlock Holmes parut très contrarié. Sortant un souverain de sa poche, il le jeta sur le marbre et se détourna avec l'air d'un homme trop écœuré pour ajouter quoi que ce fût. Quelques mètres plus loin, il s'immobilisa sous un réverbère et se mit à rire sans bruit, selon une habitude qu'il avait.

171

— Quand vous voyez un homme avec des favoris taillés de la sorte et les feuilles roses d'un journal de turf émergeant de sa poche, vous pouvez être sûr de l'appâter avec un pari. Je vous garantis que si je lui avais donné cent livres, cet homme ne m'aurait pas renseigné aussi complètement, tant il jubilait de gagner ce pari. Eh bien, Watson, je crois que nous touchons à la fin de notre enquête. La seule chose dont il nous reste à décider, c'est si nous allons ce soir chez cette Mme Oakshott, ou bien si nous nous la gardons pour demain? D'après ce que nous a dit ce type, il est évident que nous ne sommes pas les seuls qui nous intéressons à la chose, et je...

Il fut interrompu par un violent brouhaha en provenance de l'étal que nous venions de quitter. Nous retournant, nous vîmes un petit bonhomme à face de rat planté au milieu du rond de clarté projeté par la lampe suspendue, cependant que Breckinridge, debout dans l'encadrement de sa porte, le menaçait du poing.

— J'en ai soupé de vous et de vos oies! cria-t-il. Allez donc tous au diable! Si vous revenez encore m'embêter avec vos idioties, je vous lâche mon chien aux fesses. Que Mme Oakshott vienne ici et je lui répondrai, mais je n'ai rien à faire avec vous! Est-ce à vous que j'ai acheté les oies?

— Non, mais l'une d'elles m'appartenait quand même, pleurnicha le petit homme.

— Alors, arrangez-vous avec Mme Oakshott.

— Mais c'est elle qui m'a dit de venir vous demander...

— Eh bien, allez donc demander au Roi de Prusse si ça vous chante, mais moi, j'ai soupé de vous! Allez, foutez le camp!

Comme Breckinridge faisait mine de se jeter sur lui, l'autre s'enfuit dans l'obscurité.

— Ha! voilà qui peut nous éviter une visite à Brixton Road, chuchota Holmes. Venez avec moi, et nous allons voir ce que nous tirons de ce type.

Marchant à grands pas entre les petits groupes de gens qui s'attardaient devant les étals éclatants, mon compagnon rattrapa vite le petit homme et lui toucha l'épaule. L'autre se retourna d'un bond et, à la clarté du bec de gaz, je le vis pâle comme un linge.

— Qui êtes-vous ? Qu'est-ce que vous me voulez ? questionna-t-il d'une voix tremblante.

— Vous voudrez bien m'excuser, dit Holmes avec affabilité, mais je n'ai pu m'empêcher d'entendre les questions que vous posiez à ce volailler. Je pense être en mesure de vous aider.

— Vous ? Qui êtes-vous ? Comment savez-vous de quoi il retourne ?

— Mon nom est Sherlock Holmes. Et mon travail est de savoir ce que les autres ignorent.

— Mais vous ne pouvez rien savoir de ce qui m'occupe !

— Je vous demande pardon : je sais tout. Vous vous efforcez de retrouver des oies qui ont été vendues par Mme Oakshott, de Brixton Road, à un volailler nommé Breckinridge, lequel les a revendues à M. Windigate de l'Auberge Alpha qui, à son tour, les a cédées à son club, dont M. Henry Baker est membre.

— Oh ! monsieur, vous êtes exactement celui que je souhaitais rencontrer ! s'écria le petit homme, mains tendues et doigts tremblants. Je ne saurais vous dire à quel point cette histoire m'intéresse !

Sherlock Holmes héla un fiacre qui passait.

— Dans ce cas, nous serons mieux pour en discuter dans une pièce confortable plutôt qu'au milieu de cette place balayée par le vent. Mais avant tout dites-moi, je vous prie, à qui j'ai le plaisir de rendre service ?

L'homme hésita un instant :

— Je m'appelle John Robinson, répondit-il avec un regard oblique.

— Non, non, le reprit Holmes avec douceur. Votre véritable nom. C'est toujours gênant de travailler avec quelqu'un qui use d'un pseudonyme.

Les joues blêmes de l'inconnu s'avivèrent :

— Soit... Mon véritable nom est James Ryder.

— En effet, oui. Chef du personnel à l'Hôtel Cosmopolitan. Montez, je vous prie dans ce fiacre, et je serai bientôt en mesure de vous dire tout ce que vous souhaitez savoir.

Le petit homme resta un moment à nous considérer l'un et l'autre, avec un regard où l'espoir se nuançait de crainte, comme quelqu'un ne sachant trop si ce qui lui échoit est aubaine ou catastrophe. Puis il prit place dans le fiacre et une demi-heure plus tard nous étions tous les trois dans le salon de Baker Street. Rien n'avait été dit pendant le trajet, mais la respiration sifflante de notre compagnon ainsi que la façon dont il nouait et dénouait sans cesse ses mains en disaient long sur son degré de tension nerveuse.

– Nous voici arrivés! s'exclama gaiement Holmes tandis que nous entrions dans la pièce. Le feu me paraît une excellente chose par un tel temps. Vous semblez frigorifié, monsieur Ryder... Asseyez-vous donc, je vous en prie, dans le fauteuil d'osier. Le temps de mettre mes pantoufles et nous allons régler votre petite affaire. Là, voilà... Vous voulez savoir ce que sont devenues ces oies?

– Oui, monsieur.

– Ou plutôt, je crois, *cette* oie. Celle qui vous intéresse est, j'imagine, la blanche avec une barre noire sur la queue?

Ryder en frémit d'émotion :

– Oh! monsieur, s'écria-t-il, pouvez-vous me dire où elle a été portée?

– Elle a été portée ici.

– Ici?

– Oui, et elle s'est révélée être une oie vraiment peu ordinaire. Je ne m'étonne pas que vous vous y intéressiez tant. Elle a pondu un œuf après sa mort... Un petit œuf bleu, le plus beau et le plus brillant qu'on ait jamais vu. Je l'ai ici, dans mon musée personnel.

Notre visiteur se leva mais, chancelant, il dut se cramponner de la main droite au-dessus de la cheminée. Holmes ouvrit son coffre-fort et exhiba l'escarboucle bleue qui, brillante comme une étoile, jetait des feux glacés. Debout, Ryder la regardait fixement, ne sachant s'il devait la réclamer ou prétendre tout ignorer d'elle.

– La partie est terminée, Ryder, dit calmement Holmes. Cramponnez-vous, mon ami, ou vous allez tomber dans le feu. Aidez-le à se rasseoir, Watson. Il n'a pas assez de sang dans les veines pour commettre un vol sans en éprouver quelque chose. Donnez-lui donc un doigt de cognac... Là, le voilà qui reprend un peu apparence humaine. Quelle mauviette, vraiment!

Chancelant, l'homme avait failli tomber, mais le cognac

lui redonna des couleurs et, se redressant sur son siège, il leva un regard effrayé vers son accusateur.

— J'ai presque tous les maillons de la chaîne entre mes mains et toutes les preuves dont je pourrais avoir besoin, vous n'avez donc que très peu de chose à m'apprendre. Mais ce peu de chose a néanmoins besoin d'être éclairci avant que l'affaire soit définitivement réglée. Ryder, vous aviez entendu parler de cette pierre bleue que possédait la comtesse de Morcar?

— C'était Catherine Cusack qui m'en avait parlé, dit-il d'une voix rauque.

— Je vois. La camériste de Madame. La tentation d'acquérir si aisément une fortune a été trop forte pour vous, comme elle l'a été aussi pour des hommes valant mieux que vous. Car vous n'avez pas été très scrupuleux quant aux moyens dont vous avez usé. Vous me semblez, Ryder, avoir tout à fait l'étoffe d'une vilaine petite canaille. Vous saviez que Horner, le plombier, avait déjà eu maille à partir avec la justice pour vol, et estimiez donc probable que les soupçons se porteraient sur lui. Alors, qu'avez-vous fait? Vous avez trafiqué quelque chose dans la chambre de la comtesse — avec l'aide de votre complice Cusack — et vous êtes arrangé pour que Horner soit chargé de la réparation. Puis, après son départ, vous avez vidé l'écrin, donné l'alarme, et fait arrêter ce malheureux. Ensuite...

Tombant à genoux sur le tapis, Ryder étreignit les jambes de mon compagnon.

— Pour l'amour de Dieu, ayez pitié! s'écria-t-il. Pensez à mon père! A ma mère! Cela leur briserait le cœur! Jamais encore je n'étais sorti du droit chemin, et ça ne se reproduira jamais plus! Je suis prêt à vous le jurer sur la Bible! Oh! ne m'envoyez pas devant un tribunal... Je vous en conjure au nom du Christ!

— Rasseyez-vous, lui dit Holmes avec sévérité. C'est très bien de ramper et gémir maintenant, mais vous n'aviez pas eu une pensée pour ce pauvre Horner traduit devant les tribunaux, lui, pour un vol dont il ignorait tout.

— Je partirai, monsieur Holmes! Je quitterai le pays! Et l'accusation portée contre lui tombera du même coup!

— Hum! Nous parlerons de ça plus tard. Nous voulons d'abord entendre une compte-rendu exact du second acte.

Comment la pierre a-t-elle fini dans l'oie et comment l'oie s'est-elle trouvée mise en vente? Dites-nous bien la vérité, car c'est votre seule chance de salut.

Ryder passa la langue sur ses lèvres desséchées.

– Je vais vous raconter exactement comment c'est arrivé, monsieur. Lorsque Horner a été arrêté, je me suis dit qu'il valait mieux me débarrasser immédiatement de la pierre, car j'ignorais à quel moment les policiers auraient l'idée de me fouiller et ma chambre aussi. Je suis donc sorti comme si j'avais une course à faire et je suis allé chez ma sœur. Elle a épousé un nommé Oakshott et habite Brixton Road, où elle engraisse des volailles pour les vendre au marché. En chemin, tout homme que je rencontrais me semblait être un policeman ou un détective et, bien que la nuit fût froide, la sueur ruisselait sur mon visage quand j'arrivai à destination. Ma sœur me demanda ce que j'avais et pourquoi j'étais si pâle, mais je lui racontai que j'avais été bouleversé par le vol de bijoux commis à l'hôtel. Puis je m'en allai dans la cour de derrière fumer une pipe, cherchant quel parti adopter.

« J'avais eu autrefois un ami appelé Maudsley, qui avait mal tourné et venait de purger une peine à Pentonville. Un jour qu'on s'était rencontrés, il s'était mis à me parler des voleurs et de la façon dont ils se débrouillaient pour écouler le produit de leurs larcins. J'étais sûr de pouvoir compter sur lui car je savais une ou deux choses à son sujet; je décidai donc de me rendre à Kilburn, où il habitait, et de le mettre dans la confidence. Il m'indiquerait un moyen de monnayer la pierre. Mais comment le joindre sans risque? Je me rappelais les affres que j'avais endurées en venant de l'hôtel. A tout moment, je risquais d'être appréhendé et fouillé, avec la pierre dans la poche de mon gilet. Je réfléchissais, adossé au mur, en regardant les oies se dandiner autour de mes pieds, et il me vint soudain une idée m'indiquant le moyen de faire échec au meilleur détective du monde.

« Quelques semaines auparavant, ma sœur m'avait dit que je pourrais choisir une de ses oies comme cadeau de Noël et je la savais femme de parole. Cette oie, j'allais la prendre sans plus attendre et c'est elle qui me permettrait de transporter la pierre jusqu'à Kilburn. Il y avait dans la cour un petit appentis, derrière lequel j'emmenai une des oies, une belle blanche avec une barre noire en travers de la queue. Lui ouvrant le bec, je lui enfournai la pierre dans la gorge, aussi loin que mes doigts pouvaient atteindre. Elle déglutit et je sentis la pierre descendre le long de son cou, jusque dans le jabot. Mais elle s'était débattue en agitant les ailes, si bien que ma sœur sortit voir ce qui se passait. Comme je me retournais pour lui parler, ce bon sang d'animal m'échappa et courut se réfugier au milieu des autres.

« – Qu'est-ce que tu fabriques avec cette oie, Jem? demanda ma sœur.

« – Eh bien, répondis-je, tu m'as dit que tu m'en donnerais une pour Noël, alors j'étais en train de les tâter pour voir quelle était la plus grasse.

« – Oh! fit-elle nous te l'avons déjà choisie. Nous l'appelons l'oie de Jem. C'est la grande blanche, là-bas. Il y en a vingt-six, ce qui en fait une pour toi, une pour nous et vingt-quatre pour le marché.

« – Merci, Maggie, dis-je, mais si ça ne te fait rien, j'aimerais autant avoir celle que j'étais en train de palper.

« – Mais l'autre pèse trois bonnes livres de plus, me dit-elle, et nous l'avons engraissée spécialement pour toi.

« – Ça ne fait rien, je préfère celle-ci et je vais l'emporter tout de suite.

« – Bon comme tu voudras, fit-elle, un peu froissée. Laquelle est-ce, alors?

« – Cette blanche, là, avec la barre sur la queue, juste au milieu des autres.

– Eh bien alors, tu n'as qu'à la tuer et te l'emporter.

« Je fis comme elle m'avait dit, monsieur Holmes, et j'emportai l'oie à Kilburn. Je racontai à mon copain ce que j'avais fait, car c'est un homme avec qui il est facile de parler de ces choses. Il rit à s'en étrangler, puis nous prîmes un couteau et ouvrîmes l'oie. Je crus que mon cœur allait s'arrêter de battre quand nous ne vîmes aucune trace de la pierre. Je compris que quelque terrible erreur avait dû se produire. Laissant cette oie à mon copain, je retournai en vitesse chez ma sœur et me précipitai dans la basse-cour : plus une seule oie.

« – Où sont-elles, Maggie? m'écriai-je.

« – Parties chez le volailler.

« – Quel volailler?

« – Breckinridge, de Covent Garden.

« – Mais y en avait-il une autre avec la queue barrée de noir? questionnai-je. Comme celle que j'avais choisie?

« – Oui, Jem, il y en avait deux, et tellement semblables que je n'arrivais jamais à distinguer l'une de l'autre.

« Alors, bien sûr, je compris tout, et m'en fus chez ce Breckinridge aussi vite que mes pieds pouvaient me porter. Mais il avait vendu tout le lot d'un coup, et impossible de lui faire dire à qui. Vous l'avez entendu vous-même ce soir. Eh bien, avec moi, ç'a été chaque fois exactement pareil. Ma sœur pense que je suis devenu fou et il m'arrive de le croire moi-même. Me voilà maintenant devenu voleur... voleur sans avoir même touché la fortune pour laquelle j'ai perdu ma réputation d'honnête homme. Oh! mon Dieu, aidez-moi! Mon Dieu, aidez-moi!

Cachant son visage entre ses mains, il se mit à sangloter de façon convulsive.

Le long silence qui suivit n'était rompu que par ces sanglots et Sherlock Holmes pianotant en mesure sur le bord de la table. Puis mon ami se leva et ouvrit la porte toute grande.

– Filez! dit-il.
– Quoi, monsieur... Oh! le Ciel vous bénisse!
– Plus un mot. Décampez!

Plus aucun mot n'était d'ailleurs nécessaire. Il y eut une ruée à travers la pièce, une descente d'escalier aussi rapide que bruyante, le claquement de la porte d'en bas, puis une galopade effrénée dans la rue.

– Après tout, Watson, dit Holmes en étendant la main pour prendre sa pipe en terre, la police ne m'a pas chargé de suppléer à ses déficiences. Si Horner se trouvait menacé, ce serait autre chose, mais comme ce type ne témoignera pas contre lui, l'accusation va s'effondrer. Je commets là peut-être un délit, mais il se peut aussi que j'aie sauvé une âme. Ryder ne sortira plus du droit chemin, car il a eu bien trop peur. L'envoyer maintenant en prison serait en faire à jamais un gibier de potence. Et puis ne sommes-nous pas à la période de l'année qui sied le plus au pardon? Le hasard a mis sur notre chemin un problème aussi bizarre que fantaisiste, dont la solution était en soi une récompense. Docteur, si vous voulez bien avoir la bonté de sonner, nous allons nous tourner vers un autre genre de problème, centré lui aussi sur un volatile !

8

LA BANDE MOUCHETÉE

Quand je feuillette mes notes concernant les quelque soixante-dix affaires à travers lesquelles j'ai étudié les méthodes de mon ami Sherlock Holmes au cours des huit dernières années, j'en trouve beaucoup de tragiques, quelques-unes d'amusantes, un très grand nombre qui sont simplement étranges, mais aucune de banale. En effet, comme il travaille bien plus pour l'amour de son art que pour s'enrichir, il refuse systématiquement de participer à des enquêtes n'offrant rien d'insolite ou de fantastique. Mais de toutes ces affaires si diverses, je ne m'en rappelle aucune présentant des faits plus singuliers que celle mettant en cause une famille du Surrey, extrêmement connue, les Roylott de Stoke Moran. Les événements en question se produisirent tout au début de mon association avec Sherlock Holmes lorsque, célibataires tous deux, nous occupions ensemble l'appartement de Baker Street. Sans doute aurais-je pu en entreprendre plutôt la relation, mais à l'époque le secret avait été promis et je n'ai été délié de cette promesse que le mois dernier, par la mort prématurée de la dame à qui je l'avais faite. Il vaut peut-être mieux que soit révélée enfin la vérité sur cette affaire, car je suis bien placé pour savoir que des bruits ont couru à propos de la mort du Dr Grimesby Roylott qui tendaient à rendre la chose encore plus horrible qu'elle ne le fut.

Au début d'avril, durant l'année 1883, en me réveillant un matin, je trouvai Sherlock Holmes, habillé, debout près de mon lit. Comme il avait l'habitude de se lever assez tard et que la pendule sur la cheminée marquait seulement sept heures un quart, je clignai des yeux, le regardant avec une certaine surprise et peut-être aussi un peu de ressentiment car je suis un homme réglé dans ses habitudes.

– Désolé de vous réveiller, Watson, me dit-il, mais ce matin nous sommes tous logés à la même enseigne. Ayant été réveillée, Mme Hudson est venue me réveiller et, à mon tour, je vous tire du sommeil.

– Qu'y a-t-il donc? Le feu?

– Non, une cliente. Il semble qu'une jeune dame soit arrivée, en proie à une grande agitation, qui insiste pour me voir. Elle attend dans le salon. Lorsque des jeunes dames vont par la ville à une heure aussi matinale pour tirer des gens de leur lit, je pense qu'elles doivent avoir de pressantes raisons de le faire. Si cela s'avérait être une affaire intéressante, je suis sûr que vous aimeriez y avoir participé dès le début; c'est pourquoi j'ai estimé devoir vous offrir cette possibilité en venant vous éveiller.

– Mon cher ami, pour rien au monde je ne voudrais manquer ça!

Il n'était pas pour moi plus grand plaisir que de suivre Holmes dans ses enquêtes professionnelles, où il rivalisait de logique et d'intuition, toujours fondées sur une base solide, pour trouver la solution des problèmes qui lui étaient soumis. Enfilant rapidement mes vêtements, il ne me fallut que quelques minutes pour être prêt à accompagner mon ami au salon. Une dame en noir, avec une épaisse voilette, était assise près de la fenêtre et se leva à notre entrée.

– Bonjour, madame, dit Holmes avec cordialité. Voici mon intime et associé, le Dr Watson, devant qui vous pouvez parler aussi librement qu'avec moi. Ah! je suis content de voir que Mme Hudson a eu la bonne idée d'allumer le feu. Asseyez-vous donc près de la cheminée, je vous en prie, et je vais demander qu'on vous apporte une tasse de café bien chaud car je vois que vous frissonnez.

– Ce n'est pas de froid que je frissonne, répondit la dame d'une voix étouffée, en changeant de place comme on le lui disait.

– De quoi alors?

– De peur, monsieur Holmes, de terreur!

Tout en parlant, elle avait relevé sa voilette et nous vîmes qu'elle était effectivement dans un pitoyable état d'agitation, les traits tirés, le teint grisâtre, avec le regard traqué, effrayé, d'un animal aux abois. Ses traits et sa silhouette étaient ceux d'une femme de trente ans, mais dans sa chevelure des mèches avaient prématurément blanchi et elle avait un air égaré, hagard. Holmes lui jeta un de ses regards pénétrants, tout empreint de compréhension.

— Soyez sans crainte, lui dit-il d'un ton rassurant en se penchant vers elle et lui tapotant le bras. Nous aurons vite arrangé cette affaire, j'en suis convaincu. Je vois que vous êtes arrivée ce matin par le train.

— Vous me connaissez, alors?

— Non; mais j'aperçois la moitié d'un ticket d'aller-retour qui émerge de votre gant gauche. Vous avez dû partir de bonne heure et, avant d'arriver à la gare, vous avez fait un long trajet en cabriolet sur de mauvaises routes.

La dame sursauta et regarda mon compagnon avec stupeur.

— Il n'y a là aucun mystère, madame, lui dit-il en souriant. Le bras gauche de votre jaquette ne présente pas moins de sept taches de boue. Ces marques sont toutes fraîches. Il n'y a qu'un cabriolet pour projeter ainsi de la boue, et encore seulement lorsqu'on est assis à la gauche du conducteur.

— Sur quoi que se fonde votre raisonnement, c'est tout à fait exact, dit-elle. Il n'était pas six heures quand je suis partie de chez moi et l'horloge de la gare marquait six heures vingt lorsque je suis arrivée à Leatherhead, où j'ai pris le premier train pour Londres. Oh! monsieur, je ne puis endurer plus longtemps une telle tension! Si cela continue, je vais devenir folle! Je n'ai personne vers qui me tourner... sauf vers celui qui tient à moi et qui, le pauvre, ne peut m'être d'un grand secours. J'ai entendu parler de vous, monsieur Holmes, par Mme Farintosh, que vous avez aidée à un moment où elle en avait désespérément besoin. C'est par elle que j'ai eu votre adresse. Oh! monsieur, ne croyez-vous pas pouvoir m'aider aussi ou, à tout le moins, projeter un peu de clarté dans les ténèbres qui m'environnent? En ce moment, je ne suis pas en mesure de rétribuer vos services, mais dans un mois ou deux je serai mariée; je pourrai alors disposer de mes revenus et vous n'aurez pas obligé une ingrate.

Se tournant vers son bureau, Holmes l'ouvrit et y prit un petit agenda qu'il consulta.

— Farintosh, fit-il. Ah! oui, je me rappelle l'affaire : il s'agissait d'un diadème d'opales. Je crois que ça date d'avant vous, Watson... Tout ce que je peux dire, madame, c'est que je serai heureux d'apporter à votre affaire autant de soin que je l'ai fait pour votre amie. Quant à ma rétribution, je la trouve dans l'exercice même de ma profession; mais s'il vous convient de me rembourser les dépenses que j'aurai été amené à faire, que ce soit au moment qui vous conviendra le mieux. Et maintenant je vous demande de nous dire tout ce qui est susceptible de nous aider à nous former une opinion sur l'objet de votre visite.

— Hélas! répondit notre visiteuse. Ce qui rend ma situation particulièrement horrible, c'est que mes craintes sont vagues et que mes soupçons reposent uniquement sur de menus faits, qui à d'autres paraîtraient insignifiants. C'est au point que même celui dont je souhaiterais particulièrement l'aide et les conseils considère tout ce que je lui ai dit comme des fantasmes de femme hyper-nerveuse. S'il ne me l'a pas dit carrément, je l'ai néanmoins compris à la façon dont il évitait de me regarder tout en me prodiguant des paroles rassurantes. Mais, monsieur Holmes, j'ai entendu dire que vous n'ignoriez rien de tout le mal dont est capable le cœur humain. Alors vous devez être en mesure de m'indiquer comment louvoyer parmi les dangers qui m'environnent.

— Vous avez toute mon attention, madame.

— Je m'appelle Helen Stoner et j'habite avec mon beau-père, dernier survivant d'une des plus anciennes familles saxonnes d'Angleterre, les Roylott de Stoke Moran, à l'extrémité ouest du Surrey.

Holmes hocha la tête et dit :

— Le nom m'est connu.

— A une époque, cette famille comptait parmi les plus riches d'Angleterre et ses domaines s'étendaient au nord jusque dans le Berkshire et à l'ouest dans le Hampshire. Mais au siècle dernier, quatre héritiers successifs furent des paniers percés et, sous la Régence, un joueur consomma la ruine de la famille. Il ne leur resta que quelques acres de terres et la maison, vieille de deux cents ans, elle-même lourdement hypothéquée. Le dernier châtelain y passa son existence, menant l'horrible vie d'un aristocrate ruiné; mais son fils unique, mon beau-père, voyant qu'il lui fallait s'adapter, obtint d'un parent un prêt d'argent qui lui permit de faire ses études de médecine. Il alla ensuite s'établir à Calcutta où, par sa force de caractère et ses qualités professionnelles, il se fit une grosse clientèle. Mais, dans un accès de colère provoqué par des vols qui avaient été commis chez lui, il battit à mort son domestique indigène et échappa de peu à la peine capitale. Il passa de longues années en prison et ce fut un homme morose, déçu par la vie, qui regagna ensuite l'Angleterre.

« Durant qu'il était aux Indes, le Dr Roylott avait épousé ma mère, Mme Stoner, la jeune veuve du général de brigade Stoner, de l'Artillerie du Bengale. Ma sœur Julia et moi sommes jumelles, et nous n'avions que deux ans lors du remariage de notre mère. Celle-ci avait d'importants revenus, pas moins de mille livres par an, et elle légua la totalité de sa fortune au Dr Roylott pendant que nous vivions avec lui, en prévoyant toutefois qu'une certaine rente devrait être assurée à chacune de nous si nous nous mariions. Peu après notre retour en Angleterre, ma mère mourut dans un accident de chemin de fer, près de Crewe, voici maintenant huit ans. Le Dr Roylott renonça alors à s'établir à Londres, et nous emmena vivre avec lui dans la maison ancestrale à Stoke Moran. L'argent laissé par ma mère suffisait largement à nos besoins, et il ne semblait y avoir aucun obstacle à notre bonheur.

« Mais, vers cette époque, un terrible changement se produisit chez notre beau-père. Au lieu de se faire des amis et de nouer des relations avec nos voisins, lesquels avaient été tout d'abord ravis de voir un Roylott de Stoke Moran habiter de nouveau le berceau de la famille, il se cloîtra dans la maison, d'où il ne sortait guère que pour s'emporter violemment contre quiconque se trouvait traverser son chemin. Ce tempérament violent, confinant à la folie, était héréditaire chez les hommes de la famille, mais en ce qui concerne mon beau-père, cet état a encore été aggravé par son long séjour sous les tropiques. Il y eut toute une série d'altercations extrêmement désagréables, dont deux trouvèrent leur épilogue devant le tribunal de simple police, si bien qu'il est devenu la terreur du village; les gens fuient à son approche, car c'est un homme d'une force colossale et qui ne se contrôle plus lorsqu'il est en colère.

« La semaine dernière, il a jeté le forgeron du village par-dessus le parapet de la rivière et c'est seulement en donnant tout l'argent dont je disposais que j'ai réussi à éviter un nouveau scandale. Il n'a d'autres amis que des romanichels et il donne à ces errants la permission de camper sur les quelques acres de broussailles qui constituent les terres familiales, acceptant en retour l'hospitalité de leurs tentes, s'en allant même parfois sur les routes avec eux pendant plusieurs semaines d'affilée. Il s'est pris aussi d'une passion pour les animaux des Indes, que lui envoie un correspondant; il a ainsi en ce moment un guépard et un babouin qui circulent librement dans la propriété, terrifiant les villageois presque autant que leur maître.

« D'après tout cela vous comprendrez sans peine que ma pauvre sœur Julia et moi n'avions guère de joies dans notre existence. Aucun domestique ne veut rester avec nous et durant un très long temps nous dûmes faire tout le travail de la maison. Elle n'avait que trente ans au moment de sa mort et cependant ses cheveux commençaient à blanchir, tout comme les miens d'ailleurs.

– Votre sœur est donc morte?

– Oui, voici deux ans, et c'est de son décès que je désire vous entretenir. Menant la vie que je vous ai décrite, vous imaginez bien que nous ne risquions pas de fréquenter des gens de notre âge et de notre position. Nous avions toutefois une tante, sœur célibataire de ma mère, Miss Honoria Westphail, qui habite près de Harrow et chez laquelle noux étions de temps à autre autorisées à faire de brefs séjours. Y étant allée pour Noël, voici deux ans de ça, Julia y avait fait la connaissance d'un officier en disponibilité, appartenant aux forces navales, avec qui elle se fiança. Mon beau-père apprit ces fiançailles au retour de ma sœur et ne formula aucune objection au mariage; mais moins de quinze jours avant la date fixée pour la cérémonie, est arrivé le terrible événement qui m'a privée de ma seule compagne.

S'étant laissé aller contre le dossier de son fauteuil, la tête au creux d'un coussin, Sherlock Holmes avait fermé les yeux, mais il les rouvrit à demi pour regarder sa visiteuse.

– Veuillez me donner des détails bien précis, je vous prie.

— Cela me sera facile, car chacun de ces affreux moments est marqué de façon indélébile dans ma mémoire. Comme je vous l'ai déjà dit, le manoir est très ancien et une seule aile en est actuellement habitée. Les chambres à coucher se trouvent au rez-de-chaussée dans cette aile, les pièces de réception occupant la partie centrale du bâtiment. La première de ces chambres est celle du Dr Roylott, la seconde celle de ma sœur et la troisième la mienne. Elles ne communiquent pas entre elles mais ouvrent toutes sur le même corridor. Me fais-je bien comprendre?

— Oui, parfaitement.

— Les fenêtres des trois chambres donnent sur la pelouse. La nuit du drame, le Dr Roylott avait gagné très tôt la sienne, mais nous sûmes que ça n'était pas pour se coucher, car ma sœur fut incommodée par la forte odeur des cigares indiens qu'il aimait à fumer. Elle quitta donc sa propre chambre pour venir dans la mienne, où elle resta un moment à bavarder avec moi de son proche mariage. A onze heures, elle se leva en prenant congé de moi, mais, parvenue à la porte, elle se retourna.

— Dis-moi, Helen, as-tu déjà entendu quelqu'un siffler au milieu de la nuit?

— Non, jamais, lui répondis-je.

— Je suppose qu'il ne t'arrive pas de siffler durant ton sommeil?

Certainement pas. Mais pourquoi?

— Parce que cela fait plusieurs nuits que, vers trois heures du matin, j'entends un sifflement étouffé mais très net. Comme j'ai le sommeil léger, ça me réveille. Je ne saurais dire d'où il provient... peut-être de la pièce voisine, peut-être de la pelouse. C'est pourquoi je te demandais s'il t'était arrivé de l'entendre.

— Non, jamais. Ce doit être un de ces romanichels qui sont sous les arbres.

— Très probablement, oui. Et pourtant, si cela provient du dehors, comment se fait-il que tu ne l'entendes pas aussi?

— Parce que je dors plus profondément que toi.

— Enfin, de toute façon, ça n'a pas grande importance.

Elle me sourit, referma ma porte et quelques instants plus tard j'entendis sa clef tourner dans la serrure.

— Ah? fit Holmes. Etait-ce votre habitude de vous enfermer ainsi pour la nuit?

— Oui, toujours.

— Et pourquoi?

— Je crois vous avoir dit que le docteur avait un guépard et un babouin. Nous ne nous sentions donc en sécurité qu'avec nos portes fermées à clef.

— Oui, oui, bien sûr. Continuez, je vous prie.

— Cette nuit-là, je n'arrivai pas à trouver le sommeil, troublée par le pressentiment d'un danger imminent. Ma sœur et moi, vous vous en rappelez, étions jumelles et vous savez sûrement quels liens subtils la nature noue entre deux êtres que la naissance a fait si proches. C'était une nuit affreuse : au-dehors le vent hurlait, la pluie cinglait les vitres. Soudain, au milieu du vacarme de la tempête, jaillit le cri perçant d'une femme terrifiée. Reconnaissant la voix de ma sœur, je bondis hors du lit, m'enveloppai dans un châle et me précipitait dans le corridor. Au moment où j'ouvrais ma porte, il me sembla entendre une sorte de sifflement étouffé, comme celui décrit par ma sœur, et peu après, un fracas métallique, comme si quelque lourd objet avait chu. En courant vers la porte de ma sœur, je vis qu'elle était ouverte et pivotait lentement sur ses gonds. J'en demeurai pétrifiée d'effroi, ne sachant ce qui allait en surgir. A la clarté de la lampe éclairant le corridor, je vis ma sœur apparaître sur le seuil, le visage blêmi par l'épouvante, ses mains implorant secours cependant qu'elle vacillait comme une femme ivre. Je l'entourai aussitôt de mes bras, mais au même instant ses genoux fléchirent et elle tomba par terre. Elle se tordait comme quelqu'un qui souffre atrocement et ses membres étaient secoués de convulsions. Je crus d'abord qu'elle ne m'avait pas reconnue, mais comme je me penchais, elle cria soudain d'une voix que je n'oublierai jamais : « Oh! mon Dieu, Helen! C'était la bande! La bande mouchetée! » Il y avait autre chose qu'elle aurait voulu me dire et elle pointa le doigt vers la chambre du docteur, mais une nouvelle convulsion la saisit et les mots s'étranglèrent dans sa gorge. Je courus appeler mon beau-père à grands cris et il surgit de chez lui en robe de chambre. Quand il arriva près de ma sœur, elle était sans connaissance et il eut beau lui verser du cognac dans la gorge tandis qu'on allait quérir le médecin du village, tous les efforts furent vains. L'état de ma sœur empira et elle mourut sans avoir repris connaissance. Telle fut l'atroce fin de ma chère Julia.

— Un instant, fit Holmes. Etes-vous certaine de ce que vous avancez à propos de ce sifflement et du fracas métallique? Pourriez-vous en jurer?

— C'est exactement ce que m'a demandé le coroner du comté lors de l'enquête. J'ai la nette impression d'avoir entendu ça... mais il est évident que dans le déchaînement de la tempête, avec tous les craquements qui caractérisent les vieilles maisons, j'ai pu m'abuser.

— Votre sœur était-elle habillée?

— Non, elle était en chemise de nuit. On a découvert dans sa main droite le restant d'une allumette qui avait brûlé et une boîte d'allumettes dans son autre main.

— Ceci indique qu'elle en avait frotté une et regardait autour de soi lorsqu'elle a été prise de panique. C'est important. Et qu'en a conclu le coroner?

— Il a mené l'enquête avec beaucoup de soin, car les éclats du Dr Roylott étaient depuis longtemps connus dans le comté, mais il a été incapable de trouver une raison plausible à ce décès. Mon témoignage a permis d'établir que la porte de la chambre était fermée de l'intérieur et les fenêtres sont munies de volets à l'ancienne que l'on barricade chaque soir avec d'épaisses barres de fer. Les murs ont été soigneusement sondés et ils sont partout compacts, même chose en ce qui concerne le parquet. La cheminée est spacieuse, mais barrée par quatre grands crampons. Il ne fait donc aucun doute que ma sœur était absolument seule lorsqu'elle a trouvé la mort. Par ailleurs, son corps ne présentait nulle trace de violence.

— Et pour ce qui est du poison?

— Les médecins y ont pensé, mais le résultat a été négatif.

— Alors de quoi croyez-vous que soit morte cette infortunée jeune femme?

— Selon moi, elle est morte de peur et a succombé à un choc nerveux, mais je n'arrive pas à imaginer ce qui l'aurait terrifiée pareillement.

— Y avait-il des romanichels dans la propriété à ce moment-là?

— Oui, il y en a presque toujours quelques-uns.

— Et que pensez-vous de cette allusion à une bande, une bande mouchetée?

— Parfois, je me dis que ce devait être simplement quelque effet du délire; à d'autres moments, je pense qu'il s'agissait peut-être d'une bande faisant partie de ces romanichels. J'ignore si les foulards à pois que nombre d'entre eux portent sur la tête ont pu lui suggérer l'étrange qualificatif dont elle a usé.

Holmes secoua la tête, comme si cette explication était loin de la satisfaire.

— Je crains fort que ce soit pousser les choses quand même un peu loin, dit-il. Continuez votre récit, je vous prie.

— Deux ans se sont écoulés depuis lors et, jusqu'à ces derniers temps, ma vie a été plus solitaire que jamais. Mais voici deux mois, un ami très cher que je connais depuis longtemps m'a fait l'honneur de me demander en mariage. Il se nomme Armitage, Percy Armitage, et c'est le fils cadet de M. Armitage, de Crane Water, près de Reading. Mon beau-père n'a marqué aucune opposition à cette union et nous devons nous marier au printemps. Il y a deux jours, des réparations ont été entreprises dans l'aile ouest et le mur de ma chambre ayant été percé, j'ai dû m'installer dans celle de ma sœur et dormir dans le lit qui fut le sien. Je vous laisse à penser la terreur que j'ai éprouvée quand, la nuit dernière, alors que, étendue dans mon lit, je repensais à la terrible fin de ma sœur, j'ai entendu le même sifflement étouffé qui avait précédé sa mort. Me levant d'un bond, j'ai allumé la lampe, mais la chambre ne présentait rien d'inhabituel. J'avais toutefois été trop secouée pour pouvoir me remettre au lit. Je me suis donc habillée et, dès qu'il a fait jour, je suis allé prendre un cabriolet à l'*Auberge de la Couronne,* située juste en face de la propriété et j'ai roulé jusqu'à Leatherhead, d'où je suis venue ce matin dans le seul but de vous voir et vous demander conseil.

— Vous avez bien fait, dit mon ami. Mais m'avez-vous tout raconté?

— Oui, tout.

— Non, miss Stoner. Vous cherchez à couvrir votre beau-père.

— Comment ça? Que voulez-vous dire?

Pour toute réponse, Holmes releva le ruché de dentelle noire qui recouvrait en partie la main reposant sur les genoux de notre visiteuse. Cinq petites taches livides étaient imprimées sur la blancheur du poignet, les empreintes de quatre doigts et d'un pouce.

– Vous avez été cruellement maltraitée, dit-il.

Le visage de la jeune femme s'empourpra et elle rabattit le volant de dentelle sur sa main.

– C'est un homme très rude, dit-elle, et peut-être ne connaît-il même pas sa force.

Un long silence suivit, pendant lequel, le menton dans ses mains, Holmes demeura à contempler le feu.

– C'est une affaire très complexe, dit-il enfin. Il y a mille détails que je souhaiterais connaître avant d'arrêter un plan d'action. Mais, par ailleurs, nous n'avons pas un instant à perdre. Si nous nous rendions aujourd'hui à Stoke Moran, nous serait-il possible de voir ces chambres à l'insu de votre beau-père?

– Il a justement parlé d'aller en ville aujourd'hui pour une affaire importante. Il restera probablement absent toute la journée et vous ne risqueriez donc pas d'être dérangés. Nous avons maintenant une gouvernante, mais elle est vieille et un peu folle, si bien qu'il me serait facile de la tenir à l'écart.

– Excellent! Vous n'avez rien contre ce voyage, Watson?

– Absolument rien.

– Alors, nous viendrons tous les deux. Vous-même, mademoiselle, que vous proposez-vous de faire?

– J'ai une ou deux choses que je voudrais régler tant que je suis en ville. Mais je repartirai par le train de midi, si bien que je serai à temps là-bas pour vous accueillir.

– Comptez sur nous pour le début de l'après-midi, car j'ai moi-même quelques menues affaires dont je dois m'occuper. Voulez-vous attendre un peu et prendre le petit déjeuner avec nous?

– Non, il me faut partir. Rien que de vous avoir confié mes ennuis, je me sens déjà le cœur plus léger. Je vous attendrai donc tantôt.

Et elle quitta la pièce après avoir rabattu l'épaisse voilette sur son visage.

– Eh bien, que pensez-vous de tout ça, Watson? questionna Sherlock Holmes en se renversant dans son fauteuil.

— Cette affaire me semble extrêmement obscure et sinistre.

— Assez obscure et assez sinistre, en effet.

— Cependant, si cette dame est dans le vrai en affirmant que le sol et les murs ont été sondés, que l'on n'a pu utiliser pas plus la porte que la fenêtre ou la cheminée, alors sa sœur était sans aucun doute seule lorsqu'elle est morte de si mystérieuse façon.

— Et que pensez-vous de ces sifflements nocturnes? Ainsi que des très étranges paroles prononcées par la mourante?

— Je ne sais qu'en penser.

— Si vous rapprochez ces sifflements durant la nuit de la présence d'une bande de romanichels très liés avec ce vieux docteur – dont nous avons toute raison de penser qu'il a intérêt à empêcher le mariage de sa belle-fille – de l'allusion à une bande faite au moment d'expirer et, enfin, du fait que Miss Helen Stoner a entendu une résonance métallique – peut-être provoquée par la retombée en place d'une de ces barres de fer assurant la fermeture des volets –, il y a, je crois, de fortes chances pour que ces éléments nous permettent d'élucider le mystère.

— Mais qu'auraient donc fait ces bohémiens?

— Je n'en ai aucune idée.

— Une telle hypothèse me paraît comporter bon nombre de défauts.

— A moi aussi. C'est précisément pour cette raison que nous allons nous rendre aujourd'hui à Stoke Moran. Je tiens à voir sur place si ces défauts sont rédhibitoires ou non. Mais qu'est-ce donc, bon sang?

Mon camarade venait de pousser cette exclamation, parce que notre porte s'était ouverte brusquement, démasquant une sorte de colosse immobile sur le seuil. Il offrait un curieux mélange de citadin et de campagnard : coiffé d'un haut-de-forme noir, il avait une redingote, mais aussi des guêtres de chasse et tenait une cravache à la main. Il était si grand que son chapeau frôlait le cadre supérieur de la porte, dont sa corpulence obstruait complètement l'ouverture. Son visage large, couturé de mille rides, brûlé par le soleil et portant les stigmates des pires passions, se tournait alternativement vers Holmes et moi, tandis que ses yeux bilieux, profondément enfoncés, et son grand nez effilé le faisaient quelque peu ressembler à un vieil oiseau de proie.

— Lequel de vous est Holmes? s'enquit-il.

— C'est mon nom, monsieur, mais j'aimerais connaître le vôtre, répondit posément mon compagnon.

— Je suis le Dr Grimesby Roylott, de Stoke Moran.

— Vraiment, docteur? fit mon ami sans sourciller. Prenez donc un siège, je vous prie.

— Je n'en ferai rien. Ma belle-fille est venue ici. Je l'ai suivie. Que vous a-t-elle dit?

— Le temps est quand même un peu frais pour la saison, déclara Holmes.

— Que vous a-t-elle dit? hurla le vieil homme avec fureur.

— Mais il paraît que les crocus promettent d'être magnifiques, poursuivit imperturbablement mon compagnon.

— Ha! Vous voulez vous débarrasser de moi, hein? lança notre visiteur en faisant un pas vers nous et agitant sa cravache. Je vous connais, coquin! J'ai déjà entendu parler de vous! Holmes le trifouilleur!

Mon ami sourit.

— Holmes je-me-mêle-de-tout!

Le sourire s'élargit.

— Holmes le rond-de-cuir de Scoltland Yard!

Holmes rit de bon cœur :

— Votre conversation est des plus divertissantes, dit-il. En partant, fermez bien la porte, car je sens un courant d'air.

— Je ne partirai pas avant d'avoir dit ce que j'ai à dire! N'allez pas vous mêler de mes affaires! Je sais que Miss Stoner est venue ici... je l'ai suivie! Je suis un homme avec qui il ne fait pas bon se quereller! Regardez!

D'un geste vif, il se saisit du tisonnier qu'il plia entre ses énormes mains brunes.

— Vous ferez donc bien de vous tenir à l'écart! ricana-t-il et, jetant vers la cheminée le tisonnier tordu, il s'en fut aussi brusquement qu'il était venu.

— Un monsieur vraiment très aimable, dit Holmes en riant. Je ne parais pas aussi costaud que lui, mais s'il était resté, j'aurais pu lui montrer que j'ai une aussi bonne poignée que la sienne.

Tout en parlant, il ramassa le tisonnier et le redressa d'un coup.
– Vous rendez-vous compte? Avoir l'insolence de me confondre avec la police officielle! Mais cet incident donne du piquant à notre enquête et je souhaite seulement que notre jeune amie ne pâtisse pas de son imprudence qui a permis à cette brute de la suivre jusqu'ici. Sur ce, Watson, nous allons prendre notre petit déjeuner, après quoi j'irai à la Chambre des Médecins, où j'espère obtenir certains renseignements susceptibles de nous aider dans cette affaire.

Il était près d'une heure de l'après-midi lorsque Sherlock Holmes revint de cette course. Il tenait à la main une feuille de papier bleu, couvertes de notes et de gribouillis.
– J'ai vu le testament de la défunte épouse, m'annonça-t-il. Pour mesurer son exacte portée, j'ai dû calculer la valeur actuelle des différents investissements que ce testament concerne. Lorsque cette dame est morte, le revenu total approchait de onze cents livres, mais, à cause de la chute des prix agricoles, il n'est plus que de sept cent cinquante. En se mariant, chacune des filles peut réclamer deux cent cinquante livres de rente. Il est donc évident que si les demoiselles s'étaient mariées, le beau-père eût été réduit à la portion congrue, et même le mariage d'une seule serait ressenti lourdement par lui. Mon travail de ce matin n'a donc pas été du temps perdu puisqu'il m'a permis d'établir que Roylott a les plus fortes raisons de s'opposer à tout ce qui risque d'aboutir à un mariage. Ceci dit, Watson, l'affaire est trop grave pour que nous traînassions, d'autant que le vieux sait que nous nous intéressons à ses affaires. Donc, si vous êtes prêt, nous allons appeler un fiacre et nous faire conduire à la gare de Waterloo. Je vous serais très obligé de glisser votre revolver dans votre poche. Un Eley n° 2 constitue un excellent argument face à des messieurs qui font des nœuds avec des tisonniers. Revolver et brosse à dents, voilà, je crois, tout ce dont nous avons besoin.

A Waterloo, nous eûmes la chance d'attraper un train qui partait pour Leatherhead, où nous trouvâmes un cabriolet devant le buffet de la gare. Nous couvrîmes ainsi six ou sept kilomètres à travers la ravissante campagne du Surrey. Il faisait une journée magnifique, avec un soleil éclatant et quelques légers nuages blancs dans le ciel. Sur les arbres et les haies verdissaient les premiers bourgeons, et l'air sentait bon la terre humide. Pour moi, à tout le moins, il y avait un saisissant contraste entre les douces promesses du printemps et cette sinistre enquête où nous étions engagés. Assis à l'avant du cabriolet, le chapeau rabattu sur les yeux, les bras croisés et le menton touchant sa poitrine, mon ami paraissait totalement abstrait dans ses pensées. Pourtant, il tressaillit soudain, me donna une tape sur l'épaule et pointa le doigt vers les prairies.

– Regardez là!

Un parc très boisé s'étendait en pente douce, dont le point culminant était particulièrement touffu. Entre les branches, on apercevait les pignons et les toits d'une très vieille demeure.

– Stoke Moran? s'enquit-il.

– Oui, monsieur, c'est la maison du Dr Grimesby Roylott, confirma le cocher.

– On y entreprend actuellement des travaux, dit Holmes, et c'est là que nous allons.

– Voici le village, déclara le cocher, en indiquant un rassemblement de toits au loin sur la gauche. Mais si c'est au château que vous allez, vous aurez plus vite fait de franchir cet échalier et de couper à travers champs. Vous voyez : comme fait cette dame.

– Laquelle dame est, je crois bien, Miss Stoner, remarqua Holmes une main en auvent au-dessus de ses yeux. Oui, je pense que nous avons avantage, en effet, à suivre votre suggestion.

Nous descendîmes, payâmes le cocher, et le cabriolet s'en retourna vers Leatherhead.

Tandis que nous escaladions l'échalier, Holmes me dit :
– J'ai pensé qu'autant valait laisser croire à cet homme que nous étions des architectes venus dans un but précis. Cela l'incitera moins aux commérages. Bon après-midi, Miss Stoner. Vous voyez que nous avons tenu parole.

Notre cliente de la matinée se hâta à notre rencontre en laissant paraître la joie qu'elle éprouvait.

– Il me tardait de vous revoir! s'exclama-t-elle en nous serrant chaleureusement la main. Tout s'est passé pour le mieux. Le Dr Roylott s'en est allé à Londres et il me paraît peu probable que son retour ait lieu avant ce soir.

— Nous avons eu le plaisir de faire sa connaissance, déclara Holmes et, en quelques mots, il relata ce qui s'était passé.

En l'écoutant, Miss Stoner pâlit jusqu'aux lèvres :

— Mon Dieu! Il m'avait donc suivie!

— A ce qu'il semble, oui.

— Il est si rusé que je ne sais jamais à quoi m'en tenir avec lui. Que va-t-il dire à son retour?

— Il lui faut prendre garde, car il pourrait bien s'apercevoir que quelqu'un d'encore plus rusé que lui est sur sa trace. Ce soir, enfermez-vous dans votre chambre. S'il se montre violent, nous vous conduirons chez votre tante à Harrow. Cela dit, il nous faut employer au mieux le temps dont nous disposons, alors, je vous prie, menez-nous tout de suite dans les chambres que nous devons inspecter.

Le bâtiment, construit en pierre grise tachée de lichen par endroits, comprenait un corps central élevé et deux ailes qui s'incurvaient de chaque côté comme les pinces d'un crabe. Dans une de ces ailes, des vitres étaient brisées, et des planches condamnaient les fenêtres, et le toit était en partie effondré, l'image même d'une maison en ruine. La partie centrale était en meilleur état; quant à l'aile droite, elle était relativement neuve : les volets des fenêtres, la fumée montant des cheminées indiquaient que c'était là qu'habitait la famille. Un échafaudage avait été dressé contre le mur du bout qui avait été percé, mais pour l'instant, personne n'était à l'ouvrage. Holmes arpenta lentement dans un sens et dans l'autre la pelouse mal entretenue, examinant avec soin l'extérieur des fenêtres.

— Voici, je pense, la fenêtre de votre chambre... au milieu, c'est celle qu'occupait votre sœur, et la chambre du Dr Roylott jouxte le corps principal du logis?

— Exactement, oui, mais je couche maintenant dans celle du milieu.

— Pour la durée des travaux, à ce que j'ai compris. Soit dit en passant, le mur du bout ne semble pas avoir un si urgent besoin d'être réparé.

— Non, absolument pas. Je crois que ç'a été un prétexte pour me faire changer de chambre.

— Ah! voilà qui est suggestif... De l'autre côté de cette aile, se trouve le corridor sur lequel ouvrent les trois chambres. Il comporte aussi des fenêtres, bien entendu?

— Oui, mais toutes petites. Trop étroites pour que quelqu'un puisse pénétrer par là.

— Et comme vous fermiez toutes les deux vos portes à clef, vos chambres étaient inaccessibles de ce côté-là. Bon... Maintenant, voulez-vous avoir l'amabilité d'aller dans votre chambre et d'en assujettir les volets avec la barre.

Miss Stoner s'exécuta et Holmes, qui avait examiné avec attention la fenêtre ouverte, s'efforça en vain de forcer les volets. Il n'y avait pas de fente où glisser un couteau pour tenter ainsi de soulever la barre. Puis, avec sa loupe, il porta son examen sur les gonds, mais ils étaient robustes et solidement encastrés dans l'imposante maçonnerie.

— Hum! fit-il en se grattant le menton d'un air perplexe, ma théorie se heurte à quelques difficultés. Quand ces volets sont fermés avec la barre, personne ne peut s'introduire par la fenêtre. Bien, bien... Nous allons voir si l'intérieur nous permet d'éclaircir un peu le problème.

Une petite porte de côté donnait accès au corridor blanchi à la chaux qui desservait les trois chambres. Holmes s'étant désintéressé de la troisième chambre, nous allâmes directement à la seconde, celle où dormait maintenant Miss Stoner et où sa sœur avait trouvé la mort. C'était une pièce toute simple, avec un plafond bas et une cheminée sans rideau, comme dans beaucoup de vieilles maisons de campagne. Une commode de chêne foncé occupait un des angles, un lit étroit recouvert d'une courtepointe blanche s'encastrait dans un autre, tandis que la table de toilette se trouvait à gauche de la fenêtre. Avec deux petits fauteuils cannés, ces trois éléments constituaient tout l'ameublement de la pièce, à l'exception d'un tapis de haute laine, carré, qui en occupait le centre. Les plinthes tout comme les panneaux habillant les murs étaient en chêne foncé, mangé par les vers, si vieux et décoloré qu'il devait remonter à la construction de la maison. Tirant un des fauteuils dans un coin, Holmes s'assit en silence, promenant son regard autour de lui avec une minutie qui n'omettait aucun détail.

— Où retentit cette sonnette? demanda-t-il enfin, le doigt pointé vers l'épais cordon de sonnette pendant près du lit et

dont le gros gland qui le terminait reposait sur l'oreiller.
— Dans la chambre de la gouvernante.
— Il paraît plus neuf que le reste.
— Oui, cela fait seulement deux ans qu'on l'a installé.
— C'est votre sœur qui l'avait demandé, je suppose?
— Non, je ne l'ai même jamais entendue s'en servir. Nous avions l'habitude de nous débrouiller toutes seules.
— Alors il semblait vraiment inutile d'installer là un aussi beau cordon de sonnette. Veuillez m'excuser quelques instants, tandis que j'examine ce parquet.

Il s'étendit à plat ventre, sa loupe à la main, rampant rapidement de côté et d'autre en inspectant avec soin chaque rainure du plancher. Puis il fit de même avec les paneaux de bois ceinturant la pièce. S'approchant enfin du lit, il demeura un moment planté devant lui, tandis que son regard parcourait le mur de haut en bas et de bas en haut. Après quoi, saisissant le cordon de sonnette, il le tira d'un coup sec.

— Mais c'est une fausse sonnette! s'exclama-t-il.
— Elle ne fonctionne pas?
— Le cordon n'est même pas rattaché à un fil. Très, très intéressant... Voyez: il est fixé à un crochet, juste au-dessus de la petite bouche d'aération.
— Mais c'est absurde! Je ne l'avais encore jamais remarqué!
— Très étrange! marmonna Holmes, en tirant de nouveau sur le cordon. Il y a dans cette pièce une ou deux choses fort curieuses... Par exemple, fallait-il que l'architecte fût stupide pour faire communiquer une bouche d'aération avec une autre pièce alors que, sans que cela donnât plus de travail, elle pouvait déboucher sur l'extérieur!
— Ça aussi, c'est assez récent, dit la jeune femme.
— Cela a été fait en même temps que le cordon de sonnette? s'enquit Holmes.
— Oui, plusieurs petites modifications ont été effectuées à ce moment-là.
— Elles étaient d'un caractère vraiment très particulier: des fausses sonnettes et des bouches d'aérations qui n'aèrent pas. Avec votre permission, Miss Stoner, nous allons maintenant poursuivre notre inspection dans l'autre chambre.

La chambre du Dr Grimesby Roylott était plus vaste que celle de sa belle-fille, mais tout aussi simplement meublée. Un lit de camp, une petite étagère en bois chargée de livres, pour la plupart des ouvrages techniques, un fauteuil près du lit, une chaise de cuisine contre le mur, une table ronde et un grand coffre en fer étaient les principales choses qui frappaient l'œil. Faisant lentement le tour de la pièce, Holmes examina chacune d'elles avec le plus grand intérêt.

— Qu'y a-t-il là-dedans? questionna-t-il en frappant sur le coffre.

— Les papiers d'affaires de mon beau-père.

— Oh! vous avez donc eu l'occasion de jeter un coup d'œil à l'intérieur?

— Juste une fois, il y a quelques années. Je me souviens que c'était plein de papiers.

— Il n'y a pas un chat dedans, par exemple?

— Non. Quelle drôle d'idée!

— Hé... regardez ça, dit Holmes en prenant une soucoupe contenant du lait qui était posée sur le coffre.

— Non, nous n'avons pas de chat, mais il y a un guépard et un babouin.

— Ah! oui, c'est juste! Après tout, un guépard n'est jamais qu'un grand chat... toutefois une soucoupe de lait ne lui suffirait guère, j'imagine. Il y a un point que j'aimerais bien régler...

S'accroupissant devant la chaise en bois, il se livra à un exament approfondi de son siège.

— Merci, voilà qui est fait, dit-il en se redressant et remettant la loupe dans sa poche. Tiens, c'est intéressant ça...

L'objet qui avait capté son regard était une petite laisse de chien accrochée à un coin du lit. La laisse était arrangée de façon à constituer un nœud coulant.

— Qu'est-ce que vous en pensez, Watson?

— C'est une laisse assez courante. Mais j'ignore pourquoi elle a été nouée de la sorte.

— Ce qui est beaucoup moins courant, n'est-ce pas? Ah! c'est un bien méchant monde que le nôtre, et quand un homme intelligent s'y consacre au mal, c'est pire que tout! Je crois que j'en ai maintenant suffisamment vu, Miss

Stoner, et, avec votre permission, nous allons retourner sur la pelouse.

Jamais mon ami ne m'était apparu avec un front aussi soucieux, ni une expression aussi farouche que lorsque nous ressortîmes de cette chambre. Nous arpentâmes plusieurs fois la pelouse dans un sens puis dans l'autre, sans que ni Miss Stoner ni moi osions interrompre le cours de ses pensées, avant qu'il ne s'arrache lui-même à sa rêverie :

– Il est absolument essentiel, Miss Stoner, dit-il, que vous suiviez mes recommandations à la lettre.

– Je n'y manquerai certainement pas!

– L'affaire est trop grave pour supporter la moindre hésitation. Votre vie peut dépendre de la façon dont vous suivrez mes conseils.

– Je vous assure que je m'en remets entièrement à vous.

– Avant tout, il faut que mon ami et moi passions la nuit dans votre chambre.

Miss Stoner et moi le regardâmes avec la même stupéfaction.

– Oui, il le faut. Laissez-moi vous expliquer. Je crois que c'est l'auberge du village que l'on aperçoit là-bas?

– Oui, c'est *La Couronne*.

– Parfait. De cette auberge, on peut voir votre fenêtre?

– Certainement.

– Alors, lorsque votre beau-père rentrera, enfermez-vous dans votre chambre, en prétendant avoir la migraine. Puis, lorsque vous l'entendrez se retirer pour la nuit, vous ouvrirez vos volets et, dans l'entrebâillement, vous poserez votre lampe : pour nous, ce sera le signal. Prenez alors tout ce dont vous pouvez avoir besoin et passez dans la chambre que vous occupiez habituellement. Je ne doute pas que, pour une nuit, vous arriviez à vous en accommoder en dépit des travaux.

– Oh! oui, facilement.

– Pour le reste, remettez-vous en à nous.

– Mais que ferez-vous?

– Nous passerons la nuit dans votre chambre, pour déterminer la cause du bruit qui vous a dérangé.

– J'ai l'impression, monsieur Holmes, que vous avez déjà votre idée à cet égard, dit Miss Stoner en posant sa main sur le bras de mon compagnon.

- C'est bien possible.
- Alors, je vous en prie, dites-moi ce qui a provoqué la mort de ma sœur.
- Je préfère pour cela attendre d'avoir des preuves plus décisives.
- Dites-moi au moins si j'ai raison de penser qu'elle est morte d'une brusque frayeur.
- Non, je ne le crois pas. Il doit y avoir eu quelque chose de plus tangible pour causer son décès. A présent, Miss Stoner, il nous faut vous quitter car si le Dr Roylott revenait et nous voyait, nous nous serions déplacés pour rien. Au revoir et soyez courageuse, car si vous faites ce que je vous ai dit, vous pouvez être assurée que nous aurons bientôt vaincu les dangers qui vous menacent.

Sherlock Holmes et moi n'eûmes aucune peine à louer une chambre avec salon à l'*auberge de la Couronne*. Elle était située à l'étage et de notre fenêtre nous découvrions l'avenue d'accès au manoir de Stoke Moran ainsi que l'aile habitée. A la tombée du jour, nous vîmes le Dr Grimesby Roylott rentrer en voiture, sa haute silhouette paraissant écraser celle du jeune valet qui conduisait. Celui-ci eut quelque difficulté à ouvrir les lourdes grilles et nous entendîmes le docteur tonner après lui, en agitant les poings dans sa direction. Enfin le cabriolet entra dans la propriété et, quelques minutes plus tard, une lumière brilla soudain entre les arbres : une lampe venait d'être allumée dans une dès pièces de réception

- Watson, me dit Holmes, tandis que nous étions assis dans la pénombre qui s'épaississait, j'ai vraiment scrupule à vous emmener avec moi cette nuit, car il y a indubitablement danger.
- Puis-je vous être utile ?
- Votre présence n'aura pas de prix.
- Alors je vous accompagnerai.
- C'est vraiment très chic de votre part.
- Vous parlez de danger... Sans doute avez-vous su voir dans ces chambres plus de choses que je n'en ai vu moi-même...
- Non, mais il est possible que j'aie déduit plus de choses de ce que nous avons vu l'un et l'autre.
- Je n'ai rien remarqué d'anormal, sinon ce cordon de

201

sonnette dont je n'arrive pas, je l'avoue, à imaginer l'utilité.

— Vous avez vu aussi la bouche d'aération?

— Oui, mais je ne trouve rien de tellement insolite à ce qu'on ménage ainsi une petite ouverture entre deux pièces. Elle est si étroite qu'un rat aurait peine à y passer.

— Avant même que nous n'arrivions à Stoke Moran, je savais que nous y trouverions une bouche d'aération.

— Mon cher Holmes!

— Oh! mais si, parfaitement! Vous vous rappelez que, dans ses déclarations, Miss Stoner nous a dit que sa sœur sentait l'odeur du cigare fumé par le Dr Roylott. Cela donnait immédiatement à penser qu'il devait exister une communication entre les deux chambres, mais de petite taille, sans quoi on l'eût remarquée lors de l'enquête menée par le coroner. J'en ai déduit qu'il s'agissait d'une bouche d'aération.

— Mais quel mal peut-il y avoir à cela?

— Eh bien, la coïncidence des dates est à tout le moins curieuse. On perce une bouche d'aération, un cordon est pendu devant elle, et une demoiselle qui couche dans le lit, meurt. Vous ne trouvez pas ça frappant?

— Je n'arrive pas à voir le moindre rapport...

— N'avez-vous rien remarqué de particulier concernant le lit?

— Non.

— Il est fixé au plancher. Avez-vous jamais vu un lit pareillement immobilisé?

— Ma foi, non.

— La demoiselle ne pouvait déplacer son lit. Celui-ci devait demeurer fixé au même endroit par rapport à la bouche d'aération et au cordon... que nous n'appellerons plus « cordon de sonnette » puisqu'il n'en a jamais actionné aucune.

— Holmes, m'écriai-je, il me semble entrevoir vaguement où vous voulez en venir! Nous sommes arrivés juste à temps pour empêcher que soit commis un crime où la subtilité le dispute à l'horreur.

— Oui, un crime assez subtil et horrible, en effet. Quand un médecin tourne mal, c'est le pire des criminels car il a autant de science que de sang-froid. Palmer et Pritchard appartenaient l'un comme l'autre à l'élite de la profession médicale. Cet homme me semble devoir les surpasser, mais je crois, Watson, que nous serons quand même plus forts que lui. Toutefois, comme nous aurons notre suffisance d'horreurs avant la fin de la nuit, pour l'amour du ciel, fumons d'abord une bonne pipe et, durant quelques heures, tournons nos esprits vers quelque chose de plus gai!

Vers neuf heures, la lumière entre les arbres s'éteignit et l'obscurité fut totale du côté du manoir. Deux heures s'écoulèrent avec une extrême lenteur puis, juste comme onze heures sonnaient, un point lumineux éclatant jaillit en face de nous.

– Voilà notre signal, dit Holmes en se levant aussitôt. Cette lumière provient de la fenêtre du milieu.

Comme nous sortions, il échangea quelques paroles avec l'aubergiste, lui expliquant que nous allions faire une visite tardive à un ami et passerions peut-être la nuit chez lui. Un moment plus tard, nous étions sur la route obscure où soufflait un vent glacial, avec juste cette lumière tremblotante pour nous guider dans notre sombre randonnée.

Nous n'eûmes guère de difficulté à pénétrer dans la propriété, car le vieux mur du parc présentait plusieurs brèches qui n'avaient pas été réparées. Cheminant entre les arbres, nous atteignîmes la pelouse, la traversâmes, et nous étions sur le point d'entrer par la fenêtre quand, d'un massif de lauriers jaillit ce qui nous parut être un enfant horrible et difforme qui s'élança vers la pelouse en se contorsionnant et disparut rapidement dans les ténèbres.

– Mon Dieu! fis-je. Avez-vous vu?

L'espace d'un instant, Holmes avait été tout aussi saisi que moi et sa main s'était refermée comme un étau sur mon poignet. Puis il rit doucement et me chuchota à l'oreille:

– C'était le babouin. Quelle maisonnée!

J'avais oublié les étranges compagnons qu'affectionnait le docteur. Il y avait aussi un guépard qui, d'un moment à l'autre, allait peut-être nous sauter sur le râble. J'avoue que je me sentis plus tranquille lorsque, après avoir ôté mes chaussures à l'exemple de Holmes, je me trouvai dans la chambre. Mon compagnon ferma sans bruit les volets, transporta la lampe sur la table et promena son regard autour de la chambre. Tout y était comme nous l'avions vu dans la journée. Me rejoignant alors sur la pointe des pieds et mettant sa main en cornet, il me chuchota de nouveau quelque chose à l'oreille, mais si doucement que je compris seulement ces mots :

— Le moindre bruit compromettrait tout.

Je hochai la tête pour lui montrer que j'avais compris.

— Nous devons rester sans lumière, car il pourrait la voir par la bouche d'aération.

J'acquiesçai de nouveau.

— Ne vous endormez pas; ça peut être une question de vie ou de mort. Ayez votre revolver à portée de la main, au cas où nous en aurions besoin. Je vais m'asseoir au bord du lit et vous, dans ce fauteuil.

Je sortis mon revolver que je posai sur la table.

Holmes avait apporté une canne en jonc, longue et mince, qu'il plaça près de lui sur le lit, à côté d'une boîte d'allumettes et d'un bout de chandelle. Puis il éteignit la lampe et nous demeurâmes dans l'obscurité.

Comment pourrais-je jamais oublier cette terrible veille? Je ne percevais aucun bruit, pas même celui d'une respiration, et je savais pourtant que mon compagnon était assis à quelques pas de moi, les yeux grands ouverts, en proie à la même tension nerveuse que moi. Les volets occultant toute clarté extérieure, nous attendions dans de complètes ténèbres. De temps à autre nous parvenait du dehors le cri d'un oiseau de nuit et une fois, sous notre fenêtre, s'éleva une sorte de long miaulement, nous confirmant que le guépard était bien en liberté. Très loin, nous entendions l'horloge de l'église qui sonnait tous les quarts d'heure. Comme ils nous semblaient longs, ces quarts d'heure! Minuit, puis une heure, deux heures, trois heures du matin, et nous étions toujours à attendre ce qui pouvait se produire.

Soudain, du côté de la bouche d'aération jaillit un rayon lumineux, mais qui disparut aussitôt cependant que nous sentions une forte odeur de pétrole et de métal chauffé. Quelqu'un avait allumé une lanterne sourde dans la pièce voisine. Je perçus un léger bruit de déplacement, puis ce fut de nouveau le silence total cependant que l'odeur devenait plus forte. Je demeurai ainsi une demi-heure, l'oreille aux aguets. Puis, tout à coup, un autre bruit fut audible, un bruit très doux et apaisant, évoquant le petit jet de vapeur que laisse échapper le bec d'une bouilloire. A peine l'avions-nous entendu que Holmes se leva d'un bond, craqua une allumette et, de son jonc, se mit à frapper furieusement le cordon de sonnette.

– Vous le voyez, Watson? hurla-t-il. Vous le voyez?

Je ne voyais rien. Au moment où Holmes avait allumé le bout de chandelle, j'avais distinctement perçu un sifflement étouffé, mais au sortir des ténèbres, cette soudaine clarté m'éblouit, m'empêchant de distinguer ce que mon ami frappait avec une telle sauvagerie. En revanche, je voyais très bien son visage, mortellement pâle, exprimant horreur et dégoût.

Il s'était arrêté de frapper et regardait la bouche d'aération lorsque retentit dans le silence de la nuit le plus horrible cri que j'eusse jamais entendu. Il devint de plus en plus perçant, atroce hurlement où se mêlaient l'effroi, la douleur et la colère. Il paraît que jusqu'au village, et même au presbytère situé plus loin, des gens furent tirés de leur sommeil par ce cri. Il nous glaça le cœur cependant que Holmes et moi demeurions à nous regarder jusqu'au moment où s'en éteignirent les derniers échos dans le silence d'où il avait jailli.

– Qu'est-ce que ça veut dire? haletai-je.

– Ça veut dire que tout est fini, me répondit Holmes. Et peut-être, après tout, est-ce mieux ainsi. Prenez votre revolver, et nous allons dans la chambre du Dr Roylott.

Le visage grave, il alluma la lampe et me précéda dans le corridor. Il frappa par deux fois à la porte de la chambre voisine sans obtenir de réponse. Alors, il tourna la poignée et entra; j'étais sur ses talons, mon revolver prêt à tirer.

C'est un singulier tableau qui s'offrit à nos yeux. Sur la table était posée une lanterne sourde et le volet à demi levé projetait un rayon de vive clarté sur le coffre de fer, dont la porte était ouverte. A côté de cette table, sur la chaise de bois était assis le Dr Grimesby Roylott, vêtu d'une longue robe de chambre grise, au bas de laquelle émergeaient ses chevilles nues au-dessus des pieds chaussés de babouches rouges sans talon. Sur ses genoux se trouvait la laisse nouée que nous avions remarquée dans l'après-midi. Menton pointé en l'air, son regard horriblement fixe était braqué sur l'angle du plafond. Autour du front, il avait une étrange bande jaune, mouchetée de brun, qui semblait lui enserrer étroitement la tête. A notre entrée, il ne broncha pas, n'émit aucun son.

— La bande! La bande mouchetée! murmura Holmes.

Je fis un pas en avant; aussitôt, l'étrange garniture se mit à bouger et au milieu des cheveux se dressa, au-dessus d'un cou renflé, la tête en losange d'un horrible serpent.

— C'est une vipère des marais! s'écria Holmes. Le plus venimeux serpent des Indes. Roylott a succombé moins de dix secondes après avoir été mordu. La violence se retourne contre le violent et le comploteur tombe dans la fosse qu'il creusait pour un autre. Ramenons cette bête dans son gîte, puis nous mettrons Miss Stoner en sûreté et ferons savoir à la police du comté ce qui vient de se produire.

Tout en parlant, il se saisit prestement de la laisse qui était sur les genoux du mort et, passant le nœud coulant au cou du reptile il l'arracha de son affreux perchoir pour l'aller porter, à bout de bras, jusqu'au coffre de fer dont il referma la porte après l'y avoir jeté.

Telle est la vérité sur la mort du Dr Grimesby Roylott, de Stoke Moran. Point n'est besoin que je prolonge un récit n'ayant déjà que trop duré, en racontant comment nous apprîmes la nouvelle à la jeune fille horrifiée, que nous emmenâmes par le train du matin pour la confier aux soins de sa bonne tante de Harrow, et comment la lente procédure de l'enquête amena la police à conclure que le médecin avait été victime de son imprudence en jouant avec un des dangereux animaux qu'il affectionnait. Le peu qu'il me restait à apprendre sur cette affaire, me fut raconté par Sherlock Holmes le lendemain, pendant notre voyage de retour.

— J'étais arrivé à une conclusions totalement erronée, me dit-il, ce qui montre bien, mon cher Watson, comme il est dangereux de vouloir raisonner à partir d'éléments insuffisants. La présence des romanichels et le mot « bande », utilisé par l'infortunée jeune fille pour tenter sans doute de décrire ce qu'elle avait entrevu à la clarté de son allumette, avaient suffi pour me lancer sur une fausse piste. Mon seul mérite est d'avoir immédiatement reconsidéré ma position lorsqu'il me devint évident que si un danger menaçait un occupant de cette chambre, il ne pouvait venir ni de la porte ni de la fenêtre. Comme je vous l'ai déjà fait remarquer, mon attention fut attirée d'emblée par cette bouche d'aération et le cordon de sonnette qui en pendait jusqu'au lit. La découverte que cette sonnette était factice et que le lit était fixé au parquet me fit aussitôt soupçonner que cette corde devait constituer une manière de pont pour quelque chose qui, passant par le trou d'aération, descendrait ainsi jusqu'au lit. L'idée d'un serpent me vint immédiatement à l'esprit, et quand je me rappelai que le docteur recevait des animaux en provenance des Indes, je sentis que j'étais probablement sur la bonne voie. Utiliser une forme de poison qu'une analyse chimique ne permettrait pas de découvrir était bien le genre d'idée pouvant venir à un homme intelligent et sans scrupule ayant vécu en Orient. La rapidité d'action d'un tel poison constituait aussi un avantage à ses yeux. Il faudrait que le coroner eût vraiment une très bonne vue pour distinguer les deux points noirs qui marqueraient l'endroit où les crochets venimeux auraient fait leur œuvre. Puis je pensai au sifflement. Bien sûr, il fallait que le médecin rappelle le serpent avant que la lumière du jour ne le fasse découvrir. Je suppose qu'il l'avait habitué à revenir lorsqu'il l'appelait ainsi, en l'appâtant avec le lait que nous avons vu dans la soucoupe. A l'heure qu'il jugeait la plus propice, il le faisait donc passer par la bouche d'aération, certain qu'il descendrait le long du cordon et tomberait sur le lit. Il pouvait ou non en mordre l'occupante, laquelle en réchapperait peut-être plusieurs nuits à la suite, mais tôt ou tard serait sa victime.

« Je suis parvenu à ces conclusions avant même d'entrer dans la chambre du docteur. En examinant la chaise, j'ai constaté qu'il devait avoir l'habitude de monter dessus, ce qu'il lui fallait faire, bien sûr, pour atteindre la bouche d'aération. La vue du coffre, de la soucoupe de lait et du nœud coulant suffirent à chasser les doutes qui pouvaient encore substister en moi. Le fracas métallique entendu par Miss Stoner était bien évidemment causé par son beau-père lorsqu'il refermait vivement la porte du coffre sur son terrible occupant. Parvenu à cette conclusion, vous avez vu quelles dispositions j'ai prises pour avoir la preuve de ce que je supposais. J'entendis, tout comme vous certainement, le léger sifflement de l'animal et j'allumai aussitôt afin de l'attaquer.

— Ce qui eut pour résultat de lui faire rebrousser chemin par la bouche d'aération.
— Et aussi de se retourner contre son maître qui se trouvait de l'autre côté. Plusieurs coups de ma canne l'ont atteint, ce qui a dû provoquer sa colère, si bien qu'il s'est jeté sur la première personne qu'il a vue. En ce sens, je suis sans aucun doute indirectement responsable de la mort du Dr Grimesby Roylott mais je vous assure que ça ne pèsera guère sur ma conscience.

9

LE POUCE DE L'INGÉNIEUR

De tous les problèmes qui, durant les années où nous fûmes liés, ont été soumis à mon ami M. Sherlock Holmes afin qu'il en trouve la solution, deux seulement furent portés par moi à son attention : ceux du pouce de M. Hatherley et de la folie du colonel Warburton. Ce dernier a pu offrir un plus beau champ d'investigation à l'observateur singulièrement sagace qu'il est, mais l'autre se révéla si curieux dès l'abord et si dramatique dans les détails qu'il me paraît devoir être rapporté, même s'il a donné à mon ami moins d'occasions d'exercer ses méthodes de déduction grâce auxquelles il a obtenu de si remarquables résultats. Cette histoire a été, je crois, racontée plus d'une fois dans les journaux, mais comme toutes ces affaires, son effet est beaucoup moins frappant quand il est présenté *en bloc* (1) dans une demi-colonne de quotidien, que lorsque les faits évoluent lentement devant nos yeux et que le mystère se dissipe peu à peu, chaque nouvelle découverte étant comme un pas de plus menant à la totale vérité. A l'époque, les circonstances de cette affaire m'ont fait grande impression, et les deux ans qui se sont écoulés depuis lors n'en ont guère atténué l'effet.

Ce fut durant l'été de 1889, peu après mon mariage, que se produisirent les événements que je vais maintenant résumer. J'avais repris l'exercice de ma profession et laissé finalement à Sherlock Holmes l'appartement de Baker Street, mais j'allais souvent l'y voir, et parfois même j'arrivais à le

---

(1) En français dans le texte (N. du T.).

persuader de renoncer un peu à ses habitudes bohèmes pour venir nous faire visite. Ma clientèle s'accroissait régulièrement et comme je me trouvais habiter non loin de la gare de Paddington, j'avais quelques clients parmi les fonctionnaires des chemins de fer. L'un d'eux, que j'avais guéri d'une douloureuse affection chronique, ne se lassait pas de faire mon éloge et s'efforçait de m'envoyer tout malade sur lequel il avait un peu d'influence.

Un matin, peu avant sept heures, je fus réveillé par la bonne frappant à ma porte pour m'annoncer que deux hommes de la gare de Paddington m'attendaient dans mon cabinet de consultation. Je m'habillai en hâte, sachant par expérience que les gens du chemin de fer venaient rarement pour des choses bénignes. Comme je descendais rapidement au rez-de-chaussée, mon vieil ami le chef de train sortit de mon cabinet et en referma soigneusement la porte derrière lui.

— Je l'ai amené là, me chuchota-t-il en pointant le pouce par-dessus son épaule. Il va bien.

— De quoi s'agit-il alors? m'enquis-je, car son attitude eût donné à penser qu'il avait réussi à enfermer quelque étrange créature dans mon cabinet.

— D'un nouveau client, j'ai préféré vous l'amener moi-même, pour qu'il ne risque pas de filer. Il est là, sain et sauf. A présent, il faut que je m'en aille, Docteur : tout comme vous, j'ai mes obligations professionnelles.

Et ce fidèle démarcheur s'en fut sans même me donner le temps de le remercier.

J'entrai dans mon cabinet et y trouvai un monsieur assis près de la table. Sobrement vêtu d'un costume de tweed bruyère, il avait posé sa casquette souple sur mes livres. Une de ses mains était entortillée dans un mouchoir tout taché de sang. C'était un homme jeune — je ne lui donnais pas plus de vingt-cinq ans — avec un visage très viril. Mais il était d'une extrême pâleur et me donnait l'impression d'être en proie à une vive agitation qu'il lui fallait toute sa volonté pour contrôler.

— Je suis navré de vous déranger si tôt, Docteur, dit-il. Mais durant la nuit j'ai été victime d'un très grave accident. Je suis arrivé à Paddington ce matin par le train et là j'ai demandé où trouver un médecin. Un brave type m'a très aimablement conduit jusqu'ici. J'ai donné ma carte à votre domestique, mais je vois qu'elle l'a laissée sur cette petite table.

Je pris la carte et lus : *Victor Hatherley, Ingénieur hydraulicien, 16 a Victoria Street (3ᵉ étage).* Tels étaient donc le nom, la profession et l'adresse de mon visiteur matinal.

– regrette de vous avoir fait attendre, dis-je en prenant place derrière mon bureau. A ce que je comprends, vous avez voyagé de nuit, ce qui est bien fastidieux...

– Oh ! ma nuit ne saurait être qualifiée de fastidieuse ! s'esclaffa-t-il.

Renversé dans son fauteuil, se tenant les côtes, il riait de bon cœur, mais d'une façon un peu trop suraiguë. Mon instinct médical fut aussitôt alerté.

– Arrêtez ! Ressaisissez-vous ! lui criai-je, tout en versant de l'eau d'une carafe dans un verre.

Mais c'était peine perdue. Il était secoué par un de ces rires hystériques qui, réaction nerveuse, s'emparent des gens à forte constitution après que quelque chose de grave s'est passé. Il finit toutefois par se contrôler, épuisé et confus.

– Je me suis conduit ridiculement, haleta-t-il.

– Pas du tout. Buvez-ça.

J'avais ajouté un peu de cognac dans l'eau et ses joues exsangues commencèrent à reprendre leur couleur.

– Ça va mieux ! dit-il. Et à présent, Docteur, voudriez-vous avoir l'amabilité de vous occuper de mon pouce ou plutôt de l'endroit où était mon pouce ?

Dénouant le mouchoir, il me présenta sa main. J'ai beau avoir les nerfs aguerris, je ne pus réprimer un frisson en la regardant. Elle pointait quatre doigts vers moi, car où aurait dû se trouver le pouce, il n'y avait plus qu'un emplacement spongieux horriblement rouge. Il avait été tranché ou arraché.

– Dieu du ciel ! m'écriai-je. Quelle horrible blessure ! Elle a dû saigner énormément.

– En effet, oui. Je me suis évanoui lorsque ça s'est produit et je pense que j'ai dû rester un long moment sans connaissance. Quand je suis revenu à moi, j'ai vu que ça saignait toujours, alors je me suis bandé étroitement le poignet avec mon mouchoir et j'ai fait un garrot à l'aide d'un morceau de bois.

— Excellent! Vous auriez dû être chirurgien.
— Cela relève de l'hydraulicité, vous comprenez, alors c'est un peu ma partie.
— Ceci a été fait, diagnostiquai-je en examinant la blessure, à l'aide de quelque chose de lourd et de tranchant.
— Quelque chose comme un fendoir, dit-il.
— Un accident, je suppose?
— Absolument pas.
— Quoi? Une agression meurtrière, alors?
— Résolument meurtrière.
— Vous m'horrifiez!

J'étanchai la plaie, la nettoyai, la pansai et, finalement, la recouvris de coton hydrophile avant de la bander. Il me laissa faire sans broncher, bien qu'il se mordît la lèvre de temps à autre.

— Comment ça va maintenant? m'enquis-je lorsque j'eus terminé.
— Beaucoup mieux! Avec votre cognac et votre pansement, je me sens un autre homme. J'étais très affaibli, mais il y avait de quoi.
— Peut-être vaudrait-il mieux ne pas en parler. C'est sans aucun doute très éprouvant pour vos nerfs.
— Oh! non, plus maintenant. Il va me falloir tout raconter à la police mais, soit dit entre nous, s'il n'y avait la preuve irréfutable de ma blessure, je serais étonné qu'ils croient à mon histoire, car elle est vraiment extraordinaire et je n'ai pas grand-chose pour l'étayer. Et même s'ils me croient, les indices que je suis en mesure de leur fournir sont tellement vagues qu'il me paraît douteux que justice soit jamais faite!
— Ah! m'écriai-je, si vous êtes en présence d'une sorte de problème dont vous aimeriez bien trouver la solution, je vous conseille fortement de consulter mon ami Sherlock Holmes avant de vous adresser à la police officielle.
— Oh! j'ai entendu parler de lui, déclara aussitôt mon visiteur, et je serais très heureux s'il voulait se charger de cette affaire bien que, naturellement, je doive aussi en informer la police. Pourriez-vous me donner un mot de recommandation pour lui?
— Je vais faire mieux et vous conduire moi-même chez lui.

– Je vous en serais immensément obligé.

– Nous allons appeler un fiacre et nous rendre ensemble à son domicile. Nous arriverons juste à point pour prendre le petit déjeuner avec lui. Vous sentez-vous la force à le faire?

– Oh! oui. Je ne serai vraiment soulagé que lorsque j'aurai raconté mon histoire.

– Alors ma domestique va s'occuper du fiacre et je vous rejoins dans un instant.

Je remontai en vitesse à l'étage, expliquai succinctement la situation à ma femme, et cinq minutes plus tard je roulais vers Baker Street dans un hansom-cab, en compagnie de mon nouveau client.

Comme je m'y attendais, Sherlock Holmes paressait en robe de chambre dans son salon, lisant le *Times* à la page des communications personnelles, tout en fumant sa pipe d'avant le petit déjeuner, celle qu'il garnissait avec tous les culots et restants de tabac de la veille, toujours soigneusement mis à sécher sur le coin de la cheminée. Il nous accueillit avec cette cordialité tranquille qui lui était habituelle, demanda de nouveau du lard grillé et des œufs afin de partager avec nous un copieux petit déjeuner. Quand nous eûmes fini de manger, il installa notre nouvelle connaissance sur le canapé, avec un oreiller sous sa tête et un verre de cognac additionné d'eau à portée de sa main.

– On voit sans peine que ce qui vous est arrivé sort de l'ordinaire, monsieur Hatherley, déclara-t-il. Etendez-vous bien, je vous en prie, et faites comme si vous étiez chez vous. Dites-nous ce que vous êtes en mesure de nous apprendre, mais arrêtez-vous dès que vous vous sentez fatigué et entretenez vos forces avec un peu de ce stimulant.

– Merci, répondit mon malade, mais je me sens un autre homme depuis que le docteur m'a fait un pansement, et je crois que ce petit déjeuner m'a complètement requinqué. Comme votre temps est précieux et que je souhaite vous en faire perdre le moins possible, je commence sans plus attendre le récit des choses peu banales qui me sont arrivées.

Holmes s'assit dans son grand fauteuil, les yeux mi-clos, avec cet air las qu'il affectait pour masquer l'intérêt qu'il éprouvait, tandis que je prenais place en face de lui, et nous écoutâmes en silence l'étrange histoire que nous conta notre visiteur :

— Sachez tout d'abord, dit-il, que, célibataire et sans famille, j'habite seul dans un meublé à Londres. J'exerce la profession d'ingénieur hydraulicien et j'ai acquis une grande expérience de ce métier durant mes sept années d'apprentissage chez Venner & Matheson, la firme bien connue de Greenwich. Voici deux ans, ayant terminé cet apprentissage et, entre-temps, hérité d'une assez jolie somme à la mort de mon pauvre père, je décidai de m'installer à mon compte et louai un bureau dans Victoria Street.

« Je suppose que quiconque se lance ainsi dans les affaires s'aperçoit que les débuts sont loin d'être roses. Ce fut particulièrement le cas en ce qui me concerne. En l'espace de deux ans, outre un petit travail, trois personnes sont venues me consulter et c'est absolument tout ce que ma profession m'a rapporté, soit, en gros, vingt-sept livres et dix shillings ! Chaque jour, de neuf heures du matin à quatre heures de l'après-midi, j'attendais le client dans mon petit bureau, si bien que, le cœur gros, je commençais à croire que je n'arriverais jamais à rien.

« Mais hier, juste comme je regardais l'heure pour rentrer chez moi, mon secrétaire vint m'annoncer qu'un monsieur demandait à me voir pour affaire, et il me remit une carte sur laquelle était gravé : *Colonel Lysander Stark.* Introduit presque aussitôt, le colonel se révéla être un homme de taille moyenne mais d'une excessive maigreur. Je ne crois pas avoir jamais vu un homme aussi maigre. Tout son visage n'était pratiquement que nez et menton, la peau des joues comme tendue à craquer sur ses mâchoires saillantes. Mais cette émaciation semblait lui être naturelle et non pas due à la maladie, car son regard était brillant, son pas alerte et son comportement plein d'assurance. Il était vêtu de façon simple mais irréprochable et, pour autant que j'en puisse juger, devait être plus proche de quarante que de trente ans.

« — Monsieur Hatherley ? s'enquit-il avec un accent quelque peu germanique. Vous m'avez été recommandé, monsieur Hatherley, comme un homme connaissant non seulement très bien son métier, mais capable aussi de se montrer discret et de garder un secret.

« Je m'inclinai, flatté comme n'importe quel jeune homme l'eût été à ma place. « Puis-je vous demander qui m'a si bien recommandé à vous? » m'enquis-je.

« – Ma foi, il vaut peut-être mieux que je ne vous le dise pas pour l'instant. Je tiens de la même source que vous êtes un célibataire sans famille et habitez seul à Londres.

« – C'est parfaitement exact, répondis-je, mais, veuillez m'en excuser, je ne vois pas bien quel rapport tout cela peut avoir avec mes qualifications professionnelles. Car, si j'ai bien compris, c'est pour une question d'ordre professionnel que vous désirez me parler?

« – Oui, sans aucun doute. Vous vous apercevrez néanmoins que tout ce que je dis s'y rattache. J'ai à vous charger d'un travail, mais pour lequel la discrétion est essentielle, *absolument* essentielle, et c'est une chose qu'on escompte plus aisément d'un homme vivant seul qu'au sein de sa famille.

« – Si je vous promets de garder un secret, dis-je, vous pouvez vous fier entièrement à ma parole.

« Tandis que je lui disais cela, il me regardait fixement et jamais, me semblait-il, je n'avais vu regard plus interrogateur ni soupçonneux.

« – Alors, vous me le promettez? dit-il enfin.

« – Oui, je vous le promets.

« – Silence absolu et complet, avant, pendant et après? Aucune allusion à ce sujet, ni verbalement ni par écrit?

« – Je vous ai déjà donné ma parole.

« – Très bien.

« Se levant d'un bond, il traversa la pièce comme un éclair et ouvrit la porte. Le corridor était désert.

« – Parfait, dit-il en revenant s'asseoir. Je sais que les employés se montrent parfois curieux des affaires de leurs patrons. A présent, nous pouvons discuter en toute tranquillité.

« Il rapprocha sa chaise de la mienne et, de nouveau, me considéra d'un air méditatif et interrogateur.

« Un sentiment de répulsion et de quelque chose confinant à la peur commençait à m'envahir devant l'étrange comportement de cet homme décharné. Même la crainte de perdre un client ne me retint pas de manifester une certaine impatience.

215

« – Je vous serai obligé de m'exposer votre affaire, monsieur, dis-je, mon temps est précieux. (Que le Ciel me pardonne cette dernière phrase, car je l'ai indubitablement prononcée!)

« – Est-ce que cinquante guinées vous agréeraient pour une nuit de travail? me demanda-t-il.

« – Fort bien.

« – J'ai dit « une nuit de travail », mais une heure serait plus près de la vérité. Je désire simplement avoir votre opinion à propos d'une presse hydraulique qui s'est déréglée. Si vous nous montrez ce qui ne va pas, nous aurons vite fait de la réparer nous-mêmes. Que pensez-vous d'une telle proposition?

« – Que le travail paraît bien mince pour une telle rétribution.

« – C'est le cas. Nous voudrions que vous veniez ce soir, par le dernier train.

« – Que je vienne où?

« – A Eyford, dans le Berkshire. C'est un petit pays à la lisière de l'Oxfordshire, et à moins de dix kilomètres de Reading. Un train part de Paddington qui doit vous déposer là-bas vers 23 h 15.

« – Parfait.

« – Je viendrai vous chercher à la gare avec une voiture.

« – Ah! il y aura encore du trajet à faire?

« – Oui, nous sommes en pleine campagne, à dix bons kilomètres de la gare d'Eyford.

« – Alors, nous ne pourrons guère être à pied d'œuvre avant minuit et je n'aurai sans doute plus de train pour rentrer. Je serai obligé de passer la nuit là-bas.

« – Oui, mais nous avons de quoi vous fournir un lit de fortune.

« – C'est bien gênant. Ne pourrais-je venir à une heure plus commode?

« – Nous avons jugé préférable que vous veniez tard. C'est pour compenser cet inconvénient que nous vous versons, à vous qui êtes jeune et inconnu, des honoraires qui nous permettraient d'avoir les conseils d'un des plus éminents spécialistes. Mais, bien sûr, si vous préférez ne pas donner suite, il vous est encore loisible de le faire.

« Je pensai aux cinquante guinées et combien elles me seraient utiles.

« – Pas du tout, dis-je. Je ne demande qu'à vous obliger, mais j'aimerais quand même comprendre un peu mieux ce que vous attendez de moi.

« – Bien sûr. Il est très compréhensible que le secret que nous vous demandons ait excité votre curiosité. Je ne cherche nullement à ce que vous vous engagiez avant de savoir de quoi il retourne. Je suppose que nous ne risquons pas d'être entendus par des oreilles indiscrètes?

« – Absolument pas.

« – Alors voici l'affaire... Vous savez probablement que la terre à foulon est un produit rare et qu'il ne s'en trouve en Angleterre que dans un ou deux endroits?

« – Je l'ai entendu dire.

« – Voici quelque temps j'ai acheté une propriété – une toute petite propriété – à une douzaine de kilomètres de Reading. Et dans l'un de mes champs, j'ai eu la chance de découvrir un gisement de terre à foulon. A l'examen toutefois, ce gisement s'est avéré relativement petit, formant une sorte de maillon entre deux autres, beaucoup plus importants, situés à sa droite et à sa gauche... mais tous deux chez mes voisins. Ces braves gens ignorent totalement que leurs terres renferment une telle mine d'or. Bien entendu, mon intérêt est d'acheter leurs terrains avant qu'ils n'en apprennent la valeur réelle mais, malheureusement, je ne dispose pas des capitaux nécessaires pour cela. Alors j'ai mis quelques amis dans le secret et ils m'ont suggéré que nous exploitions posément et en secret notre petit gisement afin de nous procurer l'argent qui nous permettra d'acquérir les champs voisins. C'est ce que nous faisons depuis déjà un certain temps et, pour nous aider dans nos opérations, nous avons installé une presse hydraulique. Cette presse, je vous l'ai déjà dit, s'est déréglée et nous voudrions votre opinion à ce sujet. Mais nous gardons jalousement le secret et si jamais on apprenait que nous avons des hydrauliciens qui viennent dans notre petite maison, cela susciterait la curiosité, et si l'on savait ce qu'il en est, nous pourrions dire adieu à tout espoir d'acquérir ces champs et de mener à bien nos projets. C'est pourquoi j'ai dû vous faire promettre de ne dire à personne que vous vous rendez ce soir à Eyford. J'espère que tout est bien clair maintenant ?

« – Oui, oui, je vous suis parfaitement, dis-je. La seule chose que je ne comprenne pas très bien c'est à quoi peut vous servir une presse pour extraire de la terre à foulon qui, d'après ce que j'en sais, s'extrait comme du sable dans une carrière ?

« – Ah! fit-il négligemment, c'est que nous avons un procédé à nous. Nous comprimons la terre en briquettes, afin de pouvoir la transporter sans que l'on s'aperçoive de sa nature véritable. Mais ceci n'est qu'un détail. Je vous ai maintenant mis entièrement dans le secret, monsieur Hatherley, et je vous ai montré combien j'avais confiance en vous.

« Tout en parlant, il s'était levé et il ajouta : « Alors, je vous attends à Eyford, à 23 h 15 ? »

« – J'y serai sans faute.

« – Et pas un mot à qui que ce soit !

« Il fixa encore sur moi un regard chargé d'interrogation, me serra la main (la sienne était moite et froide) puis s'en fut rapidement.

« Quand j'y réfléchis de sang-froid, je fus très étonné, comme vous devez vous en douter, qu'on ait pensé à me charger aussi soudainement de cette affaire. D'un côté, je me réjouissais, car on me donnait dix fois le prix auquel j'aurais évalué mes services et cette affaire pouvait m'en amener d'autres. Mais, d'un autre côté, le physique et les façons de mon client m'avaient fait une déplaisante impression, et son explication concernant la terre à foulon ne me paraissait pas suffisante pour justifier la nécessité de mon arrivée à minuit, ni ses craintes que je parle à quelqu'un de ce travail. Je finis néanmoins par envoyer mes inquiétudes aux quatre vents, dînai de très bon appétit, puis me rendis à la gare de Paddington d'où je partis en ayant scrupuleusement obéi à l'injonction qui m'avait été faite de tenir ma langue.

« A Reading, j'avais un changement qui m'obligeait à aller à une autre gare. J'y arrivai toutefois à temps pour prendre le dernier train à destination d'Eyford qui me déposa après onze heures du soir devant une petite gare à peine éclairée. J'étais le seul voyageur à descendre là, et le quai était désert, à l'exception d'un porteur endormi muni

d'une lanterne. Mais comme je franchissais le portillon, je trouvai mon client de la matinée qui m'attendait de l'autre côté, dans l'ombre. Sans un mot, il me prit par le bras et m'entraîna vers une voiture dont la portière était ouverte. Il releva les vitres de chaque côté, puis frappa contre la cloison et nous partîmes aussi vite que le cheval pouvait aller.
- Un seul cheval? intervint Holmes.
- Oui, un seul.
- Avez-vous remarqué sa couleur?
- Oui, à la clarté des lanternes, comme je montais en voiture. C'était un cheval bai.
- Paraissant fatigué ou fringant?
- Oh! fringant et lustré!
- Merci. Excusez-moi de vous avoir interrompu et continuez, je vous en prie, votre très intéressant récit.
- Nous partîmes donc et roulâmes pendant une heure au moins. Le colonel Lysander Stark m'avait dit que nous allions à une dizaine de kilomètres, mais d'après la vitesse à laquelle nous roulions et le temps que nous avons mis, j'estime qu'il ne devait pas y en avoir loin de vingt. Il demeura durant tout le trajet assis en silence près de moi et plus d'une fois, comme je regardais de son côté, je m'aperçus qu'il m'observait intensément. C'était une partie du monde où les routes de campagne n'étaient vraiment pas fameuses car nous étions terriblement ballotés d'un côté à l'autre. J'essayais de regarder par la portière pour voir un peu où nous étions, mais les vitres étaient d'un verre dépoli à travers lequel je n'arrivais à distinguer qu'une lumière de temps en temps. Par moments, je risquais une remarque pour rompre la monotonie du voyage, mais le colonel ne me répondait que par monosyllabes, et la conversation tombait. Mais enfin les cahots de la route firent place au crissant confort d'une allée de gravier et la voiture s'immobilisa. Le colonel Lysander Stark descendit aussitôt et, comme je l'imitais, il me tira vivement sous un porche qui béait devant nous. Nous passâmes quasiment directement de la voiture dans le hall, si bien que je n'entrevis même pas la façade de la maison. Dès que j'en eus franchi le seuil, la porte se referma lourdement derrière nous, et je perçus faiblement le bruit fait par les roues de la voiture qui s'éloignait.

« A l'intérieur de la maison, l'obscurité était totale et le colonel tâtonna à la recherche d'allumettes tout en grommelant à mi-voix. Brusquement, une porte s'ouvrit à l'autre bout du hall et un long faisceau de lumière jaune fut projeté dans notre direction. Il s'élargit et une femme apparut avec une lampe à la main, qu'elle tenait au-dessus de sa tête en se penchant en avant pour mieux nous voir. Je me rendis compte qu'elle était jolie et aux luisances que la clarté de la lampe éveillait sur sa robe sombre je sus que celle-ci était de très belle étoffe. Elle prononça quelques mots dans une langue étrangère d'un ton interrogatif, et lorsque mon compagnon lui répondit par une monosyllabe bourrue, elle sursauta si violemment que la lampe faillit lui échapper. S'approchant d'elle, le colonel Stark lui murmura quelque chose à l'oreille puis, après l'avoir repoussée dans la pièce d'où elle était sortie, il revint vers moi avec la lampe.

« – Peut-être aurez-vous l'amabilité d'attendre ici quelques minutes, me dit-il en ouvrant une autre porte.

« La pièce était très simplement meublée avec, au centre, une table ronde sur laquelle se trouvaient, épars, plusieurs livres allemands. Le colonel Stark posa la lampe sur un harmonium proche de la porte.

« – Un instant seulement, dit-il avant de disparaître dans l'obscurité.

« Je jetai un coup d'œil aux livres sur la table et, en dépit de mon ignorance de l'allemand, je me rendis compte qu'il y avait là deux ouvrages scientifiques, les autres volumes étant des recueils de poésies. Je me dirigeai ensuite vers la fenêtre, dans l'espoir de distinguer un peu la campagne environnante, mais la vue était occultée par des volets de chêne que fermait une grosse barre de fer. La maison était extraordinairement silencieuse. Quelque part dans le hall, on entendait battre une vieille horloge, mais à part cela régnait un calme de mort, si bien qu'un vague sentiment de malaise s'empara de moi. Qui étaient ces Allemands et que faisaient-ils ? Pourquoi vivaient-ils dans cette propriété étrange, située à l'écart de tout ? Où était-elle située, au fait ? Je savais être à une vingtaine de kilomètres d'Eyford, un point, c'est tout. Etait-ce au nord, au sud, à l'est ou à l'ouest, je n'en avais aucune idée. Donc Reading et probablement quelques autres grandes villes se trouvaient dans ce même rayon de vingt kilomètres, si bien que, après tout, la propriété n'était sans doute pas tellement à l'écart. Mais, à en juger par ce calme intense, elle était certainement en pleine campagne. Je marchais de long en large dans la pièce et, fredonnant à mi-voix pour ne pas me laisser abattre, je me disais que j'aurais vraiment bien mérité mes cinquante guinées.

« Soudain, sans aucun bruit préalable au sein du total silence, la porte de la pièce s'ouvrit lentement. La femme apparut dans son encadrement, se détachant sur l'obscurité du hall, la clarté jaune de la lampe modelant son beau visage passionné. Je me rendis immédiatement compte qu'elle était malade de peur et cela me glaça le cœur. Elevant un doigt tremblant pour me recommander le silence, elle me chuchota rapidement quelques mots en anglais, tout en regardant constamment l'obscurité derrière elle, comme une cavale effrayée.

« – Partez, dit-elle en s'efforçant de parler calmement. Partez. Ne restez pas. Rien de bon à faire ici!

« – Mais, madame, objectai-je, je n'ai pas encore fait ce pour quoi je suis venu. Je ne peux vraiment pas m'en aller avant d'avoir vu la machine.

« – Ça ne vaut pas que vous attendiez, insista-t-elle. Vous pouvez passer par la porte : il n'y a personne pour vous en empêcher.

« Comme je souriais en secouant la tête, elle rejeta toute prudence et fit un pas vers moi en se tordant les mains :

« — Pour l'amour du Ciel! Allez-vous en d'ici avant qu'il ne soit trop tard! me chuchota-t-elle.

« Mais je suis d'un naturel plutôt entêté et rien ne m'incite autant à m'engager dans une affaire que si quelque chose se met en travers. Je pensais à mes cinquante guinées d'honoraires, à mon exténuante randonnée et à la déplaisante nuit qui semblait m'attendre. Avoir fait tout cela pour rien? Pourquoi repartir sans m'être acquitté de ma mission et sans avoir perçu ce qui m'était dû? Pour ce que j'en savais, cette femme avait peut-être le cerveau dérangé. Aussi, bien que son attitude m'eût troublé plus que je ne voulais me l'avouer, je secouai énergiquement la tête en exprimant mon intention de rester où j'étais. Elle allait revenir à l'assaut lorsqu'une porte claqua au-dessus de nos têtes et des pas se firent entendre dans l'escalier. Elle écouta un instant, leva les mains en un geste désespéré et disparut aussi soudainement, aussi silencieusement qu'elle était venue.

« Arrivèrent alors le colonel Lysander Stark et un petit homme replet, dont le double menton s'ornait d'une soyeuse barbe grisonnante, qu'il me dit être M. Ferguson.

« – C'est tout à la fois mon secrétaire et l'administrateur de notre petite société... Tiens, je croyais avoir fermé cette porte. Vous avez dû souffrir du courant d'air...

« – Au contraire, déclairai-je. C'est moi qui l'ai ouverte, parce que je me sentais un peu oppressé dans cette pièce.

« Il me décocha un de ses regards soupçonneux, puis dit :

– Peut-être ferions-nous mieux de nous mettre au travail. M. Ferguson et moi allons vous mener voir la machine.

« – Alors, je remets mon chapeau...

« – Oh! non : elle est dans la maison.

« – Quoi, vous extrayez de la terre à foulon dans la maison même?

« – Non, non. Nous nous bornons à l'y comprimer en briquettes. Mais peut importe cela! Tout ce que nous attendons de vous, c'est que vous examiniez la machine et nous disiez ce qui ne va pas.

« Nous montâmes à l'étage, le colonel marchant le premier avec la lampe, le gros homme et moi le suivant. Cette vieille maison était un véritable labyrinthe de corridors, de couloirs, d'étroits escaliers en colimaçon, et de petites portes basses au seuil creusé par le pas de toutes les générations qui l'avaient franchi. Quitté le rez-de-chaussée, il n'y avait plus trace de meubles ni de tapis. Le plâtre pelait sur les murs que l'humidité constellait de répugnantes cloques verdâtres. Je m'efforçais d'avoir un air aussi dégagé que possible mais, bien que n'en ayant tenu aucun compte, je n'avais pas oublié les avertissements de la dame et j'avais l'œil sur mes compagnons. Ferguson donnait l'impression d'être un homme morose et renfermé, mais les quelques paroles qu'il prononça me permirent au moins de savoir que nous étions compatriotes.

« Le colonel Lysander Stark s'arrêta enfin devant une porte basse, qu'il déverrouilla. Elle donnait accès à une petite pièce carrée où nous aurions eu peine à tenir tous les trois. Le colonel me fit entrer tandis que Ferguson restait dehors.

« – Nous sommes à l'intérieur même de la presse hydraulique, me dit-il, et ce serait vraiment fâcheux pour nous que quelqu'un s'avise de la mettre en marche. Le plafond de cette petite pièce est en réalité le plateau du piston descendant qui, à bout de course, exerce une pression de plusieurs tonnes sur ce sol métallique. A l'extérieur, se trouvent les petites tubulures d'eau qui reçoivent la pression initiale et la transmettent en la multipliant selon le procédé qui vous est familier. La machine fonctionne, mais elle grippe un peu et a perdu de sa force. Peut-être aurez-vous la bonté de l'examiner et de nous montrer comment la réparer.

« Lui prenant la lampe des mains, j'examinai la machine bien à fond. Elle était vraiment gigantesque et capable d'exercer une énorme pression. Mais quand j'en sortis pour manœuvrer les leviers qui la commandaient, rien qu'au bruit je compris tout de suite qu'il existait une légère fuite, laquelle provoquait une régurgitation d'eau à travers l'un des cylindres latéraux. Effectivement, une inspection minutieuse me permit de découvrir que l'une des bandes de caoutchouc cerclant la tête d'un piston de commande s'était contractée de telle sorte qu'elle n'adhérait plus complètement à la paroi du tube à l'intérieur duquel elle se trouvait. C'était visiblement la cause de la déperdition de puissance et je l'expliquai à mes compagnons qui m'écoutèrent avec beaucoup d'attention, puis me posèrent plusieurs questions d'ordre pratique sur la façon dont ils devaient procéder à la réparation. Quand ils m'eurent bien compris, je retournai à l'intérieur de la machine pour satisfaire ma curiosité. Il apparaissait au premier coup d'œil que cette histoire de terre à foulon était une fable, car ç'eût été absurde d'imaginer un seul instant qu'une machine d'une telle puissance ait pu être conçue pour un travail aussi inadéquat. Les parois étaient en bois, mais le sol était constitué par une sorte de grande auge circulaire en fer et, quand je l'examinai de plus près, je remarquai qu'il s'y était fait un dépôt métallique. M'étant accroupi, je râclais un peu de ce dépôt pour voir exactement ce que c'était, lorsque j'entendis quelqu'un proférer une exclamation en allemand et vis le visage cadavérique du colonel penché vers moi :

« – Que faites-vous? me demanda-t-il.

« Furieux qu'on m'eût servi une histoire aussi totalement

inventée, je répondis : « J'admirais votre terre à foulon. Je crois que je vous conseillerais plus utilement à propos de votre machine, si je connaissais sa véritable utilisation. »

« A l'instant même où je prononçais ces paroles, je regrettai l'aigreur de mon ton. Le visage de mon interlocuteur se durcit et une lueur de mauvais augure s'alluma dans ses yeux gris.

« – Très bien, dit-il, vous allez tout savoir concernant la machine.

« Et reculant aussitôt, il sortit par la petite porte qu'il ferma à clef. Je me ruai vers elle et en secouai la poignée, mais sans même réussir à l'ébranler. « Hé! » criai-je, « hé, Colonel! Laissez-moi sortir! »

« Alors dans le silence, j'entendis soudain un bruit qui me glaça le sang. C'était celui des leviers qu'on actionnait et du cylindre qui fuyait. Stark avait mis la machine en marche. La lampe était toujours sur le sol où je l'avais posée pour examiner le fond métallique. A sa clarté, je vis le cylindre noir qui descendait lentement et de façon saccadée, mais avec une force dont nul n'était mieux placé que moi-même pour savoir que, dans une minute, elle me réduirait en bouillie. Je me jetai contre la porte en hurlant, essayant d'arracher la serrure avec mes ongles. Je suppliais le colonel de me laisser sortir, mais l'impitoyable bruit de la mécanique couvrait mes cris. Le plafond n'était plus qu'à quelque quarante centimètres de ma tête et, en levant le bras, je pouvais toucher sa surface rugueuse. En un éclair, j'eus conscience que ma mort serait plus ou moins douloureuse suivant la position que j'aurais alors. Si je m'étendais à plat ventre, le poids écraserait ma colonne vertébrale et je frémis en imaginant cet horrible craquement. Ce serait peut-être moins pénible de l'autre côté, mais aurais-je le courage de m'étendre sur le dos en regardant cette ombre de mort descendre vers moi? Je n'avais déjà plus la place de me tenir debout, lorsque mon regard repéra quelque chose qui me donna un regain d'espoir.

« J'ai dit que si le sol et le plafond était en fer, la paroi était de bois et, entre deux des madriers, je venais d'apercevoir un mince rai lumineux qui allait s'élargissant tandis qu'un petit panneau s'ouvrait à l'extérieur. L'espace d'un instant, j'eus peine à croire que se trouvât là une porte me permettant d'échapper à la mort. Mais la seconde d'après je passai par cette ouverture et tombai de l'autre côté, à demi évanoui. Le panneau se referma derrière moi, mais l'écrasement de la lampe, suivi du bruit fait par les deux plateaux métalliques en se rejoignant, m'apprit qu'il s'en était fallu vraiment de très peu.

« Je fus rappelé à moi par quelqu'un qui me tirait frénétiquement le poignet et vis que j'étais étendu sur le sol dallé d'un étroit corridor; penchée vers moi, une femme tenait une bougie dans sa main droite et me tirait avec la gauche. C'était la même femme dont j'avais stupidement rejeté les avertissements.

« – Venez! Venez! me pressa-t-elle d'une voix haletante. Ils seront ici dans un instant... Ils verront que vous n'êtes pas là... Oh! ne perdez pas un temps si précieux, venez!

« Cette fois, je fis ce qu'elle me disait. M'étant péniblement remis debout, je courus avec elle dans le corridor, au bout duquel nous descendîmes un escalier en spirale qui nous mena à un large couloir. Juste comme nous atteignions ce dernier, nous entendîmes un bruit de pas précipités et deux voix qui criaient, l'une répondant à l'autre, à l'étage où nous nous trouvions et à celui-ci situé au-dessous. Mon guide s'arrêta pile, regardant autour d'elle comme ne sachant plus que faire. Puis elle ouvrit une porte qui était celle d'une chambre à coucher, par la fenêtre de laquelle je vis la lune brillant avec éclat.

« – C'est votre seule chance! me dit-elle. C'est haut, mais vous y arriverez peut-être...

« Comme elle parlait, une lumière surgit à l'autre bout du couloir et je vis la maigre silhouette du colonel Lysander Stark, qui courait en tenant d'une main une lanterne et de l'autre, quelque chose ressemblant à un couperet de boucher. Je me ruai dans la chambre, ouvris la fenêtre et regardai au dehors. Ah! comme le jardin paraissait accueillant et paisible à la clarté de la lune, et il n'était guère qu'à dix mètres au-dessous de moi. J'escaladai le rebord de la fenêtre, mais j'hésitai à sauter avant de savoir comment les choses tournaient entre celle qui m'avait sauvé la vie et l'aventurier qui me poursuivait. S'il la malmenait, je me porterais à son secours quel qu'en fût le risque. A peine cette pensée

225

m'avait-elle traversé l'esprit que Stark était à la porte, repoussant la femme, mais celle-ci l'entoura de ses bras pour tenter de le retenir.

« – Fritz! Fritz! s'écria-t-elle en anglais, souviens-toi de ta promesse après la dernière fois! Tu m'avais dit que ça ne se produirait jamais plus! Il se taira! Oui, oui, il se taira!

« – Tu es folle, Elise! hurla-t-il, en cherchant à se dégager. Tu veux notre perte! Il en a trop vu! Allez, laisse-moi passer!

« Il la rejeta de côté et se précipita vers la fenêtre en brandissant son arme. Je m'étais laissé descendre et me trouvais encore suspendu par les mains agrippées au rebord de la fenêtre lorsqu'il abattit son couperet. J'eus conscience d'une douleur sourde, je lâchai prise et tombai dans le jardin.

« Je ne me blessai pas dans cette chute, qui me laissa seulement étourdi. Alors, me relevant, je m'élançai entre les buissons aussi vite que je pouvais courir, car je me rendais bien compte que j'étais encore loin de me trouver hors de danger. Mais soudain, comme je courais, je fus pris d'un étourdissement qui me fit vaciller. Ressentant un douloureux élancement dans ma main, je la regardai. Je vis alors pour la première fois que mon pouce avait été tranché et que le sang jaillissait de la plaie. Je voulus nouer mon mouchoir en guise de pansement, mais un bourdonnement m'emplit les oreilles et, l'instant d'après, je m'effondrai sans connaissance au milieu des rosiers.

« Je ne saurais dire combien de temps je demeurai inconscient. Mais cela dut être long car, lorsque je revins à moi, la lune avait disparu et l'aube pointait. Mes vêtements étaient trempés par la rosée et la manche de ma veste toute empesée par le sang que j'avais perdu. La douleur cuisante me rappela en un rien de temps tous les détails de ma nuit d'aventure, et je me relevai aussitôt avec le sentiment que j'étais loin de me trouver encore hors d'atteinte de mes poursuivants. Mais, lorsque je me tournai, je constatai avec stupeur qu'il n'y avait ni maison ni jardin en vue. Je me trouvais à l'angle d'une haie proche de la grand'route; un tout petit peu plus loin, il y avait un long bâtiment qui, lorsque je m'en approchai, se révéla être la gare même où j'étais arrivé la nuit précédente. Sans l'horrible blessure de ma main, j'aurais pu croire que tout ce qui s'était passé durant ces heures atroces relevait uniquement d'un mauvais rêve.

« A demi hébété, j'entrai dans la gare et m'informai des trains du matin. Il y en aurait un pour Reading dans moins d'une heure. Je vis le même porteur qui était de service à mon arrivée. Je lui demandai s'il avait entendu parler du colonel Lysander Stark. Le nom lui était inconnu. Avait-il remarqué une voiture en attente la veille, avant qu'il ait à s'occuper de moi? Non, il ne l'avait pas vue. Y avait-il un poste de police dans les parages? Oui, à cinq kilomètres environ.

« C'était trop loin que pour je m'y rende, affaibli et malade comme je l'étais. Je décidai d'attendre d'être de retour à Londres pour raconter mon aventure à la police. Il était un peu plus de six heures lorsque je suis arrivé, si bien que je suis d'abord allé me faire panser et le docteur a eu l'amabilité de m'accompagner jusqu'ici. Je mets mon affaire entre vos mains et j'agirai exactement comme vous me le conseillerez. »

Après avoir ouï cette extraordinaire histoire, nous restâmes un moment silencieux, mon ami et moi. Puis Sherlock Holmes prit sur l'étagère un des pesants registres dans lesquels il rangeait les coupures de presse.

– Voici une annonce qui va vous intéresser, dit-il. Il y a environ un an, elle a paru dans tous les journaux. Ecoutez ça... « *Disparu le 9 courant, M. Jeremiah Hayling, 26 ans, ingénieur hydraulicien. Parti de chez lui à 22 h, n'a pas depuis lors donné de ses nouvelles. Au moment de sa disparition, il était vêtu, etc.* » Ha! Voilà donc, j'imagine, la dernière fois où le Colonel avait eu besoin de faire réparer sa machine.

– Dieu du ciel! s'exclama mon client. Alors ça explique ce que m'a dit cette jeune femme.

– Sans aucun doute. Il est clair que le Colonel est un homme désespéré et sans scrupule, bien décidé à ce que rien ne vienne entraver sa petite machination, à l'instar de ces terribles pirates qui ne faisaient pas de quartier lorsqu'ils s'emparaient d'un navire. Bon... Comme chaque instant compte, si vous vous sentez en état, nous allons nous rendre immédiatement à Scotland Yard, puis ensuite à Eyford.

Quelque trois heures plus tard nous étions tous ensemble dans le train qui, de Reading nous emmenait vers le petit village du Berkshire. Il y avait là Sherlock Holmes, l'ingénieur hydraulicien, l'inspecteur Bradstreet de Scotland Yard, un policier en civil et moi-même. Bradstreet avait étalé sur la banquette une carte d'état-major de la région et, avec un compas, il y traça un cercle ayant Eyford pour centre.

– Voilà... dit-il. Ce cercle couvre un rayon de vingt kilomètres autour du village. L'endroit que nous cherchons doit donc se trouver quelque part à proximité de cette ligne. Vous avez bien dit une vingtaine de kilomètres, n'est-ce pas, monsieur?

– On a roulé pendant une heure, à bonne allure.

– Et vous pensez qu'ils vous ont ramené vers la gare durant que vous étiez inconscient?

– Ils doivent l'avoir fait. J'ai d'ailleurs très vague souvenance d'avoir été soulevé, transporté quelque part.

– Ce que je ne comprends pas, dis-je, c'est pourquoi ils vous auraient épargné quand ils vous ont trouvé évanoui dans le jardin. Peut-être ce type avait-il été touché par les supplications de la femme?...

– Ça me paraît peu probable. De ma vie, je n'ai rencontré quelqu'un d'aussi étranger à la pitié.

– Oh! fit Bradstreet, nous aurons vite éclairci tout cela. Bon, j'ai donc tracé mon cercle et je voudrais bien savoir en quel point de ce cercle se trouvent les gens que nous cherchons.

– Je crois que je pourrais mettre le doigt dessus, énonça posément Holmes.

– Ça alors! s'exclama l'inspecteur. Voilà que vous avez déjà votre opinion! Eh bien, nous allons voir qui est d'accord avec vous. Moi, je penche pour le sud car, de ce côté, la campagne est plus déserte.

– Moi, je dirais à l'est, déclara mon client.

– Moi, je suis pour l'ouest, énonça le policier en civil. C'est un coin où il y a plusieurs petits villages bien tranquilles.

– Et moi, je vote pour le nord, déclarai-je à mon tour, car il ne s'y trouve pas de collines, et notre ami dit n'avoir pas remarqué que la voiture eût gravi une côte.

— Eh bien, fit l'inspecteur en riant, voilà un joli choix d'opinions! Nous avons fait le tour de la boussole. Qui a gagné?

— Vous êtes tous dans l'erreur, dit Holmes.

— *Tous*, ça n'est pas possible!

— Oh! mais si. Voici l'endroit, confirma mon ami en posant le doigt au centre du cercle. C'est là que nous les trouverons.

— Mais le trajet de vingt kilomètres?

— On parcourt dix kilomètres et on rebrousse chemin. Rien de plus simple. Vous avez dit vous-même que le cheval était fringant, avec le poil lustré lorsque vous êtes monté dans la voiture. Comment aurait-il pu en être ainsi après une randonnée de vingt kilomètres par de mauvais chemins?

— Ma foi, c'est une ruse qui paraît très plausible, convint Bradstreet d'un air pensif. Bien entendu, les activités de cette bande ne font aucun doute.

— Absolument aucun doute, confirma Holmes. Ce sont des faux-monnayeurs qui, travaillent sur une grande échelle, se servent de la machine pour obtenir l'amalgame qui passe pour de l'argent.

— Nous savions depuis quelque temps que des faux-monnayeurs très habiles étaient à l'œuvre, dit l'inspecteur. Ils ont fabriqué des milliers de pièces d'une demi-couronne. Nous avions même remonté la filière jusqu'à Reading, mais sans pouvoir aller plus loin, car ils avaient couvert leurs traces d'une façon attestant qu'il s'agissait de professionnels. Mais à présent, grâce à ce coup de chance, je crois bien que nous les tenons!

L'inspecteur se trompait, car le destin de ces criminels n'était pas de tomber entre les mains de la justice. Comme nous arrivions à la gare d'Eyford, nous vîmes une gigantesque colonne de fumée qui, à proximité, s'élevait de derrière un bosquet d'arbres et s'étendait au-dessus du paysage, telle une immense plume d'autruche.

— Il y a une maison qui brûle? s'enquit Bradstreet tandis que le train repartait.

— Oui, monsieur, répondit le chef de gare.

— Quand l'incendie a-t-il éclaté?

— J'ai entendu dire que c'était pendant la nuit, monsieur, mais il s'est développé et toute la maison est en feu.

— De quelle maison s'agit-il ?

— Chez le Dr Becher.

— Le Dr Becher, intervint l'ingénieur, n'est-ce pas un Allemand très maigre, avec un long nez pointu ?

Le chef de gare rit de bon cœur :

— Non, monsieur, le Dr Becher est anglais et il n'y a pas dans toute la paroisse quelqu'un dont le gilet soit mieux rempli ! Mais il a un monsieur qui séjourne chez lui, un de ses clients à ce que j'ai compris, qui est étranger et donne l'impression qu'un peu de notre bonne viande du Berkshire ne lui ferait pas de mal.

Le chef de gare n'avait pas fini de parler que nous nous hâtions déjà vers l'incendie. La route escaladait une petite colline d'où nous découvrîmes une grande bâtisse blanche, crachant le feu par toutes ses ouvertures tandis que, installées dans le jardin, trois pompes à incendie essayaient en vain de vaincre les flammes.

— C'est là ! s'écria Hatherley avec une vive excitation. Voici l'allée de gravier... et les rosiers au milieu desquels je me suis effondré. C'est de la seconde fenêtre que j'ai sauté !

— Eh bien, dit Holmes, vous vous êtes à tout le moins vengé d'eux. Il ne fait aucun doute que c'est votre lampe à pétrole, lorsque la presse l'a écrasée, qui a mis le feu aux parois de bois ; sans doute, sur l'instant, étaient-ils trop occupés à vous donner la chasse pour s'en apercevoir. Maintenant ouvrez bien les yeux et cherchez dans la foule vos amis de cette nuit, mais je crains fort que, à l'heure actuelle, ils soient loin d'ici !

Et les craintes d'Holmes se trouvèrent confirmées car, depuis ce jour, on n'a plus entendu parler de la belle femme, ni du sinistre Allemand, non plus que de l'Anglais morose. De bonne heure ce matin-là, un paysan avait croisé une voiture, transportant plusieurs personnes et de très grandes caisses, qui roulait rapidement en direction de Reading, mais on ne retrouva pas trace des fugitifs et Holmes lui-même, en dépit de toute sa science, n'arriva pas à dénicher le moindre indice les concernant.

Les pompiers avaient été très surpris par la curieuse façon dont était aménagé l'intérieur de la maison et encore plus en découvrant un pouce humain, fraîchement tranché, sur le rebord d'une fenêtre du second étage. En fin de journée, leurs efforts finirent par venir à bout des flammes, mais pas avant que le toit se fût effondré, si bien que la maison n'était plus que ruines. A l'exception de quelques cylindres et tuyaux tordus, il ne restait plus trace de la machine qui avait coûté si cher à mon malheureux client. Dans une dépendance ne faisant pas corps avec la maison, on trouva de grosses quantités de nickel et d'étain, mais aucune pièce... ce qui expliquait sans doute la présence de ces grosses caisses dans la voiture dont il a été parlé.

La façon dont notre hydraulicien avait été transporté du jardin jusqu'à l'endroit où il avait recouvré ses sens serait demeurée à jamais un mystère, si le terrain mou ne nous l'avait clairement contée. De toute évidence, il avait été transporté par deux personnes, dont l'une avait de petits pieds alors que ceux de l'autre étaient d'une largeur peu courante. Moins hardi ou moins sanguinaire que son compagnon, sans doute l'Anglais taciturne avait-il aidé la femme à éloigner du danger l'homme évanoui.

— Eh bien, dit posément notre ingénieur tandis que nous reprenions le train pour Londres, vous parlez d'une affaire! J'y ai laissé mon pouce, perdu cinquante guinées d'honoraires, et qu'y ai-je gagné?

— De l'expérience, rétorqua Holmes en riant. Indirectement, elle peut avoir de la valeur : vous n'aurez qu'à raconter votre histoire et elle vous vaudra une réputation d'homme disert pour le reste de votre existence!

10

LE NOBLE CÉLIBATAIRE

LE mariage de Lord St Simon et sa curieuse conclusion ont, depuis longtemps déjà, cessé d'être un sujet d'intérêt dans les milieux huppés où se meut l'infortuné mari. De plus récents scandales l'ont éclipsé, dont les détails plus piquants ont détourné les commérages de ce drame, vieux de quatre ans. Toutefois, comme j'ai des raisons de croire que tous les faits n'ont pas été révélés au grand public, et comme il se trouve que mon ami Sherlock Holmes a contribué pour une grande part à éclaircir cette affaire, j'ai le sentiment qu'une biographie de lui serait incomplète sans un petit résumé de ce remarquable épisode.

Quelques semaines avant mon propre mariage, à l'époque où j'habitais encore Baker Street avec Holmes, il rentra de promenade, un après-midi, pour trouver une lettre l'attendant sur la table. Je n'étais pas sorti de la journée car le temps avait brusquement tourné à la pluie, avec de forts vents d'automne, et la balle de jezail (1) que j'ai rapportée dans un de mes membres comme souvenir de ma campagne en Afghanistan m'élançait avec une sourde insistance. Assis dans un fauteuil et mes jambes étendues sur un autre, je m'étais entouré d'une nuée de quotidiens jusqu'à ce que, saturé des nouvelles du jour, je les eusse tous rejetés de côté pour rester à rêvasser, le regard fixé sur le blason et le monogramme en relief qui marquaient l'enveloppe sur la table, me demandant paresseusement qui pouvait bien être le noble correspondant de mon ami

(1) Fusil à long canon. (N.du.T.)

— Voici une très élégante épître, lui annonçai-je dès son entrée. Si je me rappelle bien, vos lettres de ce matin émanaient d'un marchand de poisson et d'un douanier du port.

— Oui, sa variété est certainement un des charmes de la correspondance que je reçois, me répondit-il en souriant, et ce sont d'ordinaire les plus humbles correspondants qui présentent le plus d'intérêt. Cette lettre m'a tout l'air d'annoncer une de ces détestables mondanités qui obligent un homme à s'ennuyer ou à mentir.

Il décacheta le pli et en lut le contenu.

— Ma foi, il se pourrait après tout que ce soit intéressant.

— Il ne s'agit donc pas de mondanités?

— Non, c'est nettement professionnel.

— Et cela émane d'un noble client?

— Un des plus grands noms d'Angleterre.

— Mon cher, toutes mes félicitations!

— Je vous assure, Watson, sans affectation aucune, que la condition sociale de mon client a pour moi moins d'importance que l'intérêt de son affaire. Mais il est possible néanmoins que cette nouvelle enquête présente aussi de l'intérêt. Vous avez lu attentivement les journaux, je crois?

— Ça se voit, non? répondis-je d'un air morne en montrant les quotidiens amoncelés par terre. Je n'avais rien d'autre à faire.

— C'est une chance, car vous allez peut-être pouvoir me renseigner. Moi, je ne lis jamais que les faits divers et les messages personnels, ces derniers étant toujours instructifs. Mais, si vous avez suivi de si près les récents événements, vous devez avoir lu quelque chose à propos de Lord St Simon comme de son mariage?

— Oh! oui, et avec le plus grand intérêt.

— Parfait. La lettre que j'ai là, est de Lord St Simon. Je vais vous la lire et, en retour, vous me chercherez dans ces journaux ce qui a trait à la chose. Voici ce que m'écrit Lord St Simon :

Cher monsieur Sherlock Holmes

Lord Backwater me dit que je puis me fier entièrement à

votre jugement comme à votre discrétion. J'ai donc décidé de venir vous consulter au sujet du très pénible événement qui a eu lieu lors de mon mariage. M. Lestrade, de Scotland Yard, s'occupe déjà de l'affaire, mais m'assure ne voir aucune objection à votre collaboration, dont il pense même qu'elle pourrait être utile. Je viendrai chez vous tantôt à quatre heures et si vous aviez quelque autre engagement pour cette heure-là, je compte que vous le reporterez, car mon affaire est de la plus haute importance.

Recevez l'expression de mes sentiments distingués.

ROBERT St SIMON

« C'est daté de Grosvenor Mansions, écrit avec une plume d'oie, et le noble lord a eu l'infortune de tacher d'encre l'auriculaire de sa main droite, commenta Holmes en repliant la missive.

– Il parle de quatre heures. Il en est trois. Il sera donc ici dans une heure.

– Alors, avec votre aide, j'ai juste le temps de me mettre au fait. Reprenez ces journaux et arrangez les articles dans l'ordre chronologique pendant que je jette un coup d'œil pour voir qui est notre client.

Parmi une rangée de livres de référence proches de la cheminée, il prit un volume à la reliure rouge.

– Le voici, dit-il en s'asseyant et posant le livre à plat sur ses genoux. *Robert Walsingham de Vere St Simon, second fils du duc de Balmoral...* Hum! *Armes : D'azur, à la fasce de sable, à trois chardons étoilés en chef. Né en 1846...* Il a donc quarante et un ans, ce qui est un âge mûr pour le mariage. Il a été sous-secrétaire d'Etat aux Colonies dans un précédent gouvernement. Le duc, son père, a été, lui, secrétaire d'Etat aux Affaires étrangères. Ils descendent en ligne directe des Plantagenet, et des Tudor par les femmes. Mmmm! Rien de bien instructif dans tout ça. Il me faut, je pense, avoir recours à vous, Watson, pour quelque chose d'un peu plus substantiel.

– Je n'ai pas eu grand mal à retrouver ce que je cherchais, dis-je, car les faits sont tout récents et l'affaire m'avait frappé. Si je ne vous en avais pas parlé, c'est parce que je vous savais sur une enquête : vous n'aimez pas alors être dérangé par d'autres choses.

235

— Oh! vous voulez parler du petit problème du camion de déménagement de Grosvenor Square? Il est maintenant complètement éclairci... A vrai dire, l'explication était évidente dès l'abord. Veuillez, je vous prie, me donner les résultats de votre revue de presse.

— Voici d'abord la toute première allusion que j'aie trouvée. Il s'agit d'un écho dans le *Morning Post* datant, comme vous le pouvez voir, de plusieurs semaines : « *Si le bruit qui court est exact, un mariage devrait unir très prochainement Lord Robert St Simon, second fils du duc de Balmoral, à Miss Harry Doran, fille unique d'Aloysius Doran, Esq., (1) de San Francisco, Californie U.S.A.* » C'est tout.

— Net et concis, souligna Holmes, en étendant vers l'âtre ses longues jambes maigres.

— Ceci est repris et développé dans une revue mondaine de la même semaine... Ah! voici : « *Il va bientôt falloir recourir au protectionnisme sur le marché du mariage, car le libre-échange actuel semble désastreux pour notre production nationale. L'une après l'autre, les nobles demeures de Grande-Bretagne passent entre les mains de nos belles cousines d'outre-Atlantique. Un important trophée s'est ajouté la semaine dernière à la liste des prix déjà remportés par ces envahisseurs de charme. Lord St Simon, qui pendant plus de vingt ans s'était montré à l'épreuve des flèches du petit dieu, vient d'annoncer officiellement son prochain mariage avec Miss Hatty Doran, la fascinante fille d'un millionnaire californien. Miss Doran, dont la gracieuse silhouette comme le ravissant visage ont attiré beaucoup de regards lors des fêtes de Westubry House, est fille unique, et le bruit court que le montant de sa dot dépasserait les six chiffres, avec des « espérances » en sus. Comme ce n'est un secret pour personne que le duc de Balmoral a été contraint de vendre sa collection de tableaux au cours de ces dernières années, et que Lord St Simon ne possède en propre que le petit domaine de Birchmoor, il est évident que l'héritière californienne n'est pas la seule à tirer profit d'une alliance qui, d'une dame républicaine fera une aristocrate britannique.* »

---

(1) Pour « esquire », titre de pure courtoisie, marquant simplement qu'il s'agit d'un « gentleman », un « monsieur » comme on disait naguère en France. (N.du.T.)

— Rien d'autre? s'enquit Holmes en bâillant.
— Oh! si, quantité de choses! Il y a là un autre entrefilet dans le *Morning Post* annonçant que le mariage serait extrêmement simple et célébré à l'église de St George, dans Hanover Square. Seuls une demi-douzaine d'intimes y assisteraient, après quoi tout ce petit monde se rendrait à l'hôtel particulier de Lancaster Gate que M. Aloysius Doran a loué meublé. Deux jours plus tard – c'est-à-dire mercredi dernier – il a été brièvement annoncé que le mariage avait eu lieu et que les jeunes époux passeraient leur lune de miel chez Lord Backwater, près de Petersfield. Voilà tout ce qui a été publié avant la disparition de la mariée.
— Avant quoi? questionna Holmes en sursautant.
— La disparition de la dame.
— Et quand donc a-t-elle disparu?
— Durant le lunch du mariage.
— Vraiment? Voilà qui est plus intéressant que je ne le pensais... très dramatique même.
— Oui, ça m'a paru en effet assez peu banal.
— Elles disparaissent souvent avant la cérémonie et quelquefois durant la lune de miel, mais je ne m'en rappelle aucune qui ait agit ainsi. De grâce, donnez-moi les détails!
— Je vous avertis qu'ils sont très incomplets.
— Peut-être pourrons-nous faire qu'ils le soient moins.
— Tout ce que l'on sait a paru dans un article publié hier par un quotidien du matin, que je vais vous lire. Il est intitulé *Singulières péripéties d'un mariage mondain.* « *La famille de Lord Robert St Simon a été plongée dans la plus grande consternation par des faits étranges et pénibles se rattachant à son mariage. La cérémonie, comme les journaux d'hier l'avaient brièvement annoncé, avait eu lieu dans la matinée de la veille; mais c'est seulement à présent qu'il est possible de confirmer les rumeurs insolites qui couraient avec insistance. En dépit des efforts faits par les intimes pour étouffer l'affaire, elle est devenue maintenant tellement publique qu'il serait vain d'affecter d'ignorer ce qui est devenu le sujet de bien des conversations.*
« *La cérémonie était célébrée à l'Eglise St George de Hanover Square, empreinte d'une grande discrétion puisque seuls se trouvaient présents le père de la mariée, M. Aloysius*

Doran, la duchesse de Balmoral, Lord Backwater, Lord Eustace et Lady Clara St Simon (le frère cadet et la sœur du marié) ainsi que Lady Alicia Whittington. Tous se rendirent ensuite chez M. Aloysius Doran, à Lancaster Gate, où avait lieu le lunch. Il semble qu'un léger incident ait été provoqué par une femme, dont le nom n'a pas été confirmé, qui voulait à toute force pénétrer dans la maison derrière les mariés, prétendant avoir des droits sur Lord St Simon. C'est seulement après une longue et pénible scène qu'elle fut expulsée par le maître d'hôtel et un valet de pied. La mariée, qui fort heureusement était entrée dans la maison avant ce déplaisant incident, avait pris place pour le lunch avec les invités, lorsque, se plaignant d'une soudaine indisposition, elle se retira dans sa chambre. Son absence prolongée suscitant des commentaires, son père monta pour la rejoindre mais apprit par sa camériste qu'elle n'était venue dans sa chambre que le temps de mettre un ulster et un chapeau avant de repartir en hâte. Un des valets déclara avoir vu une dame quitter la maison ainsi vêtue, mais s'être refusé à croire que ce pût être sa maîtresse qu'il imaginait en compagnie des invités. Constatant que sa fille avait disparu, M. Aloysius, en accord avec le marié, a aussitôt pris contact avec la police et, d'actives recherches ayant été entreprises, il est probable que cette très singulière affaire sera vite élucidée. Toutefois, jusqu'à une heure avancée de la nuit, rien de nouveau n'avait transpiré concernant la disparue. On avance l'hypothèse d'un guet-apens et l'on dit que la police aurait procédé à l'arrestation de la femme ayant provoqué l'incident mentionné plus haut, avec l'idée que, par jalousie ou pour quelque autre raison, elle pourrait être responsable de la disparition de la mariée. »

– Et c'est tout?

– A l'exception d'une toute petite chose – mais très suggestive – dans un autre journal du matin.

– Et qui est?

– Que Miss Flora Millar, la dame ayant causé l'incident, a été effectivement arrêtée. Il semblerait que, naguère danseuse à l'*Allegro*, elle ait connu le marié pendant plusieurs années... Pas d'autres détails et vous savez maintenant tout de cette affaire... du moins tout ce qui en a été publié dans la presse.

— Et ça me paraît être une affaire excessivement intéressante. Je n'aurais voulu la manquer pour rien au monde. Mais je viens d'entendre sonner, Watson, et comme il est à la pendule quatre heures plus quelques minutes, c'est sans doute notre noble client. Ne partez surtout pas, Watson! Je préfère avoir un témoin, ne fût-ce que pour suppléer à mes défaillances de mémoires.

— Lord Robert St Simon, annonça notre jeune valet en ouvrant toute grande la porte.

Un monsieur entra, qui avait un visage agréable, une pâleur d'homme cultivé, un nez haut, une bouche marquée par un rien de pétulance, le regard ouvert et assuré de qui sait n'avoir qu'à commander pour être obéi. Sa démarche était alerte, en dépit de quoi il paraissait plus que son âge, à cause d'une certaine voussure des épaules et parce qu'il fléchissait un peu les genoux en marchant. Quand il ôta son chapeau au bord relevé, il nous révéla aussi des tempes grisonnantes et une chevelure s'éclaircissant au sommet du crâne. Il était vêtu presque comme un dandy : col haut, redingote noire, gilet blanc, gants beurre frais, chaussures vernies et guêtres claires. Il s'avança lentement dans la pièce, tournant la tête de gauche à droite, tandis que sa main droite balançait un lorgnon cerclé d'or au bout d'un cordonnet.

— Bonjour, Lord St Simon, dit Holmes en se mettant debout et s'inclinant. Asseyez-vous donc dans ce fauteuil, je vous prie. Voici mon collègue et ami, le Dr Watson. Approchez-vous un peu du feu et nous allons parler de votre affaire.

— Affaire extrêmement pénible pour moi, monsieur Holmes, comme vous l'imaginez aisément. Elle m'a piqué au vif. A ce que j'ai compris, monsieur, vous avez déjà eu à vous occuper de plusieurs fort délicates histoires de ce genre, mais qui, je présume, ne concernaient pas la même classe sociale?

— Non, je déchois.

— Je vous demande pardon?

— En pareille occurrence, mon dernier client était un roi.

— Oh! vraiment... Je ne me doutais absolument pas... Et quel roi?

— Le roi de Scandinavie.

— Quoi! Avait-il donc perdu sa femme?

— Vous comprendrez sûrement, dit Holmes d'un ton suave, que je témoigne pour les affaires de mes autres clients de la même discrétion que je vous promets pour la vôtre.

— Bien sûr! Très juste, très juste! Veuillez m'excuser. Pour ce qui est de mon affaire, je suis prêt à vous donner tous les renseignements susceptibles de vous aider à vous faire une opinion.

— Merci. Je sais déjà tout ce qui a été publié dans les journaux, mais rien de plus. Je suppose que je peux tenir pour correctement informé... cet article, par exemple, sur la disparition de la jeune épousée?

Lord St Simon y jeta un coup d'œil :

— Oui, dans ce qu'il dit, il est exact.

— Mais on a besoin de bien plus d'informations avant d'être en mesure de formuler une opinion. Je crois que j'y parviendrai plus rapidement en vous posant des questions.

— Faites, je vous en prie.

— Quand avez-vous rencontré Miss Hatty Doran pour la première fois?

— A San Francisco, voici un an.

— Vous voyagiez aux Etats-Unis?

— Oui.

— Vous êtes-vous fiancés alors?

— Non.

— Mais vous étiez très amis?

— Sa compagnie m'amusait et elle en avait conscience.

— Son père est très riche?

— Il passe pour être l'un des hommes les plus riches de la côte du Pacifique.

— Et d'où lui vient sa fortune?

— Des mines. Voici quelques années encore, il n'avait rien. Puis il a trouvé de l'or, il l'a exploité et son essor a été prodigieux.

— Et quelle impression avez-vous de la jeune dame... J'entends : touchant le caractère de votre femme?

Notre noble visiteur accentua le balancement de son lorgnon tout en regardant le feu :

— Voyez-vous, monsieur Holmes, dit-il, ma femme avait vingt ans quand son père est devenu riche. Jusque-là, elle vivait librement dans un camp de chercheurs d'or, parcourant les bois et les montagnes, si bien qu'elle s'est instruite au contact de la nature plutôt que dans une école. Elle est ce que nous appelons en Angleterre un garçon manqué : un peu sauvage, éprise de liberté, avec une grande force de caractère que n'entrave aucune sorte de traditions. Elle est impétueuse... j'allais dire : volcanique. Prompte à prendre une décision, elle la met ensuite hardiment à exécution. D'un autre côté, je ne lui aurais pas donné le nom que j'ai l'honneur de porter (toussotement distingué) si je n'avais été concaincu de la noblesse de son cœur. Je la crois capable de se sacrifier héroïquement, et je suis tout aussi persuadé qu'elle se refuserait à quoi que ce fût de déshonorant.

– Avez-vous sa photographie?
– J'ai apporté ceci.

Il ouvrit un médaillon et nous révéla le visage d'une très jolie femme. Il s'agissait non d'une photographie mais d'une miniature peinte sur ivoire, et l'artiste avait su rendre parfaitement l'éclat lustré de la chevelure, les grands yeux noirs et la ravissante bouche. Holmes contempla longuement et avec gravité la miniature, puis referma le médaillon qu'il rendit à Lord St Simon.

– Cette jeune dame est donc venue à Londres, et c'est alors que vous avez renoué avec elle?
– Oui, son père l'avait amenée ici pour la « saison » de Londres, durant laquelle j'ai eu plusieurs fois l'occasion de la rencontrer. Nous nous sommes alors fiancés et je viens de l'épouser.
– Elle avait, je crois, une dot considérable?
– Une jolie dot, oui, mais pas plus importante qu'il n'est courant dans ma famille.
– Et, bien entendu, cette dot vous reste acquise, puisque le mariage est un *fait accompli* (1).
– C'est là, vraiment, une chose dont je ne me suis pas inquiété.
– Non, bien sûr. Aviez-vous vu Miss Doran la veille du mariage?
– Oui.
– Etait-elle de bonne humeur?

---
(1) En français dans le texte. (N. du T.)

— On ne peut mieux. Elle n'arrêtait pas de parler de ce que nous ferions une fois mariés.

— Ah oui? C'est très intéressant. Et le matin du mariage?

— Elle rayonnait littéralement... du moins, jusqu'après la cérémonie.

— Vous avez alors observé chez elle un changement d'humeur?

— Ma foi, à dire vrai, je me suis alors aperçu pour la première fois que son caractère pouvait être quelque peu acide. Mais l'incident est trop trivial pour valoir d'être rapporté, et ne saurait avoir un lien avec l'affaire.

— Rapportez-le-nous néanmoins, je vous prie.

— Oh! c'est puéril! Nous nous dirigions vers la sacristie, quand elle a lâché son bouquet. Comme elle passait alors devant le banc d'œuvre, le bouquet est tombé à l'intérieur de celui-ci. Il y a eu un temps d'arrêt, mais le monsieur occupant le banc, lui a aussitôt rendu le bouquet, qui ne semblait pas avoir souffert de cette chute. Pourtant, quand j'y fis allusion, elle me répondit sèchement et dans la voiture, ensuite, elle me parut témoigner d'une nervosité ridicule pour une chose d'aussi piètre importance.

— Ah oui? Vous me dites qu'un monsieur occupait le banc... Il y avait donc des gens étrangers au mariage?

— Oh! oui. Quand l'église est ouverte, il n'est pas possible de les renvoyer.

— Ce monsieur n'était pas un des amis de votre femme?

— Non, non. C'est par courtoisie que j'ai parlé d'un « monsieur », car il était fort ordinaire. Je ne lui ai guère prêté d'attention et je crois vraiment que nous nous écartons du sujet.

— Lady St Simon est donc revenue du mariage de moins belle humeur qu'elle n'y était allée. Qu'a-t-elle fait en rentrant chez son père?

— Je l'ai vue s'entretenir avec sa cameriste.

— Et qui est cette camériste?

— Elle s'appelle Alice. C'est une Américaine, venue de Californie avec elle.

— Une domestique avec qui elle est très intime?

— Un peu trop même. Il m'a semblé que Hatty lui laissait prendre de grandes libertés. Mais bien sûr, en Amérique, on voit ces choses-là d'un autre œil.

— Et combien de temps s'est-elle ainsi entretenue avec Alice?

— Oh! quelques minutes... J'avais, je vous l'avoue, d'autres préoccupations.

— Vous n'avez pas entendu ce qu'elles disaient?

— Lady St Simon parlait de quelque chose qui avait été « éjecté du claim (1) ». Elle usait volontiers d'argot. Mais j'ignore totalement à quoi elle faisait allusion.

— L'argot américain est parfois très expressif. Et qu'a fait votre femme lorsqu'elle en a eu terminé avec sa camériste?

— Elle est entrée dans la salle du lunch.

— A votre bras?

— Non, seule. Pour des petites choses de ce genre, elle se montrait souvent très indépendante. Et nous étions assis depuis une dizaine de minutes lorsqu'elle s'est levée vivement de table, a murmuré quelques mots d'excuse et quitté la pièce. Elle n'est jamais revenue.

— Mais si j'ai bien compris, d'après le témoignage de cette camériste, Alice, en regagnant sa chambre votre femme a enfilé un long ulster par-dessus sa robe de mariée, mis un chapeau et est repartie?

— Oui, c'est ça. Ensuite, elle a été vue pénétrant dans Hyde Park en compagnie de Flora Millar, une femme actuellement détenue par la police, et qui avait déjà provoqué un incident ce même matin chez M. Doran.

— Ah! oui... J'aimerais avoir quelques détails sur cette jeune personne et vos relations avec elle.

Lord St Simon haussa épaules et les sourcils :

— Nous avons été sur un pied d'intimité durant quelques années... je peux même dire de *grande* intimité. Elle était alors à l'*Allegro*. Je crois avoir été généreux avec elle et elle n'a vraiment pas lieu de se plaindre de moi, mais vous savez comment sont les femmes, monsieur Holmes! Flora était une charmante petite chose, mais elle m'était très attachée et avait la tête près du bonnet. Quand elle a su que j'allais me marier, elle m'a écrit d'horribles lettres, et pour tout vous dire, si j'avais tenu à ce que le mariage fût célébré dans l'intimité, c'était parce que je craignais qu'elle fasse un

---

(1) Voir note page 106.

scandale à l'église. Elle s'est présentée chez M. Doran juste après notre retour et a voulu forcer l'entrée, proférant à l'adresse de ma femme des paroles extrêmement déplacées et allant même jusqu'à la menacer. Mais ayant prévu une éventualité de ce genre, j'avais donné des instructions aux domestiques, qui ont eu vite fait de l'expulser. Elle s'est calmée quand elle a vu qu'elle n'arriverait à rien en provoquant un esclandre.

— Votre femme avait-elle entendu tout cela ?

— Non, Dieu soit loué !

— Mais, après coup, on l'a vue marchant en compagnie de cette même femme ?

— Oui. C'est pourquoi M. Lestrade, de Scotland Yard, prend cela très au sérieux. Il pense que Flora a incité ma femme à sortir et l'a attirée dans un guet-apens.

— Ça n'est pas évidemment pas exclu.

— Vous le pensez aussi ?

— Je n'ai pas dit que c'était probable, mais seulement que ça n'était pas exclu. Et vous même, qu'en pensez-vous ?

— Je suis convaincu que Flora ne ferait pas de mal à une mouche.

— La jalousie est néanmoins capable de transformer les caractères. Quelle hypothèse formulez-vous touchant ce qui s'est passé ?

— A la vérité, je suis venu en quête d'une hypothèse et non pour vous en suggérer une. Je vous ai donné tous les détails. Enfin, puisque vous me posez la question, il me paraît possible que le bruit fait autour de notre mariage et le sentiment d'avoir accédé à un monde tellement au-dessus du sien aient quelque peu troublé l'équilibre nerveux de ma femme.

— Si bien qu'elle aurait eu brusquement l'esprit dérangé ?

— Ma foi, quand je considère ce qu'elle a quitté — je ne veux pas parler de moi, mais de tout ce après quoi tant d'autres ont vainement aspiré — je ne vois guère d'autre explication.

— C'est sans aucun doute une hypothèse valable, opina Holmes en souriant. A présent, Lord St Simon, je crois avoir presque tout ce qu'il me faut. Lorsque vous étiez assis à la table du lunch, pouviez-vous regarder par la fenêtre ?

244

— Nous voyions l'autre côté de la rue et le Parc.
— Fort bien. Alors, je ne crois pas avoir besoin de vous retenir plus longtemps. Je me mettrai en rapport avec vous.
— Puissiez-vous avoir la chance de résoudre ce problème! dit notre client en se levant.
— Je l'ai résolu.
— Hein? Que dites-vous?
— Je dis que je l'ai résolu.
— Mais alors, où est ma femme?
— C'est un détail que je vous préciserai sous peu.
Lord St Simon secoua la tête :
— Je crains que cela ne demande des esprits plus subtils que le vôtre ou le mien.
Sur quoi, nous ayant salués avec distinction d'une inclinaison du buste, il s'en fut.
— Lord St Simon est bien bon de me faire l'honneur de considérer mon esprit à l'égal du sien, dit Sherlock Holmes en riant. Mais je crois qu'un whisky-soda et un cigare s'imposent après un tel entretien. J'avais tiré mes conclusions de cette affaire avant que notre client n'entre ici.
— Mon cher Holmes!
— Comme je vous le disais tout à l'heure, j'ai eu à m'occuper de plusieurs affaires similaires, mais dont aucune ne s'était déroulée aussi vite. Les questions que j'ai posées ne tendaient qu'à transformer ma conjecture en certitude. Il arrive que des présomptions soient extrêmement convaincantes comme, pour reprendre l'exemple de Thoreau (1), lorsqu'on trouve une truite dans du lait.
— J'ai pourtant bien entendu les mêmes choses que vous!
— Oui, mais sans avoir connaissance des affaires précédentes, lesquelles m'ont été d'un grand secours. Ainsi, il s'est produit voici quelques années une affaire du même genre à Aberdeen, et quelque chose de très similaire à Munich l'année après la guerre entre la France et la Prusse. C'est une de ces affaires... Oh! mais voici Lestrade! Bonjour, Lestrade!

---

(1) Ecrivain américain, disciple d'Emerson (1817-1862). Plus concret que son maître, il se sert volontiers d'exemples tirés de la vie quotidienne. (N. du T.)

Vous trouverez un verre propre sur la desserte et il y a des cigares dans la boîte.

Le détective de Scotland Yard était vêtu d'un caban qui, avec un foulard noué autour du cou, lui donnait un peu l'air d'un marin, et il tenait à la main un sac de toile noire. Après un bref bonjour, il s'assit et alluma le cigare qui lui avait été offert.

— Qu'y a-t-il? s'enquit Holmes, une lueur malicieuse dans le regard. Vous avez l'air mécontent?

— Et je le suis. C'est cette infernale affaire du mariage St Simon. Je n'y trouve ni queue ni tête!

— Vraiment? Vous m'étonnez?

— Qui a jamais vu pareil imbroglio? L'une après l'autre, les pistes nous filent entre les doigts. Toute la journée, j'ai travaillé sur cette affaire.

— Et cela semble vous avoir trempé, dit Holmes en posant sa main sur une manche du caban.

— Oui, je viens de draguer la Serpentine. (1)

— Pourquoi donc, au nom du Ciel?

— Pour y rechercher le corps de Lady St Simon.

Se laissant aller contre le dossier de son fauteuil, Holmes rit de bon cœur :

— Avez-vous dragué le bassin de la fontaine de Trafalgar Square? demanda-t-il.

— Pourquoi? Que voulez-vous dire?

— Simplement que vous aviez autant de chance de retrouver le corps de cette dame dans l'un que dans l'autre.

Lestrade lui décocha un regard furieux en grommelant :

— Je suppose que vous savez tout de cette affaire?

— Eh bien, je viens juste d'en apprendre les éléments, mais mon opinion est déjà faite.

— Oh! vraiment? Alors vous pensez que la Serpentine n'y joue aucun rôle?

— Ça me paraît extrêmement improbable.

— Dans ce cas, vous aurez peut-être l'amabilité de m'expliquer comment il se fait que nous y ayons trouvé ceci?

Tout en parlant, le policier avait ouvert son sac et il jeta pêle-mêle par terre, une robe de mariée en soie moirée, une paire de chaussures de satin blanc, une couronne

---

(1) Rivière qui traverse Hyde Park. (N. du T.)

et un voile de mariée, tous décolorés et trempés d'eau.

– Voilà! fit-il en déposant sur le tas une alliance toute neuve. Faites-vous les dents là-dessus, Maître Holmes!

– Oh! fit mon ami en envoyant des ronds de fumée en l'air. Vous avez dragué tout cela dans la Serpentine?

– Non. Ils ont été trouvés, flottant près du bord, par un des gardiens de Hyde Park. Ils ont été identifiés comme appartenant à Lady St Simon et il me semble que si les vêtements ont été découverts là, le corps ne doit pas être bien loin.

– En suivant ce brillant raisonnement, le corps de n'importe quel homme devrait être retrouvé à proximité de sa garde-robe. Et à quoi espérez-vous arriver avec tout ça?

– A quelque preuve impliquant Flora Millar dans la disparition.

– Je crains que ça ne vous soit difficile.

– Ah! oui, vraiment? s'exclama Lestrade avec une certaine amertume. Moi, Holmes, je crains que, avec vos déductions et vos inférences, vous manquiez de sens pratique. Vous avez commis deux erreurs en autant de minutes. Cette robe compromet Miss Flora Millar.

– Comment cela?

– La robe comporte une poche. Dans la poche, il y avait un porte-cartes, et dans le porte-cartes une note. Note que voici.

Il la plaqua devant lui sur la table!

– Ecoutez ça... « *Je vous ferai signe quant tout sera prêt. Venez alors immédiatement. F.H.M.* » Moi, d'emblée, j'ai eu pour hypothèse que Lady St Simon avait été attirée au-dehors par Flora Millar et que celle-ci – probablement avec l'aide de complices – était responsable de sa disparition. Voici, signé de ses initiales, le billet même qui, sans doute glissé à la porte dans la main de leur victime, amena celle-ci à leur portée.

– Excellent, Lestrade! dit Holmes en riant. Vous êtes vraiment remarquable. Montrez-moi ça.

Il prit nonchalamment le billet, mais son attention s'y riva aussitôt et il émit un petit cri satisfait.

– Ceci est effectivement très important, dit-il.

– Ah! vous le trouvez aussi?

– Oui, absolument. Toutes mes félicitations!

Triomphant, Lestrade se leva et pencha la tête pour voir le billet.

– Mais vous le regardez du mauvais côté! s'écria-t-il.

– Au contraire, c'est là le bon côté.

– Le bon côté? Vous êtes fou! Voilà où le message est écrit au crayon.

– Et ce côté-ci se révèle être, me semble-t-il, un fragment d'une note d'hôtel qui m'intéresse beaucoup.

– Mais ce n'est rien, je l'avais déjà vu, déclara Lestrade.

« 4 Oct. Chambres *8 sh.*, petit déjeuner *2 sh. 6 pence*, cocktail *1 sh.* déjeuner *2 sh. 6 pence*, un verre de xérès *8 pence.* » Je ne vois rien là...

– Bien sûr. Mais c'est tout de même très important. Quant au message, il a aussi de l'importance – à tout le moins les initiales – et je vous renouvelle mes félicitations.

– J'ai suffisamment perdu de temps, déclara Lestrade en se mettant debout. Je crois que c'est par un labeur acharné que l'on obtient des résultats, et non en restant assis au coin du feu à émettre de belles théories. Au revoir, monsieur Holmes, et nous verrons qui arrivera le premier à élucider cette affaire.

Rassemblant les vêtements épars, il les fourra dans son sac et se dirigea vers la porte.

– Laissez-moi vous donner un tuyau, Lestrade, dit Holmes d'un ton traînant avant que son rival n'ait disparu. Je vais vous donner le fin mot de l'affaire : Lady St Simon est un mythe. Cette personne n'existe pas et n'a jamais existé.

Lestrade considéra mon ami d'un air attristé. Puis, se tournant vers moi, il se frappa le front à trois reprises, secoua gravement la tête et se hâta de quitter la pièce.

A peine avait-il refermé la porte derrière lui, que Holmes se levait et enfilait son pardessus :

– Il y a quand même quelque chose de vrai dans ce qu'il vient de dire sur le travail à l'extérieur, déclara-t-il. Aussi, Watson, je vous laisse un peu à vos journaux.

Il était plus de cinq heures lorsque Sherlock Holmes me quitta, mais je ne restai pas longtemps livré à moi-même car, dans l'heure qui suivit, arriva l'envoyé d'un traiteur portant une très grande boîte plate. Il ouvrit cette dernière avec l'aide d'un jeune commis qui l'accompagnait et, à mon vif étonnement, se mit à disposer sur l'humble table en acajou de notre meublé un souper froid digne d'un épicurien Il y avait là un couple de bécasses, un faisan, un *pâté de foie gras* (1), accompagnés de deux vénérables bouteilles couvertes de toiles d'araignée. Après avoir élégamment présenté toutes ses succulences, mes deux visiteurs disparurent, comme les génies des Milles et Une Nuits, en se bornant à m'expliquer que tout était payé et avait été commandé pour qu'on le livre à cette adresse.

Peu avant neuf heures, Sherlock Holmes entra dans la pièce d'un pas alerte. Son visage était empreint de gravité, mais il y avait dans son regard une lueur me donnant à penser qu'il ne s'était pas trompé dans ses conclusions.

— Ah! ils ont servi le souper, constata-t-il en se frottant les mains.

— Vous semblez attendre du monde. Le couvert est mis pour cinq.

— Oui, je crois que nous aurons de la visite, dit-il. Je suis étonné que Lord St Simon ne soit pas déjà là... Ah! il me semble entendre son pas dans l'escalier.

Ce fut effectivement notre visiteur du matin qui entra, l'air affairé et balançant plus que jamais son lorgnon, cependant que ses traits aristocratiques trahissaient un grand trouble.

— Vous avez donc reçu mon message? questionna Holmes.

— Oui, et je dois avouer que son contenu m'a surpris au-delà de toute idée. Avez-vous de bonnes raisons pour dire cela?

— Les meilleures qui soient.

Lord St Simon se laissa tomber dans un fauteuil et passa une main sur son front.

— Que va dire le Duc, murmura-t-il, lorsqu'il apprendra qu'un membre de la famille a subi une telle humiliation?

— Cela a été purement accidentel. Il n'y a pas lieu d'être humilié.

— C'est que vous considérez les choses d'un tout autre point de vue!

— Je ne vois pas que quelqu'un soit à blâmer. Et je ne vois guère non plus comment cette dame aurait pu agir autre-

---

(1) En français dans le texte (N. du T.).

ment, encore que, j'en conviens, la brusquerie de sa méthode soit sans doute regrettable. N'ayant pas de mère, elle se trouvait sans personne pour la conseiller dans une telle occurrence.

– C'est un affront, monsieur, un affront public! déclara Lord St Simon en cognant des doigts sur la table.

– Il vous faut être indulgent avec cette pauvre fille, placée dans une situation tellement sans précédent.

– Je ne serai pas indulgent, car je suis furieux qu'on se soit servi de moi d'une façon aussi éhontée!

– Il me semble avoir entendu sonner, dit Holmes. Oui, on marche sur le palier. Si je ne puis vous amener à la clémence dans cette affaire, Lord St Simon, j'ai fait venir ici un avocat qui aura peut-être plus de succès.

Ouvrant la porte, il fit entrer un monsieur et une dame en disant :

– Lord St Simon, permettez-moi de vous présenter M. et Mme Francis Hay Moulton. Je crois que vous avez déjà rencontré cette dernière...

A la vue des deux arrivants, notre client s'était levé d'un bond et se tenait très raide, les yeux baissés, la main droite enfoncée dans l'ouverture de sa jaquette, vivante image de la dignité offensée. La dame avait fait un pas vers lui en avançant la main, mais il se refusait toujours à lever les yeux, ce qui valait probablement mieux s'il ne voulait pas en démordre, car le beau visage implorant étaient de ceux auxquels il est difficile de résister...

– Vous êtes furieux, Robert, dit-elle, et je reconnais que vous avez toutes les raisons de l'être.

– De grâce, ne me présentez pas d'excuses! dit Lord St Simon d'un ton amer.

– Oh! certes, j'ai très mal agi avec vous et j'aurais dû vous parler avant de partir. Mais j'étais bouleversée et, depuis que j'avais revu Frank, je ne savais vraiment plus ce que je faisais ou disais. Je me demande même comment je ne suis pas tombée évanouie devant l'autel!

– Peut-être, madame Moulton, aimeriez-vous que mon ami et moi nous retirions pendant que vous vous expliquerez?

– Si je puis faire connaître mon sentiment, dit le gentleman étranger, il n'y a déjà eu que trop de cachotteries dans cette affaire. En ce qui me concerne, j'aimerais bien que toute l'Europe et l'Amérique apprennent la vérité.

C'était un homme de petite taille, sec et hâlé, avec un profil coupant et un ton décidé.

– Alors, je vais sans plus attendre vous raconter notre histoire, dit la dame. Frank ici présent et moi nous sommes connus en 81, au camp McQuire, près des Montagnes Rocheuses, où Papa exploitait un claim. Frank et moi nous étions fiancés mais, un jour, mon père tomba sur un riche filon tandis que le pauvre Frank ne trouvait rien dans son claim. Plus Papa s'enrichissait, plus Frank s'appauvrissait, au point que Papa finit par ne plus vouloir entendre parler de nos fiançailles et m'emmena à 'Frisco. Frank ne s'avoua point battu pour autant et me suivit là-bas où il me vit à l'insu de mon père, car ce dernier eût été furieux de savoir que nous continuions à nous rencontrer. Frank me dit être résolu à repartir pour faire fortune et à ne pas revenir me chercher avant d'être aussi riche que Papa. Je promis donc de l'attendre jusqu'à la fin des temps et, lui vivant, de ne pas me marier avec qui que ce fût. Alors il me dit : « Dans ces conditions, pourquoi ne pas nous marier tout de suite? Je serais alors sûr de toi mais je ne me dirais pas ton mari avant d'être de retour. » Nous en avons discuté et il avait tout si bien arrangé avec un pasteur que nous finîmes par nous unir sans plus attendre. Après quoi, Frank repartit pour faire fortune et moi, je retournai auprès de Papa.

« Quand j'eus ensuite des nouvelles de Frank, il était dans le Montana, puis j'entendis dire qu'il prospectait en Arizona et, enfin, au Nouveau-Mexique. Après quoi, je lus dans un journal une longue histoire racontant comment un camp de chercheurs d'or avait été attaqué par les Indiens Apaches, et le nom de mon Frank figurait parmi ceux des morts. Je m'évanouis en lisant cela et en restai malade pendant des mois. Papa me crut atteinte de consomption et me conduisit chez plus de la moitié des médecins de 'Frisco. Une année s'écoula sans que j'eusse aucune nouvelle de Frank, si bien que je ne doutai plus qu'il fût vraiment mort. Sur ces entrefaites, Lord St Simon vint à 'Frisco, puis nous partîmes pour Londres, et un mariage fut arrangé. Papa était ravi mais, au fond de moi, je savais qu'aucun homme au monde ne remplacerait jamais le pauvre Frank dans mon cœur.

251

« Néanmoins, si j'avais épousé Lord St Simon, il va sans dire que j'aurais rempli mes devoirs d'épouse. L'amour ne se commande pas, mais il en est autrement de nos actes. J'allai donc à l'autel avec l'intention d'être pour lui une aussi bonne épouse que possible. Mais je vous laisse à penser ce que j'éprouvai lorsque, juste comme j'arrivais à la grille du chœur, je vis dans le banc d'œuvre Frank qui me regardait. Je crus tout d'abord que c'était son spectre mais quand je regardai de nouveau, il était toujours là, avec une sorte d'interrogation dans son regard, comme pour me demander si j'étais heureuse ou non de le voir. Je me demande vraiment comment je ne me suis pas évanouie! Mais tout tournait autour de moi et les paroles prononcées par le pasteur n'étaient qu'un bourdonnement dans mes oreilles. Je ne savais quel parti adopter. Devais-je interrompre la cérémonie et faire ainsi scandale à l'église? Je jetai un regard à Frank, qui sembla deviner ce qui se passait en moi, car il porta un doigt à ses lèvres pour me signifier de rester tranquille. Je le vis alors griffonner sur un bout de papier et compris qu'il m'écrivait un mot. Lorsque je passai devant son banc pour me rendre à la sacristie, je lâchai mon bouquet et en me le rendant, il glissa un billet dans ma main. Il y avait juste une ligne, me disant de le rejoindre quand il me ferait signe. Bien entendu, je n'avais pas douté un seul instant que je lui dusse en premier ma loyauté et j'étais donc décidée à faire exactement ce qu'il me dirait.

« Quand je rentrai à la maison, je mis au courant ma femme de chambre, qui l'avait connu en Californie et s'était toujours montrée une amie pour lui. Je lui recommandai de ne souffler mot de rien, mais de préparer quelques affaires ainsi que mon ulster. Je sais que j'aurais dû parler à Lord St Simon, mais c'était terriblement difficile de le faire devant sa mère et tous ces gens du monde... Je décidai donc de m'enfuir et de m'expliquer ensuite. Il n'y avait pas dix minutes que j'étais à table quand, par la fenêtre, j'aperçus Frank de l'autre côté de la rue. Il m'adressa un signe puis entra dans Hyde Park. Je m'échappai, enfilai mes affaires et le suivis. Une femme m'aborda, me racontant je ne sais trop quoi à propos de Lord St Simon – d'après le peu que j'ai entendu, il semblerait que lui aussi ait eu un petit secret – mais je réussis à me débarrasser d'elle et rejoindre Frank.

Nous prîmes un fiacre ensemble et nous rendîmes à Gordon Square, où il habitait, et c'est là qu'eurent lieu nos véritables noces après toutes ces années d'attente. Fait prisonnier par les Apaches, Frank s'était évadé, avait rallié 'Frisco où il avait appris que, le croyant mort, j'étais partie pour l'Angleterre. Il m'y suivit et m'y retrouva le matin même de mon second mariage.

— J'en avais lu l'annonce dans le journal, expliqua l'Américain. Cela m'indiquait le nom de son futur et celui de l'église, mais pas où elle habitait.

— Nous avons discuté ensemble de ce qu'il convenait de faire. Frank était d'avis de tout dire, mais j'en éprouvais tant de honte que j'aurais voulu disparaître pour ne plus jamais revoir aucun de ces gens, après avoir peut-être envoyé un petit mot à Papa afin qu'il sache que j'étais vivante. C'était horrible pour moi d'imaginer tous ces lords et ces ladies assis autour de la table du lunch, attendant que je revienne. Alors Frank a pris mes affaires et mes vêtements de mariée, dont il a fait un ballot qu'il est allé jeter quelque part où l'on ne risquait pas de les découvrir, afin qu'on ne puisse retrouver ma trace. Nous serions probablement partis demain pour Paris si ce brave M. Holmes n'était venu chez nous ce soir – et je me demande bien comment il a pu nous retrouver! – où il nous a clairement et très gentiment montré que je me trompais et que Frank était dans le vrai, que nous nous mettrions dans notre tort si nous gardions le secret. Il s'est offert à nous procurer l'occasion de parler à Lord St Simon en particulier, et c'est pourquoi nous sommes venus chez lui sans perdre un instant. Voilà, Robert; à présent, vous savez tout, et je suis vraiment navrée si je vous ai fait de la peine. J'espère que vous ne penserez pas trop de mal de moi.

A aucun moment Lord St Simon n'avait marqué la moindre détente dans son attitude; il avait écouté ce long récit en fronçant les sourcils et pinçant les lèvres.

— Veuillez m'excuser, dit-il, mais je n'ai pas pour habitude de discuter publiquement de mes affaires intimes.

— Alors vous ne me pardonnez pas? Vous ne voulez pas me serrer la main avant que je m'en aille?

— Oh! si cela peut vous être agréable, pourquoi pas?

Sortant la main de sa jaquette, il serra froidement celle que la jeune femme lui tendait.

253

– J'avais espéré, intervint Holmes, que vous vous joindriez à nous pour un souper amical...

– Là, je crois que vous demandez un peu trop, répondit Sa Seigneurie. Je suis bien forcé de m'incliner devant ce qui s'est passé, mais on ne peut quand même pas s'attendre que je m'en réjouisse. Aussi, avec votre permission, je m'en vais maintenant vous souhaiter à tous une très bonne nuit.

Il s'inclina avec un mouvement de buste qui nous englobait tous et quitta la pièce, d'un air digne.

– Alors, je compte que vous deux me ferez au moins l'honneur de votre compagnie, dit Sherlock Holmes. Monsieur Moulton, ça m'est toujours une joie de rencontrer un Américain, car je suis de ceux qui sont convaincus que la folie d'un monarque et les bévues d'un ministre, voici bien des années, n'empêcheront pas nos enfants d'être un jour citoyens d'un même grand pays sur lequel flottera un drapeau combinant l'Union Jack avec la Bannière étoilée.

– L'affaire a été intéressante, déclara Holmes après le départ de nos visiteurs, en ce qu'elle démontre très clairement combien peut être simple l'explication d'une chose qui, à première vue, paraît inexplicable. En effet, rien ne paraissait plus inexplicable et cependant rien n'était plus naturel que la succession d'événements telle que nous l'a relatée cette dame, encore que le résultat en pût sembler particulièrement insolite aux yeux, par exemple, de M. Lestrade de Scotland Yard.

– Vous ne vous étiez donc pas trompé?

– Dès l'abord, deux faits m'avaient paru extrêmement évidents : la dame était on ne peut plus disposée à épouser Lord St Simon, mais il était non moins certain qu'elle avait regretté de l'avoir fait quelques minutes seulement après être rentrée chez elle. Il s'était donc très certainement produit, durant la matinée, quelque chose qui lui avait fait changer d'avis. Qu'est-ce que ça pouvait être? Elle n'avait pu parler à personne jusque-là, puisqu'elle se trouvait en compagnie de son mari. Alors était-ce qu'elle avait vu quelqu'un? Dans ce cas, c'était quelqu'un d'Amérique. Arrivée depuis si peu de temps en Angleterre, elle n'avait pu y connaître personne capable d'avoir sur elle suffisamment d'influence pour que sa seule vue l'amène à changer aussi radicalement ses projets. Vous le constatez : par un procédé d'élimination, nous sommes déjà arrivés à l'idée qu'elle avait dû voir un Américain. Qui pouvait être cet Américain et pourquoi aurait-il eu sur elle une si forte influence? Parce qu'il était son mari ou son amant. Je savais que sa jeunesse s'était passée dans un milieu rude et dans des conditions inhabituelles. J'en étais là avant même que Lord St Simon nous eût fait son récit. Quand il nous parla d'un homme dans le banc d'œuvre, du changement d'attitude de la mariée, ainsi que du si clair moyen de recueillir un message en laissant tomber un bouquet, du recours à la camériste en qui on a toute confiance et de la très significative expression « éjecter du claim » qui, dans le parler des chercheurs d'or, signifie prendre possession d'une concession sur laquelle une autre personne avait déjà établi son droit, toute l'affaire devenait limpide. La dame était partie avec un homme, un homme qui était soit un amant soit un précédent mari, ce dernier cas semblant le plus probable.

– Et comment les avez-vous retrouvés?

– Cela aurait pu être difficile, mais l'ami Lestrade détenait des renseignements de la valeur desquels il n'avait pas conscience. Les initiales étaient, bien sûr, de la plus haute importance, mais il était encore plus précieux de savoir que, dans la semaine, avait été réglée une note établie par un des plus luxueux hôtels de Londres.

– D'où avez-vous donc déduit qu'il était luxueux?

– De ses prix. Huit shillings pour une chambre, huit pence pour un verre de xérès, voilà qui indiquait un hôtel très cher. Il n'y en a pas beaucoup à Londres qui pratiquent de tels tarifs. Dans le deuxième où je me suis présenté, sis Northumberland Avenue, il m'a suffi de jeter un coup d'œil au registre pour apprendre que Francis H. Moulton, de nationalité américaine, en était parti la veille. Or sa fiche portait les mêmes prestations que j'avais vu chiffrées sur la note. Il avait demandé qu'on lui fasse suivre son courrier 226 Gordon Square. Je me suis donc rendu incontinent à cette adresse et, ayant eu la chance de trouver les tourtereaux au nid, je me suis risqué à leur donner quelques paternels conseils en leur soulignant qu'il serait préférable, à tous égards, qu'ils rendent leur situation un peu plus claire tant aux yeux du monde en général, que de Lord St Simon en particulier. Je les ai invités à le rencontrer ici et, comme vous l'avez vu, je me suis arrangé pour qu'il vienne au rendez-vous.

— Mais le résultat n'a pas été bien heureux, remarquai-je. Il s'est conduit d'une façon qui n'était guère aimable.

— Ah! Watson, fit Holmes en souriant, peut-être ne vous montreriez-vous guère aimable non plus si, après vous être donné la peine de faire la cour et de vous marier, vous vous trouviez privé en un instant aussi bien de votre femme que de sa fortune! J'estime qu'il nous faut témoigner davantage d'indulgence à Lord St Simon et remercier notre bonne étoile de ne nous être jamais trouvés dans la même situation. Rapprochez votre chaise, Watson, et donnez-moi mon violon, car le seul problème qu'il nous reste encore à résoudre, c'est comment passer ces tristes soirées d'automne.

11

LE DIADÈME DE BERYLS

— Holmes, dis-je, un matin que, par notre fenêtre en rotonde, je regardais dans la rue, je vois venir là un dément. Je trouve triste que sa famille le laisse circuler ainsi, tout seul.

S'extirpant paresseusement de son fauteuil, mon ami vint regarder par-dessus mon épaule, les mains enfoncées dans les poches de sa robe de chambre. C'était une de ces froides et lumineuses matinées de février; encore épaisse sur le sol, la neige tombée la veille miroitait au soleil d'hiver; si, au milieu de la rue, la circulation l'avait labourée, la transformant en une gadoue brune, de chaque côté et sur le bord des trottoirs elle était restée aussi blanche qu'en tombant. Le trottoir gris avait été nettoyé et raclé, mais était encore dangereusement glissant, si bien que les passants étaient plus rares que d'ordinaire. Du côté de la station de métro, je ne voyais même venir personne sauf le gentleman solitaire dont la déambulation excentrique avait attiré mon attention.

C'était un homme d'une cinquantaine d'années, grand, imposant et de belle prestance, avec un visage massif, aux traits fortement burinés et à l'air impérieux. Il était vêtu de sombre mais avec élégance : redingote noire, chapeau bien lustré, guêtres d'un marron immaculé et pantalon gris perle coupé à la perfection. Mais ses façons contrastaient absurdement avec la dignité de ses vêtements et de ses traits, car il courait de toutes ses forces, en faisant des petits sauts de temps à autre, comme un homme peu habitué à infliger pareille épreuve à ses jambes. Tout en courant, il levait et baissait ses mains, remuait la tête et se tordait le visage en d'extraordinaire grimaces.

– Qu'est-ce qu'il peut bien avoir? questionnai-je. Il regarde les numéros des maisons.

– Je crois qu'il vient ici, dit Holmes en se frottant les mains.

– Ici?

– Oui, je suis porté à penser qu'il vient me consulter professionnellement. Je crois reconnaître les symptômes... Ah! qu'est-ce que je vous disais?

Comme Holmes parlait, l'homme, soufflant et haletant, se précipita vers notre porte et fit retentir dans toute la maison la sonnette qu'il n'arrêtait pas de tirer.

Quelques instants plus tard, il était introduit dans la pièce, toujours haletant et gesticulant, mais avec un regard empreint d'une telle tristesse désespérée que nos sourires firent place à une commisération horrifiée. Il fut un moment sans pouvoir articuler une parole, tandis qu'il se balançait en tirant sur ses cheveux comme quelqu'un au bord de la folie. Puis soudain, il courut vers le mur contre lequel il donna de la tête avec tant de force que nous nous précipitâmes tous deux vers lui et le ramenâmes vers le centre de la pièce. Sherlock Holmes le fit asseoir sur le canapé et, prenant place à côté de lui, il lui tapota la main tout en parlant de ce ton apaisant dont il savait si bien user :

– Vous êtes venu me raconter votre histoire, n'est-ce pas? Mais vous avez mis tant de hâte à venir que vous êtes fatigué. Attendez, je vous en prie, de vous être ressaisi, et je serai très heureux alors d'étudier n'importe quel petit problème que vous auriez à me soumettre.

L'homme demeura assis une minute ou deux, soufflant toujours mais luttant contre son émotion. Il finit par passer un mouchoir sur son front, pinça les lèvres, puis se tourna vers nous en disant :

– Vous me croyez sans doute fou?

– Je vois que vous avez quelque grave ennui, se contenta de répondre Holmes.

– Ah! oui, Dieu sait! Quelque chose de si soudain et si terrible qu'il y a de quoi me faire perdre la raison. Le déshonneur public, j'aurais pu y faire face, bien que je sois un homme dont la réputation est demeurée jusqu'à présent sans tache. Et les chagrins intimes sont le lot de tout un chacun... Mais les deux en même temps et survenant d'aussi horrifiante façon, on en est ébranlé jusqu'à l'âme! Et puis, il ne s'agit pas seulement de moi. Si l'on ne trouve pas quelque issue à cette épouvantable affaire, l'élite du pays risque d'avoir à en souffrir.

— De grâce, ressaisissez-vous, monsieur, dit Holmes. Puis expliquez-moi clairement qui vous êtes et ce qui vous est arrivé.

— Mon nom, répondit notre visiteur, a probablement une consonance familière à vos oreilles. Je suis Alexander Holder, de la société bancaire Holder & Stevenson, Threadneedle Street.

Le nom nous était effectivement bien connu, comme étant celui du principal associé de la seconde plus grande banque privée de la City. Qu'avait-il donc pu se produire pour mettre dans un aussi pitoyable état l'un des plus éminents citoyens de Londres? Nous consumant de curiosité, nous attendîmes jusqu'à ce que, au prix d'un nouvel effort, il arrive à nous conter son histoire.

— Je sens qu'il n'y a pas de temps à perdre, dit-il, et c'est pourquoi je suis venu ici en hâte lorsque l'inspecteur de police m'a suggéré de faire appel à votre concours. J'ai pris le métro jusqu'à Baker Street et fait le reste du chemin à pied car, avec cette neige, les fiacres roulent lentement. C'est pour cette raison que j'étais hors d'haleine, car je suis un homme qui prend très peu d'exercice. A présent, je me sens mieux et je vais vous exposer les faits de façon aussi claire et concise qu'il me sera possible.

« Vous n'ignorez certainement pas que la réussite d'une société bancaire dépend tout autant de la possibilité de trouver des placements rémunérateurs pour nos capitaux, que de l'accroissement de notre clientèle et du nombre des dépôts. Un des plus lucratifs moyens d'employer notre argent, c'est de consentir des prêts, quand les garanties sont de premier ordre. Au cours des dernières années, nous avons pas mal développé nos activités dans ce sens, et nombreuses sont les familles aristocratiques auxquelles nous avons avancé de grosses sommes sur leurs tableaux, leurs livres anciens ou leur orfèvrerie.

« Hier matin, j'étais assis dans mon bureau à la banque,

lorsqu'un employé m'apporta une carte de visite. En voyant le nom, je sursautai car il s'agissait de rien de moins que... Ma foi, même à vous, mieux vaut me borner à dire qu'il s'agissait d'un nom connu aux quatre coins du monde... Un des plus grands, des plus nobles, des plus célèbres noms d'Angleterre. J'étais comblé par l'honneur d'une telle visite et, lorsqu'il entra, je tentai de le lui dire, mais il se lança aussitôt dans l'affaire qui l'amenait, avec l'air d'un homme désireux d'en finir au plus vite avec un devoir désagréable.

« – Monsieur Holder, me déclara-t-il, j'ai entendu dire que vous avez l'habitude d'avancer de l'argent.

« – La banque le fait quand la garantie est bonne, répondis-je.

« – Il est absolument essentiel pour moi de disposer sans délai de cinquante mille livres, dit-il. Certes, je pourrais emprunter dix fois une aussi modeste somme en m'adressant à des amis, mais je préfère de beaucoup traiter cela comme une affaire et m'en occuper moi-même. Vous comprendrez aisément que, dans ma position il est peu sage de se faire l'obligé de quelqu'un.

« – Puis-je vous demander pour combien de temps vous auriez besoin de cette somme? m'enquis-je.

« – Lundi prochain, je dois avoir une grosse rentrée, et je vous rembourserai alors très certainement cette avance, avec l'intérêt que vous estimerez juste. Mais il est très important pour moi d'avoir cet argent immédiatement.

« – J'aurais été heureux de vous l'avancer sur ma propre bourse sans discuter plus longtemps, dis-je, mais cela dépasse mes possibilités. D'un autre côté, si je le fais au nom de la banque, je dois à mon associé d'insister pour que, même s'agissant de vous, toutes les garanties soient prises.

« – Je préfère de beaucoup qu'il en soit ainsi, me répondit-il en attrapant un écrin carré, en maroquin noir, qu'il avait posé à côté de lui. Vous avez sans doute entendu parler du diadème de béryls?

« – L'un des plus précieux joyaux appartenant à l'Empire, dis-je.

« – Exactement.

« Il ouvrit l'écrin et là, encastré dans un velours couleur

chair, se trouvait le magnifique bijou dont il venait de me parler.

« – Ce diadème, me dit-il, comprend trente-neuf très gros béryls et la monture en or est inestimable. Au plus bas, cela vaut au moins le double de la somme que je vous demande, et je suis prêt à vous laisser ce diadème en garantie.

« Je pris entre mes mains le précieux écrin puis regardai mon client d'un air quelque peu perplexe.

« – Vous doutez de sa valeur? questionna-t-il.

« – Non, pas du tout. Je doute seulement...

« – Du droit que j'ai de vous le laisser. Soyez sans inquiétude sur ce point. Il ne me viendrait pas à l'idée de le faire si je n'étais absolument certain de pouvoir le récupérer dans quatre jours. C'est une question de pure forme. Est-ce suffisant comme garantie?

« – Amplement suffisant.

« – Vous avez conscience, monsieur Holder, que je vous donne là une très grande preuve de confiance, confiance fondée sur tout ce que j'ai entendu dire de vous. Je compte non seulement que vous serez discret et vous garderez de bavarder à ce propos, mais surtout que vous prendrez toutes les précautions imaginables pour sauvagarder ce diadème, car je n'ai pas besoin de vous dire que s'il lui arrivait quoi que ce soit, un énorme scandale en résulterait. Qu'il soit endommagé serait presque aussi grave que sa perte totale, car il n'est pas au monde béryls pouvant rivaliser avec ceux-ci et on serait donc dans l'impossibilité de les remplacer. Je vous laisse néanmoins ce diadème en toute confiance et je reviendrai le chercher moi-même lundi matin.

« Voyant que mon client était pressé, je n'ajoutai rien mais, appelant mon caissier, je lui donnai l'ordre de verser sur-le-champ cinquante mille livres à ce monsieur. Lorsque je me retrouvai seul avec le précieux écrin posé devant moi sur la table, je ne pus m'empêcher de penser avec appréhension à l'immense responsabilité qui venait de m'échoir. S'agissant d'un bien national, s'il lui arrivait quelque malheur, un horrible scandale s'ensuivrait. Je regrettais déjà d'avoir accepté de me charger de cette affaire. Mais comme il était trop tard pour revenir sur ce qui avait été fait, j'enfermai le diadème dans mon coffre personnel et me remis au travail.

« Quand le soir arriva, j'estimai imprudent de partir en laissant derrière moi dans le bureau quelque chose d'aussi précieux. On avait déjà vu forcer des coffres de banque, alors pourquoi pas le mien? Si cela se produisait, dans quelle terrible situation ne me trouverais-je pas? Je décidai donc que, durant ces quelques jours, j'emporterais toujours l'écrin le soir pour le rapporter le lendemain matin, afin de l'avoir constamment avec moi. Dans ce but, j'appelai un fiacre et me rendis ainsi chez moi, à Streatham, en emportant le diadème. Je ne respirai de nouveau vraiment à mon aise que lorsque je l'eus monté à l'étage pour l'enfermer dans la commode qui se trouve dans mon cabinet de toilette.

« Je vais maintenant vous dire deux mots de ma maisonnée, monsieur Holmes, afin que vous compreniez bien la situation. Mon cocher et le jeune valet couchent à l'extérieur et peuvent donc être mis hors de cause. J'ai trois servantes qui travaillent chez moi depuis des années et dont l'honnêteté est absolument au-dessus de tout soupçon. Lucy Parr, la seconde femme de chambre, n'est à mon service que depuis quelques mois. Mais elle avait un excellent certificat et m'a toujours donné entière satisfaction. C'est une très jolie personne, ce qui lui vaut des admirateurs, lesquels hantent parfois les abords de la maison. Elle n'a que cet unique inconvénient et nous sommes convaincus que c'est une brave fille à tous égards.

« Voilà pour les domestiques. Ma famille est si réduite qu'il ne me faudra pas longtemps pour vous la décrire. Je suis veuf et j'ai un fils unique, Arthur. Ce garçon m'a déçu, monsieur Holmes, vivement déçu. Je ne doute pas que ce soit de ma faute. On m'a dit que je l'avais trop gâté et c'est probable. Lorsque ma chère femme est morte, j'ai senti que je n'avais plus que lui à aimer, et je ne pouvais endurer de voir le sourire disparaître de son visage. Aussi ne lui ai-je jamais rien refusé. Peut-être eût-il mieux valu pour nous deux que je me montre plus sévère, mais j'ai cru bien faire...

« Il entrait bien entendu dans mes projets de le voir prendre ma succession à la banque, mais il n'est pas doué pour les affaires. C'est un garçon indocile et fantasque... Pour tout vous dire, je ne me fierais pas à lui pour le maniement de grosses sommes d'argent. Dans sa jeunesse, il est devenu membre d'un club aristocratique et là, comme ses façons sont charmantes, il a vite été l'intime d'hommes ayant de grosses fortunes et de coûteuses habitudes. Il s'est mis à jouer gros aux cartes et dilapider de l'argent aux courses, au point de devoir sans cesse revenir me trouver en m'implorant de lui faire une avance sur sa pension, pour pouvoir régler des dettes d'honneur. A plusieurs reprises, il tenta de rompre avec une compagnie si dangereuse pour lui, mais chaque fois l'influence de son ami sir George Burnwell suffit à l'y ramener.

« Et, à la vérité, je ne saurais m'étonner qu'un homme comme Sir George Burnwell ait tant d'influence sur lui, car Arthur l'a fréquemment amené à la maison, et je me suis aperçu que j'avais moi-même du mal à ne pas succomber au charme fascinant de ses manières. Plus âgé qu'Arthur, homme du monde jusqu'au bout des ongles, il est allé partout et a tout vu; brillant causeur, c'est en outre un très bel homme. En dépit de quoi, lorsque je pense à lui de sang-froid, loin de son éclatante présence, le cynisme de ses propos et l'éclat que j'ai surpris dans son regard me donnent la conviction qu'on doit se méfier de lui au plus haut point. C'est mon sentiment et aussi celui de ma petite Mary, qui est prompte à pénétrer les caractères.

« Il ne me reste plus qu'elle à décrire maintenant. Elle est ma nièce, mais quand mon frère est mort, voici cinq ans en la laissant seule au monde, je l'ai adoptée, veillant depuis lors sur elle comme sur ma propre fille. Très belle, aimante et douce, parfaite maîtresse de maison tout en sachant rester affectueuse et effacée, elle est un rayon de soleil dans ma maison, mon bras droit, et je ne sais ce que je ferais sans elle. Elle n'a jamais contrevenu à mes désirs que sur un seul point : deux fois mon garçon lui a demandé de l'épouser, car il l'aime profondément, mais elle a toujours refusé. Je pense que si quelqu'un est à même de ramener Arthur dans le droit chemin, c'est elle, et il aurait eu sa vie transformée par ce mariage. Mais à présent, hélas, c'est trop tard... à jamais trop tard!

« Voilà, monsieur Holmes, maintenant vous connaissez les gens qui vivent sous mon toit, et je vais continuer le récit de ma triste histoire.

« Ce soir-là, tandis que nous prenions le café dans le

salon, je parlai à Mary et Arthur de ce qui m'était arrivé et du précieux trésor que nous avions à la maison, ne leur taisant que le nom de mon client. Lucy Parr, qui avait servi le café, avait, j'en suis sûr, quitté la pièce, mais je ne jurerais pas que la porte était fermée. Très intéressés, Mary et Arthur souhaitait voir le fameux diadème, mais j'estimai préférable de ne pas y toucher.

« – Où l'as-tu mis? demanda Arthur.

« – Dans ma commode.

« – Alors fasse le Ciel que la maison ne soit pas cambriolée durant la nuit! dit-il.

« – C'est fermé à clef, précisai-je.

« – Oh! n'importe quelle vieille clef peut ouvrir cette commode. Quand j'étais gosse, je l'ai moi-même ouverte avec la clef du placard qui est dans le débarras.

« Arthur dit souvent n'importe quoi, si bien que j'attachai peu d'importance à son propos. Mais ce soir-là il me suivit jusque dans ma chambre, d'un air très soucieux.

« – Ecoute, papa, me dit-il en baissant les yeux, pourrais-tu m'avancer deux cents livres?

« – Non, répondis-je sèchement. Je me suis déjà montré beaucoup trop large avec toi dans ces questions d'argent.

« – Tu as été très gentil, oui, convint-il, mais il me faut cet argent ou sinon je n'oserai plus jamais me montrer au club.

« – Ce sera une excellente chose! lui déclarai-je.

« – Oui, mais tu ne voudrais pas que je le quitte en étant déshonoré, me rétorqua-t-il. Je n'endurerais pas une telle disgrâce. Il faut que je me procure cet argent d'une façon ou d'une autre, et si tu ne me le donnes pas, alors j'essaierai d'autres moyens.

« J'étais très en colère, car c'était sa troisième demande en l'espace d'un mois.

« – Tu n'auras plus un sou de moi! lui criai-je. Il s'inclina et quitta la pièce sans ajouter un mot.

« Arthur parti, j'ouvris ma commode, m'assurai que le trésor y était bien en sécurité, et la refermai à clef. Sur quoi, je partis faire le tour de la maison pour m'assurer que tout était bien clos, devoir dont je chargeais ordinairemnt Mary, mais que je préférai remplir moi-même ce soir-là. En descendant l'escalier, je vis Mary à la fenêtre de l'entrée, qu'elle referma soigneusement comme j'approchais.

« – Dis-moi, papa, me demanda-t-elle d'un air un peu préoccupé, as-tu donné à Lucy, la permission de sortir ce soir?

« – Certainement pas.

« – Elle vient juste de rentrer par la porte de derrière. Je ne doute pas qu'elle soit seulement allée jusqu'à la petite grille pour voir quelqu'un, mais ça ne me paraît pas prudent et je crois qu'il faudrait y mettre bon ordre.

« – Tu lui en parleras demain matin ou, si tu préfères, je m'en chargerai. Es-tu sûre que tout est bien fermé?

« – Parfaitement sûre, papa.

« – Alors, bonne nuit, dis-je en l'embrassant avant de remonter dans ma chambre, où je m'endormis vite.

« Je m'efforce de vous raconter tout ce qui peut avoir quelque rapport avec l'affaire, monsieur Holmes, mais s'il y a quelque chose qui ne vous paraît pas clair, de grâce interrogez-moi?

– Au contraire, votre exposé est très précis.

– J'en arrive à un point de mon histoire où je souhaite l'être tout particulièrement. J'ai le sommeil assez léger, et l'inquiétude qui habitait mon esprit, contribuait sans aucun doute à le rendre encore plus léger. Vers deux heures du matin, un bruit dans la maison me fit dresser sur mon lit. Il avait cessé avant même que je fusse complètement réveillé, mais en me laissant l'impression que, quelque part, une fenêtre avait été refermée avec précaution. Je prêtai l'oreille et soudain, horrifié, j'entendis marcher doucement dans la pièce contiguë. Le cœur palpitant de frayeur, je me glissai hors de mon lit et risquai un œil à la porte de mon cabinet de toilette.

« – Arthur! hurlai-je. Chenapan! Voleur! Comment oses-tu toucher à ce diadème?

« J'avais laissé le gaz en veilleuse, et mon malheureux garçon, vêtu seulement de sa chemise et de son pantalon, se tenait juste au-dessous du globe, le diadème entre les mains. Usant de toutes ses forces, il semblait vouloir le tordre ou le disjoindre. A mon cri, il le lâcha et devint pâle comme un mort. Je ramassai vivement le diadème et l'examinai : il y manquait un des angles en or, avec trois béryls.

« – Vaurien! m'exclamai-je, hors de moi. Tu l'as abîmé! Tu m'as déshonoré à jamais! Où sont les pierres que tu as volées?

« – Volées! s'écria-t-il.

« – Oui, brigand que tu es! hurlai-je en l'empoignant par les épaules et le secouant.

« – Mais il n'en manque aucune! Il ne peut pas en manquer!

« – Il en manque trois. Et tu sais où elles sont. Il ne te suffit pas de voler, faut-il aussi que tu mentes? Ne t'ai-je pas vu essayer d'en casser un autre morceau?

« – Tu m'as traité de tous les noms! me dit-il. Je n'en supporterai pas davantage. Puisque tu as préféré m'insulter je ne dirai plus un mot sur cette affaire. Dès qu'il fera jour, je quitterai cette maison pour aller faire mon chemin dans le monde!

« – Tu la quitteras encadré par la police! hurlai-je, à demi fou de colère et de chagrin. J'entends que toute lumière soit faite sur cette affaire!

« – Tu n'apprendras rien par moi, dit-il avec une passion dont je ne l'aurais jamais cru capable. Si tu choisis d'appeler la police, qu'elle se débrouille!

« Entre-temps, toute la maison était en émoi, car dans ma colère j'avais haussé le ton. Mary fut la première à faire irruption dans ma chambre. Voyant le diadème et le visage d'Arthur, elle devina tout et, poussant un cri, tomba par terre sans connaissance. J'envoyai la femme de chambre prévenir la police, à qui je m'en remis entièrement. Lorsque l'inspecteur et un agent arrivèrent à la maison, Arthur – qui jusqu'alors était demeuré les bras croisés, l'air sombre – me demanda si mon intention était de l'accuser de vol. Je lui répondis que l'affaire ne relevait plus du domaine privé mais public, puisque le diadème mutilé était un bien national. J'étais résolu à ce que la loi fût strictement appliquée.

« – Du moins, ne me fais pas arrêter immédiatement. Tout autant que moi tu aurais avantage à ce que je puisse m'absenter cinq minutes de la maison.

« – Pour t'enfuir ou peut-être cacher ce que tu as volé! lui lançai-je.

« Puis, mesurant soudain toute l'horreur de ma situation

je le conjurai de se souvenir que non seulement mon honneur, mais celui de quelqu'un de beaucoup plus haut que moi, étaient en jeu, et qu'il était sur le point de provoquer un scandale qui secouerait toute la nation. Il pouvait éviter tout cela s'il consentait seulement à me dire ce qu'il avait fait des trois pierres manquantes.

« – Tu devrais regarder les choses en face, lui dis-je. Tu as été pris en flagrant délit et rien ne peut donc aggraver ton cas. Mais si, comme tu en as la possibilité, tu répares le mal en nous disant où sont les béryls, tout sera pardonné et oublié.

« – Garde ton pardon pour qui te le demandera! répondit-il en se détournant de moi avec un ricanement.

« Je compris qu'il était trop endurci pour se laisser influencer par n'importe quoi que je lui dirais. Je n'avais plus d'autre issue que d'appeler l'inspecteur pour le faire arrêter. On procéda immédiatement à une fouille, non seulement de sa personne mais de sa chambre et de tous les endroits de la maison où il aurait eu la possibilité de cacher les gemmes, mais celles-ci demeurèrent introuvables et ni menaces ni objurgations n'amenèrent le malheureux garçon à desserrer les dents. Il a été incarcéré ce matin et moi, dès que j'en ai eu terminé avec les formalités de la police, je suis venu vous trouver en hâte pour vous supplier de mettre toute votre habileté à débrouiller cette affaire. A la police, on m'a carrément dit que, pour l'instant, ils n'y comprenaient rien. Faites toutes les dépenses que vous jugerez nécessaires. J'ai déjà offert une récompense de mille livres. Mon Dieu, que faire? En une nuit, j'ai perdu mon honneur, les joyaux et mon fils. Oh! que faire, que faire?

Se prenant la tête à deux mains, il se balançait d'un côté à l'autre en gémissant sourdement comme un enfant dont le chagrin dépasse l'exprimable.

Sherlock Holmes demeura quelques minutes assis en silence, les sourcils froncés et le regard fixé sur le feu.

– Recevez-vous beaucoup de monde? s'enquit-il.

– Personne, sauf mon associé avec sa famille et, à l'occasion, un ami d'Arthur. Ces derniers temps, Sir George Burnwell est venu plusieurs fois. Mais personne d'autre, il me semble...

– Et allez-vous souvent dans le monde?

— Arthur, oui, mais Mary et moi restons à la maison, aucun de nous deux ne raffolant de ces sorties.

— C'est inhabituelle de la part d'une jeune fille.

— Elle est très casanière de nature. Et puis, elle n'est pas si jeune que ça : elle a vingt-quatre ans.

— D'après ce que vous nous avez dit, cette affaire semble lui avoir causé un grand choc à elle aussi.

— Terrible? Elle en est encores plus affectée que moi.

— Et ni l'un ni l'autre n'avez le moindre doute quant à la culpabilité de votre fils?

— Comment le pourrions-nous, alors que je l'ai vu, de mes propres yeux, tenant le diadème dans ses mains?

— Je suis loin de considérer cela comme une preuve concluante. Le reste du diadème était-il abîmé?

— Oui, il était tordu.

— Ne croyez-vous pas alors que votre fils essayait de le redresser?

— Dieu vous bénisse! Vous faites tout ce que vous pouvez pour lui et pour moi, mais c'est une trop lourde tâche. Que fabriquait-il là? Et s'il s'y trouvait en toute innocence, pourquoi ne l'a-t-il pas dit?

— Précisément : s'il était coupable, pourquoi n'a-t-il pas inventé un mensonge? Son silence me paraît pouvoir être en sa faveur tout autant que l'accabler. Il y a plusieurs détails singuliers dans cette affaire. Que pense la police du bruit qui vous a tiré de votre sommeil?

— Ils estiment que ce pouvait être celui fait par Arthur en fermant la porte de sa chambre.

— Ah! comme c'est vraisemblable! Un homme sur le point de commettre un larcin, claquant sa porte au point de réveiller toute la maisonnée! Et que disent-ils de la disparition de ces pierres?

— Ils continuent de sonder le plancher et de fouiller les meubles dans l'espoir de les retrouver.

— Ont-ils pensé à regarder hors de la maison?

— Oui, ils ont déployé une activité extraordinaire. Tout le jardin a déjà été minutieusement examiné.

— Mon cher monsieur, dit Holmes, ne vous paraît-il pas maintenant évident que cette affaire va beaucoup plus loin que ni vous ni la police ne le pensiez de prime abord? Cela vous semblait être une affaire toute simple et, à moi, elle paraît extrêmement complexe. Réfléchissez à tout ce que sous-entend votre hypothèse : vous supposez que votre fils a quitté son lit pour se rendre – avec tous les risques que cela comportait – dans votre cabinet de toilette, où il a ouvert la commode, pris le diadème, dont il a rompu à la main un petit morceau, après quoi il serait allé dissimuler quelque part trois des trente-neuf béryls, avec tant d'habileté que personne n'arrive à les retrouver, puis serait revenu avec les trente-six autres pierres dans la pièce où il courait le plus grand danger d'être découvert. Je vous le demande, une telle hypothèse est-elle soutenable ?

– Mais quelle autre explication y a-t-il ? s'écria le banquier avec un geste de désespoir. S'il avait d'innocentes raisons d'être là, pourquoi ne me les a-t-il pas expliquées ?

– Notre devoir est de les découvrir, répliqua Holmes. Aussi, monsieur Holder, si vous le voulez bien, nous allons nous rendre à Streatham ensemble et consacrer une heure à examiner d'un peu plus près certains détails.

Mon ami insista pour que je les accompagne dans leur expédition, ce que je brûlais de faire car l'histoire que nous venions d'écouter avait éveillé ma curiosité autant que ma sympathie. J'avoue que la culpabilité du fils du banquier me paraissait tout aussi évidente qu'à son malheureux père, mais j'avais cependant une telle confiance dans le jugement de Holmes que je conservais quelque espoir tant qu'il ne se déclarait pas satisfait de l'explication donnée. C'est à peine s'il parla durant tout le trajet vers la banlieue sud, demeurant le menton sur la poitrine et le chapeau tiré sur les yeux, profondément abstrait dans ses pensées. La petite lueur d'espoir qu'on lui avait laissé entrevoir semblait avoir redonné du cœur à notre client, qui alla même jusqu'à m'entretenir avec détachement de ses affaires en général. Un court voyage en chemin de fer suivi d'une petite marche nous amenèrent à Fairbank, la modeste résidence du grand financier.

Fairbank était une bonne maison carrée en pierre blanche, qui s'élevait un peu en retrait de la route. Une allée circulaire, assez large pour que deux voitures la prennent de front et entourant une pelouse couverte de neige, s'étendait au-delà des deux grandes portes en fer forgé qui en fermaient l'accès. Sur la droite, il y avait un petit hallier boisé précédant un étroit sentier qui, entre deux haies bien taillées, reliait la route à la porte de la cuisine et constituait l'entrée de service pour les fournisseurs. Sur la gauche, un chemin menait aux écuries, mais il se trouvait à l'extérieur de la propriété et était donc public bien que rarement utilisé. Nous laissant devant la porte, Holmes fit lentement le tour de la maison, puis il rejoignit l'allée de service et passa par le jardin de derrière pour arriver au chemin des écuries. Cela lui prit si longtemps que M. Holder et moi entrâmes dans la salle à manger et nous installâmes près du feu pour attendre son retour. Nous étions assis là, en silence, quand la porte s'ouvrit, livrant passage à une jeune dame. D'une taille au-dessus de la moyenne, elle était mince et brune, avec des yeux sombres, qui paraissaient l'être encore plus du fait de son extrême pâleur. Ses lèvres aussi était exsangues et l'on voyait à son regard qu'elle avait pleuré. Comme elle entrait en silence, elle me donna une plus profonde impression de chagrin que le banquier lorsqu'il était arrivé à Baker Street; cela frappait d'autant plus que c'était de toute évidence une femme ayant une grande force de caractère, et très capable de se dominer. Sans se soucier de ma présence, elle alla droit à son oncle et lui passa une main sur la tête, en une très féminine caresse.

— Tu as donné des ordres pour qu'Arthur soit remis en liberté, n'est-ce pas, père? questionna-t-elle.

— Non, ma petite fille, non... Il faut absolument aller au fond de cette affaire.

— Mais je suis tellement certaine de son innocence! Tu sais bien ce qu'est l'intuition féminine? Je sens qu'il n'a rien fait de mal et que tu vas regretter d'avoir agi si durement.

— S'il est innocent, alors pourquoi se tait-il?

— Qui sait? Peut-être qu'il t'en veut de l'avoir suspecté.

— Comment ne l'aurais-je pas suspecté, alors que je l'ai vu avec le diadème entre les mains?

— Oh! mais il l'avait seulement pris pour le regarder. Oh! tu peux m'en croire, il est innocent! Laisse tomber cette affaire, n'en parle plus... C'est si terrible de penser que notre cher Arthur est en prison!

— Je ne laisserai pas tomber l'affaire tant que les pierres ne seront pas retrouvées... jamais, Mary! Ton affection pour

Arthur t'aveugle et t'empêche de voir toutes les affreuses conséquences que cette affaire a pour moi. Aussi, loin de l'étouffer, j'ai amené un monsieur de Londres pour enquêter plus avant.

— Ce monsieur? fit-elle en se tournant vers moi.

— Non, son ami. Il nous a demandé de le laisser seul. Il est en ce moment dans le chemin des écuries.

— Le chemin des écuries? fit-elle en haussant les sourcils. Que peut-il espérer trouver par là? Ah! le voici, je suppose... Je souhaite, monsieur, que vous réussissiez à prouver que mon cousin Arthur est innocent de ce crime, car je suis certaine que c'est la vérité.

— Je partage entièrement votre opinion et, comme vous, j'ai bonne confiance que nous arriverons à le prouver, répondit Holmes en retournant jusqu'au paillasson pour détacher la neige de ses chaussures. J'ai, je crois, l'honneur de m'adresser à Miss Mary Holder... Puis-je vous poser une ou deux questions?

— Mais je vous en prie, monsieur. Si cela pouvait aider à éclaircir cette horrible affaire!

— Vous-même n'avez rien entendu la nuit dernière?

— Rien, jusqu'à ce que mon oncle se mette à parler très fort. Entendant cela, je suis accourue...

— Avant de vous coucher, vous aviez fermé portes et fenêtres. Aviez-vous bien assujetti toutes les fenêtres?

— Oui.

— Et elles l'étaient encore toutes ce matin?

— Oui.

— L'une des femmes de chambre a un amoureux? Je crois que vous aviez fait remarquer hier soir à votre oncle qu'elle était sortie le voir?

— Oui. C'est celle qui avait servi le café dans le salon et donc pu entendre ce que disait mon oncle à propos du diadème.

— Je vois... Vous en inférez qu'elle serait sortie pour en parler à son amoureux et que tous deux auraient combiné le vol?

— Mais à quoi bon toutes ces vagues hypothèses, s'écria le banquier d'un ton impatienté, puisque je vous ai dit avoir vu Arthur avec le diadème entre les mains!

— Un peu de patience, monsieur Holder, nous allons y

271

revenir... Au sujet de cette fille, Miss Holder, vous l'avez vue rentrer par la porte de la cuisine, je présume?

— Oui, juste comme j'allais m'assurer que cette porte était fermée pour la nuit. Dans la pénombre, j'ai aussi aperçu l'homme.

— Et le connaissez-vous?

— Oh! oui. C'est le marchand de légumes qui nous approvisionne. Il se nomme Francis Prosper.

— Il se tenait, dit Holmes, à gauche de la porte, mais trop loin d'elle pour pouvoir l'atteindre?

— Oui, c'est ça.

— Et c'est un homme qui a une jambe de bois?

Quelque chose ressemblant à de la peur transparut dans les yeux sombres de la jeune femme.

— Mais vous êtes sorcier! s'exclama-t-elle. Comment savez-vous cela?

Elle souriait, mais, le visage tendu, Holmes ne lui retourna pas ce sourire.

— J'aimerais bien maintenant monter à l'étage, dit-il. Il me faudra probablement voir de nouveau l'extérieur de la maison. Et peut-être me vaut-il mieux jeter un coup d'œil aux fenêtres du rez-de-chaussée avant de monter.

Il alla rapidement de l'une à l'autre, ne s'arrêtant que devant la grande du hall, qui donnait sur le chemin des écuries. Celle-là, il l'ouvrit et en examina attentivement le rebord avec l'aide de sa puissante loupe.

— A présent, nous pouvons monter, dit-il enfin.

Le cabinet de toilette du banquier était une petite pièce très simplement meublée d'une grande commode, d'une table de toilette que surmontait un large miroir et d'un tapis gris. Holmes commença par s'approcher de la commode dont il examina la serrure avec soin.

— Quelle clef a été utilisée pour l'ouvrir? demanda-t-il.

— Celle que mon fils avait lui-même indiquée : la clef du placard qui est dans le cabinet de débarras.

— L'avez-vous ici?

— Elle est sur la table de toilette.

Sherlock Holmes la prit et ouvrit la commode.

— Cette serrure est silencieuse. Rien d'étonnant donc que cela ne vous ait pas éveillé. Cet écrin est, je présume, celui du diadème. Voyons-le donc.

Il ouvrit l'écrin et en sortit le diadème qu'il posa sur la table. C'était un très beau spécimen de joaillerie et les trente-six pierres étaient les plus belles que j'eusse jamais vues. Un des côtés du diadème présentait une extrémité déchiquetée, là où un angle incrusté de trois béryls avait été cassé.

— Monsieur Holder, dit Holmes, voici le coin faisant pendant à celui qui a si malheureusement disparu. Puis-je vous demander de le casser?

Le banquier eut un recul horrifié :

— Il ne me viendrait même pas à l'idée d'essayer!

— Alors, je vais le faire.

Holmes y mit brusquement toute sa force, sans résultat.

— Je l'ai senti fléchir légèrement mais, bien que j'aie des doigts d'une force exceptionnelle, il me faudrait du temps pour parvenir à le briser. Un homme ordinaire ne pourrait le faire. Et si j'arrive à le rompre, que pensez-vous qu'il va se produire, monsieur Holder? Cela fera un bruit ressemblant à un coup de pistolet. Me direz-vous que cela a pu se passer à quelques mètres de votre lit sans que vous entendiez rien?

— Je ne sais que penser. Je suis dans l'obscurité la plus totale!

— Mais peut-être les choses s'éclairciront-elles à mesure que nous progresserons. Votre opinion, Miss Holder?

— J'avoue partager la perplexité de mon oncle.

— Lorsque vous l'avez vu, votre fils n'avait ni chaussures ni pantoufles.

— Non, juste sa chemise et son pantalon.

— Merci. Dans cette affaire, nous avons sans conteste été favorisés par la chance et ne pourrons nous en prendre qu'à nous-mêmes si nous n'arrivons pas à l'élucider. Avec votre permission, monsieur Holder, je m'en vais maintenant poursuivre mes recherches à l'extérieur.

Il s'en fut seul à sa demande, nous ayant expliqué que d'inutiles empreintes de pas risquaient de compliquer sa tâche. Son absence dura au moins une heure et lorsqu'il revint, avec des chaussures pleines de neige, son visage était aussi impénétrable que jamais.

— A présent, dit-il, je crois avoir vu tout ce qu'il y avait à

voir, monsieur Holder. Et c'est en regagnant mes pénates que je vous serai le plus utile.
- Mais les pierres, monsieur Holmes? Où sont-elles?
- Je ne puis vous le dire.
Le banquier se tordit les mains en s'écriant :
- Je ne les reverrai jamais plus! Et mon fils? Me donnez-vous de l'espoir?
- Mon opinion n'a absolument pas changé.
- Alors, au nom du Ciel, quelle sombre affaire s'est donc passée la nuit dernière dans ma maison?
- Si vous venez me voir à mon domicile de Baker Street demain matin entre neuf et dix, je serai heureux de faire mon possible pour vous éclairer. A ce que j'ai compris, j'ai *carte blanche* (1) pour agir à votre place pourvu que je récupère les gemmes, et vous ne fixez aucune limite aux dépenses que je puis devoir engager?
- Je donnerais ma fortune pour récupérer ces pierres.
- Très bien. D'ici à demain, je vais me consacrer à cette affaire. Au revoir. Il n'est pas impossible toutefois que je revienne avant ce soir.

Il ne faisait aucun doute pour moi que mon ami avait déjà son opinion sur l'affaire, mais je ne cherchai pas à imaginer, même vaguement, quelles pouvaient être ses conclusions. A plusieurs reprises, au cours de notre voyage de retour, je m'efforçai de le sonder sur ce point, mais il se dérobait toujours en passant à un autre sujet, si bien que je finis par y renoncer. Il n'était pas encore trois heures, lorsque nous nous retrouvâmes une fois de plus dans notre salon. Holmes était monté rapidement dans sa chambre et il en redescendit quelques minutes plus tard déguisé plus ou moins en chiffonnier : veston luisant au col relevé, foulard rouge, chaussures fatiguées, il en constituait un parfait spécimen.

- Je pense que ça devrait aller, dit-il en se considérant dans la glace au-dessus de la cheminée. J'aimerais bien vous emmener avec moi, Watson, mais ça ne collerait pas. Il se peut que je sois sur une piste solide ou que celle-ci s'envole en fumée, mais je serai bientôt fixé. J'espère être de retour dans quelques heures.

Il se coupa une tranche du rôti de bœuf qui était sur

---

(1) En français dans le texte. (N.d.T)

la desserte, s'en fit un sandwich et partit en expédition.

Je finissais de boire mon thé lorsqu'il revint, visiblement d'excellente humeur, balançant d'une main une vieille bottine à tige élastique. Il la jeta dans un coin et se versa une tasse de thé.

— Je suis juste entré en passant, me dit-il. Je repars tout de suite.

— Pour où?

— Oh! l'autre côté du West End. Je ne sais combien de temps cela me prendra. Alors, au cas où je rentrerais tard, ne m'attendez pas pour dîner.

— Et vous progressez?

— Oh! comme-ci, comme-ça, sans toutefois que j'aie lieu de me plaindre. Je suis retourné à Stretham, mais je ne me suis pas présenté chez Holder. C'est vraiment un amour de petit problème, et pour rien au monde je n'aurais voulu le manquer. Ceci dit, au lieu de rester ici à bavarder, il me faut aller ôter ces répugnants habits et reprendre mon allure extrêmement respectable.

Rien qu'à le voir, je me rendais compte qu'il avait de plus fortes raisons d'être satisfait que ses propos ne le donnaient à entendre. Ses yeux brillaient et ses joues creuses étaient même légèrement colorées. Il monta en vitesse dans sa chambre et quelques minutes plus tard, entendant claquer la porte d'entrée, je sus qu'il était de nouveau en chasse.

J'attendis jusqu'à minuit sans qu'il se manifeste, si bien que je finis par me retirer dans ma chambre. Il n'était pas rare que Holmes restât absent pendant des jours et des nuits d'affilée quand il était sur une piste prometteuse, aussi n'étais-je aucunement surpris qu'il ne fût pas encore rentré. J'ignore à quelle heure eut lieu son retour, mais lorsque je descendis le lendemain pour le petit déjeuner, je le trouvai tenant une tasse d'une main le journal de l'autre, on ne peut plus frais et dispos.

— Vous m'excuserez d'avoir commencé sans vous, Watson, mais vous vous rappelez que j'ai donné rendez-vous à notre client assez tôt ce matin.

— Et comme il est déjà plus de neuf heures, je ne serais pas surpris que ce soit déjà lui, répondis-je, car je crois bien avoir entendu la sonnette.

C'était bien, en effet, notre ami le financier. Je fus frappé par le changement intervenu en lui depuis la veille : son visage, naturellement rond et massif, était maintenant tout pincé, comme s'il avait coulé, tandis que ses cheveux me semblaient un rien plus blancs. Il entra avec une sorte d'apathie léthargique encore plus pénible que son agitation de la matinée précédente, et se laissa tomber lourdement dans le fauteuil que je lui avançais.

— Je ne sais ce que j'ai pu faire pour mériter d'être si péniblement éprouvé, dit-il. Voici deux jours encore, j'étais un homme heureux et prospère, sans un souci au monde. A présent, me voici solitaire et déshonoré. Un malheur ne vient jamais seul : ma nièce Mary m'a quitté.

— Elle vous a quitté?

— Oui. Ce matin, son lit n'était pas défait, sa chambre était vide, et il y avait une lettre sur la table du hall. Hier soir je lui avais dit, mais avec chagrin et non avec colère, que si elle avait épousé mon garçon il n'aurait pas mal tourné. J'aurais sans doute mieux fait de me taire car c'est à cette remarque qu'elle fait allusion dans ce billet :

Mon très cher oncle

Je sens que je t'ai occasionné des ennuis et que si j'avais agi différemment ce terrible malheur ne se serait peut-être jamais produit. Avec cette pensée en tête, je ne pourrai plus être heureuse sous ton toit et j'estime donc devoir partir pour toujours. Ne te tracasse pas pour mon avenir; il est assuré. Et surtout ne cherche pas à me retrouver, car ce serait en vain et tu me rendrais un mauvais service. Je reste, à la vie à la mort, ta nièce affectionnée

MARY

— Qu'entend-elle par là, monsieur Holmes? Pensez-vous qu'elle ait une idée de suicide en tête?

— Non, non, absolument rien de ce genre. Et c'est peut-être la meilleure solution possible. Je crois, monsieur Holder, que vous touchez à la fin de vos ennuis.

— Ah! que me dites-vous là! Vous avez du nouveau, monsieur Holmes, vous avez appris quelque chose! Où sont les pierres?

— Mille livres pour chacune d'elles ne vous semblerait pas un prix excessif?

— J'en donnerais dix fois plus!

— Ce ne sera pas nécessaire. Avec trois mille livres, l'affaire sera réglée. Et il y a une petite récompense, je crois... Avez-vous votre carnet de chèques? Voici de quoi écrire. Faites-le de quatre mille livres, ce sera préférable.

Médusé, le banquier fit le chèque demandé. S'approchant alors de son bureau, Holmes en sortit un petit triangle d'or où trois gemmes étaient incrustées et le jeta sur la table.

Poussant un cri de joie, notre client s'en saisit aussitôt.

— Vous l'avez! balbutia-t-il. Je suis sauvé! Je suis sauvé!

La réaction fut à la mesure du chagrin qu'il avait éprouvé, et c'est avec une joie passionnée qu'il serra contre sa poitrine les pierres retrouvées.

— Vous devez encore autre chose, monsieur Holder, lui dit Holmes d'un ton plutôt sévère.

— Oui? fit le banquier en reprenant la plume. Dites-moi combien et je le paierai.

— Non, ce n'est pas envers moi que vous avez cette dette. Et ce sont de très humbles excuses que vous devez à ce noble cœur, votre fils, qui s'est comporté dans cette affaire comme je serais fier que mon fils le fît, si j'avais la chance d'en avoir un.

— Alors ce n'était pas Arthur qui les avait prises?

— Je vous avais déjà dit non hier et je vous le répète aujourd'hui.

— Vous en êtes sûr? Alors, courons vite lui annoncer que la vérité a été établie!

— Il le sait déjà. Après avoir tout élucidé, j'ai eu un entretien avec lui et, constatant qu'il ne voulait pas me révéler la vérité, c'est moi qui la lui ai dite; sur quoi il a dû convenir que j'avais raison, et m'a précisé quelques détails qui demeuraient encore un peu obscurs à mes yeux. Toutefois, vos nouvelles de ce matin lui descelleront peut-être les lèvres.

— Pour l'amour du Ciel, dites-moi donc tout de cet extraordinaire mystère!

— Je vais le faire et vous montrer comment je suis graduellement parvenu à la vérité. Mais laissez-moi commencer d'abord par ce qui est le plus pénible pour moi de dire et pour vous d'entendre. Sir George Burnwell et votre nièce Mary étaient de connivence. Ils viennent de s'enfuir ensemble.

— Ma Mary? Impossible!

— C'est malheureusement plus que possible : il s'agit d'une certitude. Ni vous ni votre fils ne connaissiez vraiment la personnalité de Burnwell quand vous l'avez admis dans votre cercle de famille. C'est l'un des hommes les plus dangereux d'Angleterre : un joueur ruiné, capable de tout, sans cœur ni conscience. Votre nièce ne sait rien de tels hommes. Quand il lui a fait la cour, comme il l'avait faite à cent autres avant elle, elle s'est flattée d'être la première à avoir touché son cœur. Le diable seul sait ce qu'il avait pu lui dire, mais elle était devenue sa chose et le voyait presque chaque soir.

— Je ne peux pas le croire et je m'y refuse! s'exclama le banquier, dont le visage était devenu cendreux.

— Alors je vais vous raconter ce qui s'est passé dans votre maison cette nuit-là. Quand elle a cru que vous vous étiez retiré dans votre chambre jusqu'au lendemain, votre nièce est descendue sans bruit au rez-de-chaussée et s'est entretenue avec son amant par la fenêtre qui donne sur le chemin des écuries. L'empreinte de ses chaussures a creusé profondément la neige tellement il est resté là un long moment. Elle lui a parlé du diadème. A cette nouvelle, sa mauvaise soif de l'or s'est réveillée et il a plié la jeune femme à sa volonté. Je ne doute pas qu'elle vous ait aimé, mais il est des femmes chez qui l'amour que leur inspire un amant éteint tout autre affection, et je pense qu'elle est du nombre. A peine venait-elle d'écouter les instructions qu'il lui avait données qu'elle vous vit descendre l'escalier. Fermant aussitôt la fenêtre, elle vous parla de l'escapade d'une des domestiques avec son amant à la jambe de bois, histoire d'ailleurs parfaitement vraie.

« Après la conversation qu'il avait eue avec vous, votre fils Arthur était monté se coucher, mais il dormait mal à cause du souci que lui causaient ses dettes de jeu. Au milieu de la nuit, il entendit un pas léger passer devant sa porte. Il se leva donc et, regardant dans le couloir, il fut surpris de voir sa cousine qui s'éloignait sur la pointe des pieds, puis disparaissait dans votre cabinet de toilette. Pétrifié de stupeur, le garçon enfila des vêtements et attendit là, dans l'obscurité, pour avoir l'explication de cet étrange comportement. Mary ne tarda pas à ressortir dans le couloir et, à la clarté de la lampe éclairant ce dernier, votre fils vit distinctement qu'elle tenait le précieux diadème entre ses mains. Elle descendit l'escalier et lui, en proie à une angoisse horrifiée, courut se glisser derrière le rideau proche de votre porte, d'où il pouvait surveiller ce qui se passait dans le hall au-dessous de lui. Il vit sa cousine ouvrir sans bruit la fenêtre, se hâter de regagner sa chambre en le frôlant presque à travers le rideau.

« Tant qu'elle était présente, il ne pouvait intervenir sans que fût horriblement compromise la femme qu'il aimait. Mais dès qu'elle eut disparu, il mesura quel horrible malheur ce vol allait être pour vous et qu'il importait donc d'y remédier. Vêtu comme il l'était et nu pieds, il se précipita au rez-de-chaussée, ouvrit la fenêtre, sauta dans la neige et dévala le chemin au bout duquel la clarté de la lune lui permettait de distinguer une silhouette sombre. Sir George Burnwell essaya de fuir, mais Arthur le rattrapa et ils se colletèrent, votre fils tirant le diadème d'un côté et son adversaire de l'autre. Au cours de cette lutte, Arthur frappa Sir George et le blessa au-dessus d'un œil. Il y eut alors un craquement et votre fils, s'apercevant qu'il tenait le diadème, se replia en courant, referma la fenêtre, monta dans votre cabinet de toilette. Constatant alors que le diadème avait été tordu pendant la bagarre, il s'efforçait de le redresser lorsque vous êtes entré en scène.

— Est-ce possible? balbutia le banquier.

— Et voilà que, emporté par la colère, vous le traitez de tous les noms au moment où il estimait avoir droit à votre plus chaleureuse gratitude! Il ne pouvait vous expliquer la vérité sans trahir celle qui, à coup sûr, ne méritait pas qu'il lui témoigne tant d'égards. Mais il n'en adopta pas moins le parti le plus chevaleresque et ne vous dit rien d'elle.

— Voilà donc pourquoi elle a poussé un cri et s'est évanouie à la vue du diadème! s'exclama M. Holder. Oh! mon Dieu, quel imbécile aveugle j'ai donc été! Et la demande qu'il m'a faite de sortir cinq minutes! Le cher garçon voulait aller voir si le morceau manquant ne se trouvait pas à l'endroit de la bagarre. Je l'ai cruellement mal jugé!

– En arrivant chez vous, poursuivit Holmes, j'ai commencé par faire soigneusement le tour de la maison pour voir si je ne découvrais pas dans la neige des traces susceptibles de m'aider. Je savais qu'il n'avait plus neigé depuis la veille au soir, et aussi que le froid avait été si vif qu'il avait dû préserver les empreintes en les gelant. Dans l'allée de service, il y avait eu tant d'allées et venues qu'aucune empreinte n'était discernable. Mais tout au bout, de l'autre côté de la porte de la cuisine, une femme s'était tenue là, s'entretenant avec un homme dont une empreinte ronde laissée par lui montrait qu'il avait une jambe de bois. D'après ces empreintes, je devinais même qu'ils avaient été dérangés, car la femme avait regagné la porte en courant, comme l'attestaient l'empreinte profondément marquée de ses semelles et celle, légère, de ses talons tandis que Jambe de Bois avait attendu un moment, puis s'en était allé. Je pensai aussitôt qu'il pouvait s'agir de la femme de chambre et de son amoureux, dont vous m'aviez déjà parlé, et l'enquête l'a confirmé. Je suis passé par le jardin sans y voir autre chose que des traces embrouillées, que je supposai être le fait de la police. Mais quand j'arrivai dans le chemin des écuries, je lus devant moi dans la neige, une longue et complexe histoire.

« Il y avait deux sortes d'empreintes dans un sens comme dans l'autre; les unes avaient été faites par un homme chaussé et je constatai avec joie que les autres étaient dues à un homme aux pieds nus. D'après ce que vous m'aviez dit, je fus immédiatement convaincu qu'il s'agissait de votre fils. Le premier homme avait marché à l'aller comme au retour, tandis que l'autre avait couru et, son pied se superposant par endroits, à l'empreinte de la chaussure, il était clair qu'il était passé là après l'autre homme. Je suivis ces empreintes et je vis qu'elles aboutissaient à la fenêtre du hall, où Chaussures avait piétiné toute la neige pendant qu'il attendait. Puis j'allai à l'autre extrémité de ces traces, qui se situait à une centaine de mètres dans le chemin. Là, je vis que Chaussures avait fait volte-face, et la neige semblait indiquer qu'il y avait eu lutte; quelques gouttes de sang me prouvèrent que je ne m'étais pas trompé. Chaussures avait fui en courant et une autre tache de sang m'apprit que c'était lui qui avait été blessé. Mais lorsque j'atteignis la grand'route au bout du chemin, elle avait été balayée et la piste se terminait donc là.

« Toutefois, en entrant dans la maison, vous vous le rappelez sans doute, j'examinai le rebord et l'encadrement de la fenêtre du hall à travers ma loupe, et je m'aperçus aussitôt que quelqu'un était passé par là. Je distinguai une empreinte là où l'homme avait posé son pied humide pour rentrer. Dès lors, j'étais en mesure de me faire une idée de ce qui s'était passé. Un homme avait attendu dehors, devant la fenêtre; quelqu'un lui avait apporté les pierres; votre fils avait surpris la scène, donné la chasse au voleur, s'était battu avec lui. Tous deux avaient tiré sur le diadème, chacun de leur côté, leurs forces conjuguées ayant produit les déformations que s'il avait été seul, ni l'un ni l'autre n'aurait pu causer. C'était votre fils qui avait remporté le trophée, mais il en avait laissé un fragment dans la main de son adversaire. Tout cela était très clair à mes yeux. Après ça la question se posait : qui était l'homme, et qui lui avait apporté le diadème?

« J'ai pour vieille maxime que lorsqu'on a exclu l'impossible, ce qui subsiste, pour aussi improbable que cela paraisse, doit être la vérité. Or je savais que ça n'était point vous qui aviez descendu le diadème; ne restaient donc que votre nièce et les servantes. Mais s'il s'agissait d'une de ces dernières, pourquoi votre fils se serait-il laissé accuser à sa place? Cela ne pouvait pas s'expliquer. En revanche, le fait qu'il était épris de sa cousine constituait une excellente raison pour qu'il ne voulût pas trahir le secret de celle-ci, surtout s'il s'agisait d'un secret déshonorant. Quand je me rappelai que vous aviez vu Mary à cette fenêtre, et qu'elle s'était évanouie en apercevant de nouveau le diadème, ma conjecture devint certitude.

« Et qui pouvait bien être son complice? Un amant de toute évidence. Qui d'autre aurait pu contrebalancer l'affection et la gratitude qu'elle devait éprouver pour vous? Je savais que vous alliez peu dans le monde et que votre cercle d'amis était très limité. Mais, parmi eux, il y avait Sir George Burnwell. J'avais entendu parler de lui comme d'un homme faisant des ravages parmi les femmes. Ce devait donc être lui l'homme chaussé, entre les mains de qui étaient restées les pierres manquantes. Et même sachant qu'Arthur l'avait identifié, il pouvait encore se flatter de ne courir aucun risque, car le jeune homme était dans l'impossibilité de dire un mot sans compromettre sa propre famille.

« Votre bon sens vous suggère sans doute les mesures que je pris ensuite. M'étant présenté chez Sir George déguisé en chiffonnier, je réussis à lier connaissance avec son valet, lequel m'apprit que son maître s'était blessé à la tête la nuit précédente et finalement, moyennant six shillings, je lui achetai une paire de chaussures que Sir George avait jetées. Avec elles, je me rendis à Streatham, où je vis qu'elles correspondaient exactement aux empreintes.

— J'ai vu hier soir dans le chemin des écuries une sorte de vagabond, dit M. Holder.

— Oui, exactement : c'était moi. Sachant que je tenais mon homme, je revins ici me changer. La partie qu'il me restait à jouer était délicate, car je me rendais compte qu'il fallait éviter une inculpation afin qu'il n'y eût pas scandale. Or je me doutais bien qu'un aussi rusé scélérat comprendrait que, dans cette affaire, nous avions les mains liées. J'allai donc le voir. Pour commencer, bien sûr, il nia tout. Mais lorsque je lui donnai le détail de ce qui s'était passé, il essaya de jouer l'intimidation et se saisit d'une canne plombée qui était derrière lui. Mais, connaissant mon homme, j'avais braqué un pistolet sur lui avant qu'il eût la possibilité de frapper. Il devint alors un peu plus raisonnable. Je lui dis que nous étions disposés à lui racheter les pierres, mille livres pièce. Et ce fut ce qui lui fit manifester ses premiers regrets. « Le diable m'emporte ! » s'écria-t-il « Dire que j'ai lâché les trois pour six cents livres ! » J'obtins rapidement l'adresse du receleur qui détenait les pierres, en lui promettant qu'il ne ferait l'objet d'aucune accusation. Je le quittai aussitôt et, après un long marchandage, je finis par récupérer les pierres au prix de mille livres l'une. Je m'en fus alors voir votre fils pour lui annoncer que tout allait bien, puis je me couchai vers deux heures du matin au terme de ce que je n'hésite pas à appeler une rude journée.

— Une journée qui a sauvé l'Angleterre d'un grand scandale, dit le banquier en se mettant debout. Monsieur, les mots me manquent pour vous remercier, mais vous n'aurez point obligé un ingrat. Votre habileté surpasse vraiment tout ce que j'en avais entendu dire. Et maintenant je cours auprès de mon cher enfant pour m'excuser de tout le tort que je lui ai causé. Quant à ce que vous me dites de ma pauvre Mary, j'en ai le cœur brisé. Même vous, vous n'êtes pas capable de m'apprendre où elle se trouve à présent.

— Je crois, répliqua Holmes, pouvoir avancer sans risque qu'elle se trouve où est Sir George Burnwell. Et il est non moins certain que, quelles que soient ses fautes, elle ne tardera pas à en être amplement punie.

12

LES HÊTRES POURPRES

— Pour l'homme qui aime l'art en soi, remarqua Sherlock Holmes en rejetant de côté la page des annonces du *Daily Telegraph,* c'est souvent des moins importantes et des moins raffinées manifestations de l'art qu'il tire son plus vif plaisir. J'ai plaisir à observer, Watson, que cette vérité ne vous a pas échappé; en effet, dans ces petites relations de nos enquêtes que vous avez la bonté de faire en les embellissant parfois, je suis bien obligé de le reconnaître, vous avez mis à l'honneur non pas tant les nombreux procès et *causes célèbres* (1) où j'ai joué un rôle, mais plutôt des incidents qui, assez anodins en eux-mêmes, m'ont permis de déployer ces facultés de déduction et de synthèse dont je me suis fait une spécialité.

— Et cependant, dis-je en souriant, je ne puis me disculper entièrement de l'accusation de « sensationnalisme » qui a été portée contre mes chroniques.

— Vous avez péché peut-être, fit-il observer en prenant un tison ardent avec les pincettes pour allumer la longue pipe en merisier qui remplaçait celle en terre lorsqu'il se sentait davantage porté à la discussion qu'à la méditation. Oui, peut-être avez-vous péché en cherchant à mettre de la couleur et de la vie dans chacun de vos récits, au lieu de vous en tenir à relater strictement le rigoureux raisonnement de cause à effet qui en constituait le seul intérêt notable.

— J'ai le sentiment de vous avoir rendu pleine justice sur ce point! rétorquai-je avec quelque froideur, hérissé par

---

(1) En français dans le texte. (N. du T.)

l'égotisme qui, je l'avais plus d'une fois observé, était un des traits saillants du singulier caractère de mon ami.

— Non, ce n'est ni égoïsme ni vanité, dit-il en répondant, comme c'était son habitude, plus à mes pensées qu'à mes paroles. Si je demande qu'on fasse pleinement justice à mon art, c'est parce qu'il est quelque chose d'impersonnel, quelque chose qui me dépasse. Autant le crime est courant, autant la logique est rare. En conséquence de quoi, vous devriez insister davantage sur la logique que sur le crime. Vous avez ravalé au niveau d'une série de contes ce qui aurait dû constituer une suite d'enseignements.

Par une froide matinée de début de printemps, ayant fini de prendre notre petit déjeuner, nous étions assis dans le vieux salon de Baker Street, de part et d'autre d'un feu qui pétillait gaiement. Un brouillard épais descendait entre les obscures rangées de maisons et, de l'autre côté de la rue, à travers ses lourdes volutes jaunâtres, les fenêtres n'étaient plus que d'informes taches sombres. Chez nous, le gaz était allumé, rayonnant sur la nappe blanche, faisant étinceler porcelaine et argenterie, car la table n'avait pas encore été desservie. Jusqu'alors Sherlock Holmes s'était montré taciturne, s'absorbant dans la lecture continue des colonnes d'annonces d'une quantité de journaux; mais, ayant apparemment abandonné ses recherches, il venait de se révéler d'assez mauvaise humeur en me faisant toute une conférence sur les défauts de ma production littéraire.

— D'un autre côté, reprit-il après une pause durant laquelle il avait tiré sur sa longue pipe tout en regardant le feu, on peut difficilement vous accuser de rechercher le sensationnel, car bon nombre des affaires auxquelles vous avez eu l'amabilité de vous intéresser ne sont pas des affaires criminelles, au sens légal du mot. La petite histoire où je me suis efforcé de venir en aide au Roi de Bohême, la singulière aventure de Miss Mary Sutherland, le problème auquel était mêlé l'homme à la lèvre tordue et ce qui était arrivé au noble célibataire, sont autant d'affaires qui ne relevaient pas des tribunaux. Mais en voulant éviter le sensationnel, je crains que vous ne vous soyez cantonné dans l'insignifiant.

— Il est possible que le dénouement se soit révélé banal, rétorquai-je, mais je maintiens que les méthodes employées pour y parvenir étaient aussi nouvelles qu'intéressantes.

– Peuh, mon cher ami! Comment le public, le grand public, qui ne sait pas observer et serait à peine capable de reconnaître un tisserand à sa dent et un compositeur à son pouce gauche, s'intéresserait-il aux plus fines subtilités de l'analyse et de la déduction? Mais je suis mal venu de vous reprocher de sombrer dans la banalité, car l'époque des grandes affaires est révolue. L'homme, ou du moins le criminel, a perdu tout esprit d'entreprise et d'originalité Quant à l'exercice de mon métier, il semble avoir dégénéré au point de ne plus consister qu'à retrouver des crayons égarés ou conseiller des demoiselles de pensionnat. Je crois néanmoins avoir enfin touché le fond. Ce billet que j'ai reçu ce matin me semble marquer le point zéro. Lisez-le!

Il me lança une lettre froissée. Datée de Montague Place la veille au soir, elle était ainsi conçue :

Cher monsieur Holmes

Je désirerais vivement vous consulter pour savoir si je dois ou non accepter le poste de gouvernante qui m'est proposé. Si vous n'y voyez pas d'inconvénient, je me présenterai demain chez vous à dix heures et demie.

Salutations empressées
Violette Hunter.

– Connaissez-vous cette jeune personne? questionnai-je.
– Non.
– Il est maintenant dix heures et demie.
– Oui, et je ne doute pas que ce soit elle qui sonne.
– Cela se révélera peut-être plus intéressant que vous ne le pensez. Rappelez-vous l'affaire de l'escarboucle bleue qui, de prime abord, semblait n'être qu'une plaisanterie et qui a débouché sur une très sérieuse enquête. Ce sera peut-être encore le cas avec la présente affaire.
– Eh bien, espérons-le! Mais nous n'allons pas tarder à être fixés, car, si je ne me trompe, voici la personne en question.

Comme il parlait, la porte s'ouvrit et une jeune femme entra dans la pièce. Vêtue avec simplicité mais très correctement, elle avait un visage empreint de vivacité et aussi constellé de taches de rousseur que l'œuf d'un pluvier. Elle donnait l'impression d'une femme ayant dû ne compter que sur elle dans l'existence.

– Vous voudrez bien m'excuser de vous déranger, dit-elle comme mon compagnon se levait pour l'accueillir, mais il vient de m'arriver quelque chose d'étrange et, comme je n'ai ni parents ni relations d'aucune sorte à qui je puisse demander conseil, j'ai pensé que vous seriez peut-être assez bon pour m'indiquer ce que je dois faire.

– Asseyez-vous donc, je vous en prie, Miss Hunter. Je serai heureux de faire tout ce qu'il me sera possible pour vous rendre service.

Je me rendais compte que Holmes était favorablement impressionné par le langage et les façons de sa nouvelle cliente. Il la détailla du regard, comme à son habitude, puis s'installa pour écouter l'histoire de la jeune femme, en gardant les paupières mi-closes et juxtaposant les extrémités de ses dix doigts.

– Je suis restée cinq ans gouvernante dans la famille du colonel Spence Munro, dit-elle. Voici deux mois, le colonel a reçu une affectation à Halifax en Nouvelle-Ecosse et il a emmené ses enfants avec lui en Amérique, si bien que je me suis retrouvée sans emploi. J'ai fait passer des annonces et répondu à d'autres, mais sans succès. Finalement, je commençai à voir le bout du peu d'argent que j'avais mis de côté et ne sus vraiment plus que faire.

« Il y a dans le West End une agence de placement pour gouvernantes très connue qui s'appelle Westaway, et j'avais pris l'habitude de m'y rendre chaque semaine pour voir s'il ne leur était pas arrivé quelque chose qui pût me convenir. Westaway était le nom du fondateur de cette agence qui, en réalité, est dirigée par Miss Stoper. Les dames en quête d'emploi attendent dans une antichambre avant d'entrer l'une après l'autre dans son petit bureau, où elle consulte ses registres et voit si elle a quelque chose répondant à ce qu'elles cherchent.

« Lorsque j'y suis allée la semaine dernière, j'ai été introduite comme d'habitude dans le petit bureau, mais Miss Stoper ne s'y trouvait pas seule. Un homme extrêmement corpulent, avec un visage très souriant et un triple menton descendant sur sa gorge, était assis près d'elle, une paire de lunettes sur le nez, qui examinait attentivement les dames qui entraient. Lorsque j'arrivai, il sursauta et se tourna vivement vers Miss Stoper :

« – Voilà qui ira parfaitement, dit-il. Je ne pourrais souhaiter mieux! Excellent! Excellent! » Il semblait enthousiasmé et se frottait littéralement les mains. Il paraissait tellement heureux de vivre que c'était un plaisir de le regarder.

« – Vous êtes en quête d'un emploi, mademoiselle ? me demanda-t-il.

« – Oui, monsieur.

« – Comme gouvernante ?

« – Oui, monsieur.

« – Et quelles sont vos prétentions ?

« – Dans ma dernière place, chez le colonel Spence Munro, j'avais quatre livres par mois.

« – Oh! tut, tut! Exploitation... pure exploitation! s'exclama-t-il en levant ses grosses mains comme un homme en proie à une vive indignation. Comment peut-on offrir une somme aussi dérisoire à une dame ayant tant de charmes et de qualifications ?

« – Mes qualifications, monsieur, sont peut-être moins nombreuses que vous ne l'imaginez, dis-je. Un peu de français, un peu d'allemand, musique et dessin...

« – Tut, tut! s'exclama-t-il de nouveau. Ceci est tout à fait en dehors de la question, laquelle est de savoir si vous avez ou non l'éducation et les façons d'une dame. C'est tout ce qui m'intéresse. Dans la négative, vous n'êtes pas celle qu'il faut pour élever un enfant qui sera peut-être, un jour, appelé à jouer un rôle considérable dans l'histoire du pays. Mais si c'est le cas, alors comment un gentleman peut-il vous demander de condescendre à accepter un salaire de moins de trois chiffres ? Avec moi, mademoiselle, vous débuteriez à cent livres par an.

« Vous imaginez sans peine, monsieur Holmes, que dans la situation où j'étais, ça m'a paru presque trop beau pour être vrai. Lisant peut-être l'incrédulité sur mon visage, ce monsieur sortit alors son portefeuille et y prit un billet.

« – C'est aussi mon habitude, dit-il en souriant très gentiment au point que ses yeux n'apparaissaient plus que comme deux fentes brillantes dans les replis de son visage, d'avancer à mes jeunes dames la moitié de leurs appointements, afin qu'elles soient en mesure de faire face aux petites dépenses de leur voyage et de leur garde-robe.

« Jamais je n'avais rencontré un homme aussi fascinant et attentionné. Comme j'avais déjà des dettes chez mes fournisseurs, cette avance m'arrangeait bien, mais il y avait dans toute cette affaire quelque chose de pas naturel qui me fit souhaiter en savoir un peu plus avant de m'engager.

« – Puis-je vous demander où vous habitez, monsieur?

« – Dans le Hampshire. Un charmant petit coin de campagne. *Les Hêtres pourpres,* à huit kilomètres de l'autre côté de Winchester. C'est une région absolument ravissante, ma chère demoiselle, et une adorable vieille maison.

« – Et mes fonctions, monsieur? Je serais heureuse de savoir en quoi elles consisteraient.

« – Un enfant... un bon petit diable qui vient tout juste d'avoir six ans. Ah! si vous le voyiez faire la chasse aux cafards avec une pantoufle! Vlan! vlan! vlan! Trois de morts avant que vous ayez le temps de dire ouf!

« Se renversant sur son siège, il rit de nouveau au point d'escamoter ses yeux.

« Je fus un peu saisie qu'un enfant s'amusât de la sorte, mais le rire du père me donna à penser que peut-être il plaisantait.

« – Mes fonctions consisteraient donc uniquement à m'occuper d'un seul enfant? questionnai-je.

« – Non, non, pas uniquement, ma chère mademoiselle, pas uniquement! s'exclama-t-il. Vous aurez aussi, comme votre bon sens vous l'aurait sûrement suggéré, à obéir aux petits ordres que ma femme pourrait avoir à vous donner, s'agissant toujours, bien entendu, de choses qu'une jeune dame peut faire sans déchoir. Vous n'y voyez pas d'inconvénient, n'est-ce pas?

« – Je serai très heureuse de me rendre utile.

« – Mais oui, bien sûr. Question vêtements, par exemple. Nous sommes un peu maniaques, voyez-vous... maniaques, mais bons. Si l'on vous demandait de porter telle robe que nous vous donnerions, vous ne verriez pas d'objection à satisfaire ce petit caprice, n'est-ce pas?

« – Non, dis-je, très étonnée de ses paroles.

« – Ou de vous asseoir ici plutôt que là... vous n'y verriez pas offense?

« – Oh! non.

« – Ou de couper vos cheveux très court avant de venir chez nous?

« J'avais peine à en croire mes oreilles. Comme vous le pouvez voir, monsieur Holmes, j'ai une chevelure plutôt luxuriante et d'une nuance de châtain assez particulière. On m'avait toujours dit que c'était très artistique. Je n'avais aucune envie de consentir un tel sacrifice d'aussi désinvolte façon.

« – Ça, je crains que ce ne soit absolument impossible, répondis-je.

« Ses petits yeux m'observaient avec une extrême attention et, comme je parlais, je vis une ombre passer sur son visage.

« – Malheureusement, cela est essentiel, me rétorqua-t-il. C'est une petite fantaisie de ma femme, et les fantaisies des dames, vous le savez, mesdames, sont des choses dont il faut tenir compte. Vous ne voudriez vraiment pas couper vos cheveux?

« – Non, monsieur, vraiment pas, répondis-je d'un ton ferme.

« – Bon, alors, voilà qui règle la question. C'est bien dommage car, à d'autres égards, vous faisiez parfaitement l'affaire. Dans ce cas, miss Stoper, il me vaut mieux voir encore quelques-unes de ces jeunes personnes.

« Pendant tout ce temps, la directrice de l'agence s'était occupée avec des papiers sans nous adresser la parole ni à l'un ni à l'autre, mais elle me regarda alors d'un air si contrarié que je ne pus m'empêcher de penser que mon refus devait lui faire perdre une jolie commission.

« – Désirez-vous que votre nom reste sur nos registres? s'enquit-elle.

« – Oui, s'il vous plaît, miss Stoper.

« – A vrai dire, ça me paraît bien inutile si vous refusez pareillement d'excellentes propositions, me rétorqua-t-elle d'un ton sec. Vous ne pouvez quand même guère vous attendre à ce que nous nous donnions du mal pour vous trouver autre chose. Au revoir, miss Hunter.

« Elle frappa un gong sur sa table et je fus reconduite par l'huissier.

« Alors, monsieur Holmes, quand je me retrouvai chez

moi, avec mon placard aux provisions presque vide et deux ou trois factures sur la table, je commençai à me demander si je n'avais pas fait une grosse bêtise. Après tout, si ces gens témoignaient d'étranges fantaisies et s'attendaient à être obéis de façon fort extravagante, du moins étaient-ils prêts à payer pour leur excentricité. Bien peu de gouvernantes en Angleterre gagnent cent livres par an. Et par ailleurs, à quoi me servaient mes cheveux? De nombreuses femmes se trouvent bien de les porter courts et peut-être serais-je comme elles? Le lendemain, j'étais portée à croire que j'avais commis une erreur, et le surlendemain, j'en fus convaincue. J'étais presque résolue à faire abstraction de toute fierté pour m'en retourner à l'agence demander si la place était toujours libre, lorsque je reçus précisément une lettre de ce monsieur. Je l'ai ici et je vais vous la lire.

Les Hêtres pourpres, par Winchester

Chère Miss Hunter,

Miss Stoper m'a très aimablement donné votre adresse et je vous écris d'ici pour vous demander si vous avez reconsidéré votre décision. Ma femme aimerait beaucoup que vous veniez, car elle a été très séduite par la description que je lui ai faite de vous. Nous sommes disposés à vous donner trente livres par trimestre, soit cent vingt livres par an, afin de compenser les petits ennuis que nos fantaisies pourraient vous causer. Il ne s'agit de rien de terrible, vous savez. Il se trouve que ma femme raffole d'un certain bleu électrique et aimerait que, pour rester à la maison le matin, vous portiez une robe de cette couleur. Vous n'aurez toutefois pas à faire la dépense d'en effectuer l'achat, car nous en avons une appartenant à notre chère fille Alice – laquelle se trouve actuellement à Philadelphie – qui, je crois, vous irait à la perfection. Quant à vous asseoir ici ou là, comme au fait de vous distraire de la façon qu'on vous indiquerait, je ne pense pas que cela puisse vous déranger beaucoup. En ce qui concerne vos cheveux, c'est incontestablement grand dommage car je n'ai pas manqué de remarquer leur beauté au cours de notre brève entrevue, mais comme il m'est impossible de transiger sur ce point, je peux seulement espérer que

l'augmentation de votre traitement compense à vos yeux ce sacrifice. L'enfant, lui, ne sera guère accaparant. Alors, essayez donc de venir. Faites-moi connaître l'heure de votre train et j'irai vous attendre à Winchester avec la charette anglaise.
Cordialement vôtre

           Jephro Rucastle

« C'est la lettre que je viens de recevoir, monsieur Holmes, et j'ai décidé d'accepter. Néanmoins, avant de sauter le pas, j'ai préféré vous soumettre la chose.

— Ma foi, miss Hunter, si votre décision est prise, cela règle la question, fit remarquer Holmes en souriant.

— Mais vous ne m'auriez pas conseillé de refuser?

— J'avoue que ça n'est pas un poste où j'aimerais voir ma sœur si j'en avais une.

— Qu'est-ce que tout cela peut signifier, monsieur Holmes?

— Je manque d'éléments pour me prononcer. Peut-être vous êtes-vous fait vous-même une opinion?

— Il me semble n'y avoir qu'une explication possible. M. Rucastle m'a fait l'impression d'un homme cordial, très bon. N'est-il pas possible que sa femme soit... disons lunatique, qu'il souhaite ne pas ébruiter la chose de crainte qu'on la mette dans un asile, et qu'il lui passe toutes ses fantaisies pour ne pas risquer de provoquer une crise?

— C'est une explication possible, oui... En fait, eu égard à ce que nous savons, c'est même la plus probable. Mais de toute façon, l'ambiance de cette maison ne me semble guère convenir à une jeune demoiselle.

— Mais l'argent, monsieur Holmes, l'argent!

— Oui, sans conteste, c'est bien payé... trop bien payé. C'est ce qui me met mal à l'aise. Pourquoi vous donner cent vingt livres par an, alors qu'ils pourraient avoir ce qu'il leur faut pour quarante? Il doit y avoir de puissants mobiles derrière tout ça.

— J'ai pensé que, si je vous mettais au courant, vous comprendriez ensuite que je puisse avoir besoin de votre aide. Je me sentirais beaucoup plus forte si je vous savais derrière moi.

— Oh! alors, partez rassurée, car votre petit problème

s'annonce comme un des plus intéressants qui m'aient été soumis ces derniers mois. A certains égards, il a quelque chose de tout à fait neuf. Si jamais vous éprouviez un doute ou vous sentiez en danger...

– En danger! Quel danger imaginez-vous?

Holmes secoua gravement la tête :

– Si nous étions en mesure de le définir, il cesserait d'être un danger. Mais à tout moment, de jour comme de nuit, un télégramme me fera accourir à votre secours.

– Alors, ça me suffit.

Elle se leva et toute inquiétude avait disparu de son visage.

– C'est l'esprit très tranquille que je me rendrai maintenant dans le Hampshire. Je vais écrire tout de suite à M. Rucastle, sacrifier dès ce soir mes pauvres cheveux, et partir demain pour Winchester.

Après avoir exprimé ses remerciements à Holmes, elle nous souhaita une bonne journée à tous deux et partit en se dépêchant.

– A tout le moins, dis-je, tandis que nous entendions son pas rapide dévaler l'escalier, c'est une jeune demoiselle qui me semble très capable de veiller sur elle-même.

– Et elle aura besoin de l'être, déclara Holmes d'un air grave. A moins que je me trompe fort, nous entendrons parler d'elle avant longtemps.

Il ne fallut pas longtemps, en effet, pour que se vérifie la prédiction de mon ami. Une quinzaine de jours s'écoula durant laquelle je pensai plus d'une fois à Miss Hunter, me demandant dans quelle étrange traverse de l'existence cette jeune fille solitaire s'était aventurée. Le salaire inhabituel, les curieuses conditions stipulées, le peu de travail demandé, tout tendait à dénoncer quelque chose d'anormal, encore que je fusse bien en peine de dire s'il s'agissait d'un caprice ou d'un complot, et si l'homme en question était un philanthrope ou un vilain monsieur. Quant à Holmes, je remarquais qu'il restait souvent assis durant toute une demi-heure, sourcils froncés et l'air absent, mais quand je l'interrogeais sur ce point, il balayait la question d'un revers de main.

– Il me faut des faits, des éléments d'information! s'écriait-il. Je ne puis faire des briques sans argile!

Et il terminait toujours en grommelant que jamais il

n'aurait laissé une sœur à lui accepter pareille situation.

Le télégramme que nous finîmes par recevoir arriva tard un soir, juste comme je m'apprêtais à gagner mon lit et Holmes à consacrer toute la nuit à des expériences, ainsi qu'il lui arrivait fréquemment : le laissant penché sur une cornue et des éprouvettes, je le retrouvais dans la même position quand je descendais le lendemain matin pour le petit déjeuner. Il décacheta l'enveloppe jaune du télégramme, qu'il me fit passer après y avoir jeté un coup d'œil.

— Regardez l'heure des trains dans l'indicateur, me dit-il avant de poursuivre ses expériences chimiques.

Le message était aussi bref que pressant :
Veuillez être demain midi Hôtel Cygne noir Winchester. De grâce, venez! Ne sais plus que faire. HUNTER.

— M'accompagnerez-vous? demanda Holmes en levant la tête.

— J'aimerais bien.

— Alors, consultez l'indicateur.

— Il y a un train à 9 h 30, dis-je après avoir feuilleté le Bradshaw, qui arrive à Winchester à 11 h 30.

— Voilà qui convient très bien. Ceci dit, il me vaut mieux remettre à plus tard mon analyse des cétones, car demain matin nous aurons sans doute besoin d'être en pleine forme.

A onze heures du matin, le lendemain, nous approchions de l'ancienne capitale de l'Angleterre. Pendant tout le voyage, Holmes était resté enfoui dans les quotidiens du matin, mais quand nous pénétrâmes dans le Hampshire, il les jeta de côté et se mit à admirer le paysage. C'était une journée de printemps idéale, avec un ciel bleu clair, moucheté de petits nuages floconneux qui dérivaient d'ouest en est. Il faisait un soleil éclatant et cependant il y avait dans l'air quelque chose de piquant, qui vous émoustillait. A perte de vue dans la campagne et sur les rondes collines qui environnent Aldershot, les toits rouges ou gris des fermes et de leurs dépendances surgissaient au milieu du vert lumineux de la végétation nouvelle.

— Tout cela n'est-il pas d'une merveilleuse fraîcheur? m'exclamai-je avec l'enthousiasme d'un homme venant en droite ligne des brouillards de Baker Street.

Mais Holmes secoua gravement la tête :

— Savez-vous, Watson, dit-il, qu'un des travers d'un esprit comme le mien c'est de tout ramener au problème qui le préoccupe. Vous regardez ces maisons dispersées et vous êtes frappé par leur beauté. Et moi, quand je les regarde, je pense uniquement qu'elles sont bien isolées et qu'on y commettrait impunément un crime.

— Dieu du Ciel! me récriai-je. Comment peut-on penser à un crime en contemplant ces chères vieilles demeures?

— Elles m'emplissent toujours d'une certaine horreur. Basée sur l'expérience, ma conviction est, Watson, que la plus sordide ruelle de Londres n'a pas plus sinistres antécédents que cette belle et souriante campagne.

— Vous m'horrifiez!

— La raison en est évidente. En ville, la pression de l'opinion publique peut suppléer la police quand celle-ci est en échec. Il n'est pas quartier, si abominable soit-il, où le hurlement d'un enfant torturé comme le bruit des coups assenés par un homme ivre ne suscite immédiatement sympathie et indignation dans le voisinage; par ailleurs, l'appareil de la justice est toujours si proche qu'il suffit d'une plainte pour le mettre en branle, si bien qu'il n'y a qu'un pas entre les lieux du crime et le banc des accusés. Mais regardez ces maisons dispersées, chacune retranchée au milieu de ses champs, habitées pour la plupart par des pauvres gens ne connaissant guère la loi. Pensez à toute l'infernale cruauté, la méchanceté cachée, qui peut sévir à longueur d'année dans de tels endroits sans que personne en sache rien. Si la jeune personne qui nous appelle à l'aide était partie vivre à Winchester, j'aurais été sans inquiétude pour elle. Ce sont les huit kilomètres de campagne qui font le danger. Cependant, il est clair qu'elle n'est pas personnellement menacée.

— Non. Du moment qu'elle nous donne rendez-vous à Winchester, c'est qu'elle peut circuler.

— Exactement. Elle a sa liberté.

— Alors que peut-il bien y avoir? Voyez-vous une explication à suggérer?

— Je suis arrivé à sept explications différentes, dont chacune rend compte de tous les faits jusqu'à présent connus de nous. Mais seuls les faits nouveaux que nous allons certainement apprendre me permettront de déterminer laquelle est la bonne. Ah! voici le clocher de la cathédrale... Nous n'allons pas tarder à savoir ce que Miss Hunter tient à nous révéler.

Le *Cygne noir* est une auberge réputée, sise dans la Rue Haute non loin de la gare, et nous y trouvâmes Miss Hunter, laquelle avait retenu un cabinet particulier où nous attendait notre déjeuner.

– Je suis si heureuse que vous soyez venus! dit-elle avec élan. C'est si aimable à vous! Mais je ne sais vraiment que faire et vos conseils seront pour moi sans prix!

– Alors, dites-nous ce qui vous est arrivé.

– Oui, et je vais le faire vite, car j'ai promis à M. Rucastle d'être de retour avant trois heures. Il m'a donné la permission d'aller en ville ce matin, sans guère se douter de ce qui m'y incitait.

– Racontez-nous tout bien dans l'ordre, dit Holmes en étendant vers le feu ses longues jambes maigres et se préparant à écouter.

– Avant tout, je dois dire que, dans l'ensemble, je n'ai rien eu à souffrir de la part de M. et Mme Rucastle. Il est juste que vous le sachiez. Mais je n'arrive pas à les comprendre et je ne me sens pas à l'aise avec eux.

– Qu'est-ce que vous ne comprenez pas?

– Les raisons de leur comportement. Mais que je vous raconte les choses dans l'ordre... Lorsque je suis arrivée, M. Rucastle m'attendait ici et m'a emmenée aux *Hêtres pourpres* dans sa charrette anglaise. Comme il me l'avait dit, la propriété est magnifiquement située, mais elle n'est pas belle en soi car c'est une grande bâtisse carrée dont les murs blanchis à la chaux sont tout tachés et abîmés par l'humidité et les intempéries. Elle est entourée de terres : des bois sur trois côtés et sur le quatrième un champ qui descend jusqu'à la route de Southampton, laquelle décrit une courbe à cent mètres environ de la grille. Ce dernier terrain, qui s'étend devant la maison, appartient à la propriété, mais les bois font partie des chasses de Lord Southerton. Un bosquet de hêtres pourpres, qui s'élèvent devant la porte du hall, a donné son nom au domaine.

« J'y fus conduite par mon employeur, lequel était plus aimable que jamais, et me présenta le soir même à sa femme et à l'enfant. L'hypothèse qui, chez vous, à Baker Street nous semblait probable, monsieur Holmes, n'a aucun fondement.

Mme Rucastle n'est pas folle. C'est une femme silencieuse, au visage assez pâle, nettement plus jeune que son mari car elle doit avoir une trentaine d'années alors que lui, à mon sens, n'en a pas moins de quarante-cinq. Leur conversation m'a permis d'apprendre qu'ils sont mariés depuis sept ans environ; lui est veuf et son unique enfant du premier mariage est la fille qui se trouve à Philadelphie. En tête à tête, M. Rucastle m'a dit que si elle était partie, c'était parce qu'elle éprouvait pour sa belle-mère une aversion irraisonnée. Comme cette fille ne pouvait pas avoir moins de vingt ans, j'imagine sans peine qu'elle se sentait mal à son aise avec la jeune épouse de son père.

« Mme Rucastle me semble être aussi pâle d'esprit que de teint. Elle ne m'a fait ni bonne ni mauvaise impression : elle est insignifiante. Il est clair qu'elle est passionnément attachée à son mari et à son jeune fils. Le regard de ses yeux gris va sans cesse de l'un à l'autre, afin de prévenir, si possible, leurs moindres désirs. A sa façon, qui est d'une bruyante exubérance, il est aussi très bon avec elle et ils paraissent former un couple heureux. Pourtant cette femme est en proie à quelque chagrin secret. Il arrive souvent que, perdue dans ses pensées, elle ait un air triste. Plus d'une fois, je l'ai surprise en larmes. Il m'est arrivé de penser que c'était la nature de son fils qui la tourmentait ainsi, car je n'ai jamais rencontré enfant aussi gâté et ayant plus mauvais fond. Petit pour son âge, il a une tête d'une grosseur disproportionnée, et toute sa vie semble se partager entre des accès de colère rageurs et de moroses périodes de bouderie. Il ne paraît concevoir d'autre amusement que de faire souffrir n'importe quelle créature plus faible que lui et il n'a pas son pareil pour capturer des souris, des insectes ou de petits oiseaux. Mais je préférerais ne pas parler de lui, monsieur Holmes, d'autant qu'il n'a vraiment rien à voir avec mon histoire.

— Je suis friand de détails, dit mon ami, même si vous estimez qu'ils sont sans rapport avec le fond du problème.

— Alors, je m'efforcerai de ne rien omettre d'important. La seule chose qui soit déplaisante dans cette maison et qui m'a frappée d'emblée, c'est tout autant l'aspect que le comportement des domestiques. Ils sont deux, un homme et sa femme. Toller – c'est son nom – est un homme rustre et grossier, avec une chevelure et des favoris grisonnants, qui sent perpétuellement l'alcool. Deux fois déjà depuis que je suis avec eux, je l'ai vu complètement ivre, et cependant M. Rucastle ne semble rien remarquer. Elle, est une grande et forte femme avec un air revêche, aussi peu bavarde que Mme Rucastle mais beaucoup moins aimable. Ils forment un couple extrêmement déplaisant, mais fort heureusement je passe le plus clair de mon temps dans la nursery et ma chambre, qui sont l'une à côté de l'autre dans un coin de la maison.

« Après mon arrivée aux *Hêtres pourpres*, ma vie y a été très calme pendant deux jours; le matin du troisième jour, Mme Rucastle est descendue juste après le petit déjeuner et a chuchoté quelque chose à son mari.

« – Oh! oui, a-t-il dit en se tournant vers moi, nous vous sommes très obligés, miss Hunter, de nous avoir passé notre petit caprice en vous faisant couper les cheveux. Je vous assure que cela n'a rien enlevé à votre charme. Nous allons voir maintenant comment vous va la robe bleu électrique. Vous la trouverez sur le lit, dans votre chambre, et si vous aviez la gentillesse de la mettre, cela nous ferait grand plaisir.

« La robe qui m'attendait dans ma chambre était d'un bleu très particulier et confectionnée dans un excellent tissu en laine naturelle, mais il apparaissait nettement qu'elle avait déjà été portée. Si elle avait été faite sur mesures pour moi, elle n'aurait pu mieux m'aller. En me voyant ainsi vêtue, M. et Mme Rucastle manifestèrent une joie dont la véhémence me parut excessive. Ils m'attendaient dans le salon, très vaste pièce qui occupe tout le devant de la maison, avec trois grandes portes-fenêtres. Une chaise avait été placée devant celle du milieu, le dos à la lumière. C'est là qu'on me demanda de m'asseoir puis, allant et venant de l'autre côté de la pièce, M. Rucastle se mit à me raconter les histoires les plus amusantes que j'aie jamais entendues. Vous ne sauriez imaginer combien il était drôle et je riais à en perdre le souffle. Mme Rucastle, qui de toute évidence n'a aucun sens de l'humour, n'a même pas souri et elle est demeurée assise, les mains nouées sur les genoux, son visage exprimant une sorte de tristesse inquiète. Au bout d'une heure environ, M. Rucastle fit soudain remarquer qu'il était temps de se mettre aux occupations de la journée, que je pouvais monter me changer de robe et rejoindre le petit Edward dans la nursery.

« Deux jours plus tard, la même séance eut lieu dans des circonstances exactement similaires. De nouveau je mis la robe, m'assis devant la fenêtre et ris de très bon cœur aux histoires drôles dont mon employeur a un immense répertoire et qu'il raconte de façon inimitable. Puis il me tendit un livre à la couverture cartonnée jaune et, après avoir déplacé ma chaise légèrement de côté afin que mon ombre ne tombât pas sur la page, il me demanda de lui faire la lecture à haute voix. Commençant au milieu d'un chapitre, je lus ainsi pendant une dizaine de minutes puis, brusquement, sans même me laisser achever la phrase, il me dit de m'arrêter et d'aller me changer de robe.

« Vous imaginez aisément, monsieur Holmes, combien j'étais curieuse de connaître les raisons de cet extraordinaire comportement. Ils avaient toujours grand soin, je l'avais remarqué, que j'aie le dos tourné à la fenêtre, si bien que je ne tardai pas à brûler de savoir ce qui se passait derrière moi. Tout d'abord, cela me parut impossible, mais bientôt il me vint une idée. Mon miroir à main s'étant brisé, j'en dissimulai un fragment dans mon mouchoir. A la séance suivante, comme je me tordais de rire, je portai le mouchoir à mes yeux et pus ainsi voir un peu derrière moi. Mais, à ma grande déception, il n'y avait rien de particulier.

« Du moins, telle fut ma première impression. Mais en regardant de nouveau, j'aperçus un homme qui se tenait sur la route de Southampton, un homme barbu, vêtu d'un complet gris, et qui semblait regarder dans ma direction. Il y a beaucoup de circulation sur cette route et il y passe toujours des gens, toutefois cet homme était appuyé à la barrière qui clôture notre champ et regardait avec attention. Abaissant mon mouchoir, je jetai un coup d'œil à Mme Rucastle et la vis qui fixait sur moi un regard pénétrant. Elle ne dit rien, mais je fus convaincue qu'elle avait deviné que, cachant un miroir dans ma main, j'avais vu ce qui était derrière moi, car elle se mit aussitôt debout :

« – Jephro, dit-elle, il y a sur la route un impertinent qui n'arrête pas de regarder Miss Hunter.

« – Ce n'est pas un de vos amis, miss Hunter? me demanda-t-il.

« – Non : je ne connais personne dans la région.

« – Eh bien, quel toupet! Veuillez vous retourner et lui faire signe de s'en aller.

« – Ne vaudrait-il pas mieux sembler n'avoir rien remarqué?

« – Non, non, nous l'aurions à traîner sans cesse dans les parages. S'il vous plaît, retournez-vous et, de la main, faites-lui signe de partir.

« J'obéis et, dans le même temps, Mme Rucastle baissa le store. Ceci se passait voici une semaine. Depuis lors, je n'ai plus eu à m'asseoir devant la fenêtre, ni à mettre la robe, et je n'ai pas revu l'homme sur la route.

– Continuez, je vous en prie, dit Holmes. Votre récit promet d'être extrêmement intéressant.

– Vous allez le trouver quelque peu décousu, je le crains, ce qui prouve peut-être qu'il n'y a guère de lien entre les diférents incidents dont je vous parle. Le tout premier jour que j'étais aux *Hêtres pourpres*, M. Rucastle m'avait entraînée vers une petite dépendance, qui se trouve à proximité de la cuisine. Comme nous en approchions, j'avais entendu une chaîne tinter et un bruit évoquant le déplacement d'un gros animal.

« – Regardez là-dedans! me dit M. Rucastle en m'indiquant une fente entre deux planches. N'est-ce pas une beauté?

« Je regardai et distinguai deux yeux luisants ainsi qu'une vague silhouette ramassée dans l'obscurité.

« – N'ayez pas peur! me dit mon employeur, en riant du recul que j'avais marqué. Ce n'est que Carlo, mon dogue. Je le dis mien, mais en réalité il n'y a que le vieux Toller, mon valet, qui s'en fasse obéir. Nous ne le nourrissons qu'une fois par jour et encore pas trop, si bien qu'il est toujours débordant de zèle. Chaque soir, Toller le lâche dans la propriété et que Dieu vienne en aide à l'intrus qui lui tomberait sous les crocs! Aussi, pour l'amour du ciel, ne vous risquez pas hors de la maison après la tombée de la nuit, car il en irait de votre vie!

« L'avertissement n'était pas inutile. Le surlendemain soir, vers deux heures du matin, je me trouvai regarder par la fenêtre. Il faisait un clair de lune splendide qui argentait la pelouse devant la maison, et l'on y voyait presque comme en plein jour. Je m'étais absorbée dans la contemplation de ce tableau d'une si paisible beauté quand j'eus conscience de quelque chose se déplaçant dans l'ombre des hêtres pourpres. Quand ce quelque chose déboucha au clair de lune, je vis qu'il s'agissait d'un énorme chien, tirant sur le roux, presque de la taille d'un veau, avec la gueule ouverte, un museau noir et des os faisant saillie sous la peau. Il traversa lentement la pelouse, de l'autre côté de laquelle il disparut dans l'obscurité. Cette sentinelle silencieuse me glaça le cœur, bien plus que ne l'eût certainement fait la vue d'un cambrioleur.

« A présent, il me faut vous relater une chose très curieuse qui m'est arrivée. Comme vous le savez, j'avais coupé mes cheveux avant de quitter Londres et j'en avais fait une grande natte que je gardais au fond de ma malle. Un soir, après avoir couché le petit garçon, je me mis, pour me distraire, à examiner le mobilier de ma chambre et y arranger mes petites affaires. Il y avait notamment là une vieille commode dont les deux tiroirs du haut étaient ouverts et vides, mais celui du bas fermé à clef. Ayant rempli les deux du haut avec mon linge, j'avais encore besoin de place; aussi étais-je contrariée de ne pouvoir utiliser le troisième tiroir. Je me dis qu'il avait dû être fermé par erreur et, prenant mon trousseau de clefs, j'essayai de l'ouvrir. Dès la première clef, ce fut fait. Ce tiroir ne contenait qu'une seule chose, mais vous ne devinerez jamais ce que c'était : ma natte de cheveux.

« Je la pris pour l'examiner de près. C'était bien la même nuance et la même épaisseur de cheveux, mais l'impossibilité de la chose me frappa aussitôt. *Comment* ma natte pouvait-elle être enfermée dans ce tiroir? Les mains tremblantes, je débarrassai ma malle d'une partie de son contenu et y trouvai au fond mes propres cheveux. Je plaçai les deux nattes côte à côte, et je vous assure qu'elles étaient identiques. N'était-ce pas extraordinaire? Complètement abasourdie, je n'arrivais pas à trouver une explication. Je remis les autres cheveux dans le tiroir et ne soufflai mot de la chose aux Rucastle, car j'avais le sentiment de m'être mise dans mon tort en ouvrant un tiroir qu'ils avaient fermé à clef.

« Comme vous l'avez peut-être remarqué, monsieur Holmes, je suis observatrice de nature, et j'eus très vite le plan de toute la maison dans ma tête. Il y avait toutefois une aile qui semblait être complètement inhabitée. La porte y donnant accès se trouvait en face de celle des appartements des Rucastle, mais elle était toujours fermée à clef. Un jour néanmoins, comme je gravissais l'escalier, je faillis me heurter à M. Rucastle survenant par cette porte, des clefs à la main. L'expression que je vis alors sur son visage le faisait totalement différent de l'homme à la joviale rondeur auquel j'étais habituée. Joues rouges, front plissé par la colère, veines saillant aux tempes, il referma la porte et passa près de moi sans un mot ni un regard.

« Comme cela avait éveillé ma curiosité, je sortis me promener avec l'enfant dans la propriété, passant sur le côté de la maison où je pouvais voir les fenêtres de cette aile. Il y en avait quatre : trois dont les vitres étaient simplement très sales alors que la quatrième avait les volets clos. De toute évidence, ces pièces étaient inhabitées. Je me promenais le long de cette aile en jetant de temps à autre un coup d'œil aux fenêtres, lorsque M. Rucastle vint à ma rencontre, de nouveau jovial et gai comme à son habitude.

« – Ah! ma chère mademoiselle, me dit-il, n'allez pas penser du mal de moi parce que je vous ai croisée sans vous dire un mot! J'étais très préoccupé par des questions d'affaires.

« Je l'assurai que je ne m'étais aucunement formalisée, et j'enchaînai en disant :

« – Vous semblez avoir là une suite de pièces inoccupées, dont une a les volets fermés.

« – La photographie est une de mes distractions préférées, et j'ai aménagé une de ces pièces en chambre noire. Mais quelle observatrice vous faites! Qui l'aurait cru?

« S'il avait dit cela comme en plaisantant, le regard qu'il posait sur moi n'exprimait aucun enjouement et j'y lisais plutôt une sorte de contrariété soupçonneuse.

« En tout cas, monsieur Holmes, je compris à compter de ce moment qu'il y avait dans cette enfilade de pièces quelque chose que je ne devais pas savoir. Du coup je brûlai de les visiter, et plus que par curiosité, – encore que j'en éprouvasse, – c'était par un sentiment de devoir, l'impression que quelque chose de bon pouvait résulter de mon exploration des lieux. On parle souvent d'intuition féminine et c'était peut-être cela; en tout cas, je me mis à guetter une occasion de franchir la porte interdite.

« Ce fut seulement hier que la chance me favorisa. Je dois vous dire que, en dehors de M. Rucastle, Toller et sa femme ont aussi à faire dans ces pièces désertes, et une fois j'ai vu le valet qui passait par cette porte avec un grand sac à linge noir. Ces derniers temps, il a beaucoup bu et hier soir, il était complètement ivre. Quand je suis montée, j'ai vu la clef sur la porte et j'ai tout de suite pensé qu'il l'y avait oubliée. M. et Mme Rucastle se trouvaient tous deux au rez-de-chaussée avec l'enfant, si bien que c'était une occasion admirable; j'ai tourné doucement la clef dans la serrure, ouvert la porte, et me suis faufilée de l'autre côté.

« Devant moi s'étendait un petit couloir aux murs et au sol nus qui, à l'autre bout, tournait à angle droit. Au-delà de ce tournant, il y avait trois portes du même côté, dont la première et la dernière étaient ouvertes. Chacune donnait accès à une pièce vide, triste et poussiéreuse, l'une avec deux fenêtres et l'autre rien qu'une, toutes avec des vitres si sales que la clarté du crépuscule avait peine à les traverser. La porte du milieu était barrée à l'extérieur par une large lame métallique provenant d'un lit de fer, dont une extrémité était cadenassée à un anneau fixé dans le mur et l'autre, tenue par une grosse corde. La porte elle-même était fermée à clef et la clef ne se trouvait pas dans la serrure. Cette porte barricadée correspondait bien à la fenêtre dont les volets étaient fermés et cependant, à une lueur qui filtrait sous le battant, je me rendais compte que la pièce n'était pas dans l'obscurité. De toute évidence, il devait y avoir une fenêtre à tabatière ou un chassis vitré qui l'éclairait par en haut. J'étais dans le couloir à regarder cette sinistre porte en me demandant quel secret elle pouvait bien dissimuler, quand j'entendis marcher à l'intérieur de la pièce tandis qu'une ombre allait et venait le long du rai lumineux filtrant sous la porte. A cette vue, monsieur Holmes, une terreur folle, irraisonnée, s'empara de moi. Mes nerfs hyper-tendus cédèrent d'un coup et, me tournant, je me mis à courir, courir, comme si quelque horrible main essayait d'agripper le pan de ma robe. J'enfilai le couloir d'un trait, franchis la porte et tombai dans les bras de M. Rucastle qui attendait sur le palier.

« – Ah! c'était donc bien vous, dit-il en souriant. Je m'en étais douté quand j'ai vu la porte ouverte.

« – Oh! j'ai eu si peur! haletai-je.

« – Ma jeune demoiselle! Ma jeune demoiselle! (vous n'avez pas idée comme ses façons étaient douces et rassurantes). Et qu'est-ce qui vous a donc effrayée à ce point, mon petit?

« Mais sa voix était un rien trop cajoleuse. Comme on dit, il en faisait trop et cela me mit aussitôt sur mes gardes.

« – J'ai eu la stupidité d'aller dans l'aile inhabitée, lui répondis-je. Mais c'est tellement désert, sinistre dans cette pénombre, que j'ai pris peur et me suis enfuie en courant. Oh! quel horrible silence règne dans ces pièces!

« – C'est tout? fit-il en rivant son regard au mien.

« – Tout? Que voulez-vous dire? demandai-je.

« – Pourquoi pensez-vous que je ferme cette porte à clef?

« – Je n'en ai aucune idée.

« – C'est pour en interdire l'accès aux gens qui n'ont rien à faire là. Vous saisissez? fit-il en continuant de sourire très aimablement.

« – Je vous assure que si j'avais su...

« – Eh bien, maintenant, vous savez. Et si jamais vous franchissez de nouveau ce seuil...

« En un éclair, le sourire fit place à un rictus furieux et il me foudroya du regard, tel un démon : « Je vous donnerai en pâture au dogue! »

« J'étais si terrifiée que je ne sais plus ce que j'ai fait. Je suppose que j'ai dû le planter là et courir jusqu'à ma chambre. Je ne me souviens de rien avant le moment où je me suis retrouvée étendue sur mon lit, tremblant de tout mon corps. Alors, j'ai pensé à vous, monsieur Holmes. Je ne pouvais continuer à vivre là sans qu'on me conseille. J'avais peur de la maison, de l'homme, de sa femme, des domestiques et même de l'enfant. Tous m'horrifiaient. Mais si seulement j'arrivais à vous convaincre de venir ici, je me sentirais mieux. Bien sûr, j'aurais pu m'enfuir de la maison, mais ma curiosité était presque aussi forte que ma peur. Mon parti fut bientôt pris : j'allai vous télégraphier. Je mis mon chapeau et mon manteau pour me rendre au bureau de poste, distant de sept ou huit cents mètres, d'où je revins soulagée d'un grand poids. Comme j'approchais de la propriété, je fus saisie d'une crainte soudaine : si le chien était lâché? Mais je me rappelai avoir vu Toller complètement ivre et qu'il était le seul de la maison à savoir se faire obéir de cette bête sauvage. Personne d'autre ne se risquerait à le détacher. Je rentrai sans incident et restai éveillée la moitié de la nuit tant j'avais de joie à l'idée de vous revoir. Je n'ai eu aucune difficulté à sortir pour venir ce matin à Winchester, mais il me faut être de retour avant trois heures, car M. et Mme Rucastle vont en visite et seront absents toute la soirée, si bien que je dois m'occuper de l'enfant. A présent, monsieur Holmes, je vous ai raconté toutes mes aventures. Je serais bien heureuse si vous étiez en mesure de me dire ce que cela signifie et, surtout, ce que je dois faire.

Holmes et moi avions écouté, médusés, cette extraordinaire histoire. Mon ami se leva et se mit à arpenter la pièce, les mains dans les poches, le visage grave.

– Toller est-il encore ivre? demanda-t-il.

– Oui. J'ai entendu sa femme dire à Mme Rucastle qu'elle ne pouvait rien en tirer.

– C'est très bien. Et les Rucastle sortent ce soir?

– Oui.

– Existe-t-il une cave avec une bonne grosse serrure?

– Oui, la cave où l'on garde le vin.

– Vous me semblez vous être comportée dans cette affaire en fille courageuse et sensée, miss Hunter. Vous croyez-vous capable encore d'un autre haut fait? Je ne vous le demanderais pas si je n'étais convaincu que vous êtes une jeune femme très exceptionnelle.

– Je ferai mon possible. De quoi s'agit-il?

– Mon ami et moi serons aux *Hêtres pourpres* vers sept heures. A cette heure-là, les Rucastle seront partis et Toller, nous l'espérons, hors de combat. Il n'y aura plus par conséquent que Mme Toller pour donner l'alarme. Si donc vous pouviez l'envoyer à la cave sous quelque prétexte et l'y enfermer, vous nous faciliteriez immensément les choses.

– Je le ferai.

– Excellent! Ainsi nous pourrons aller au fond de l'affaire. Bien sûr, il n'y a qu'une explication probable : vous avez été amenée là pour personnifier quelqu'un, et la dame en question est emprisonnée dans cette chambre. C'est évident.

Et je ne doute pas que cette captive soit la fille, Miss Alice Rucastle, dont, si je ne m'abuse, on vous a dit qu'elle était en Amérique. Si l'on vous a choisie, c'est sans aucun doute parce que vous lui ressembliez par la taille, la silhouette et la couleur des cheveux. Les siens ont dû être coupés, peut-être bien à la suite d'une maladie qu'elle a eue, et c'est pourquoi, bien sûr, vous avez été obligée de sacrifier les vôtres. Par un curieux hasard, vous avez découvert sa natte. L'homme sur la route est sans aucun doute un de ses amis, voire son fiancé. Abusé par la ressemblance et le fait que vous portiez une de ses robes, il vous a vue rire et lui faire un geste; dès lors, il a été convaincu que Miss Rucastle, parfaitement heureuse, ne souhaitait plus qu'il lui témoigne ses attentions. La nuit, on lâche le chien pour empêcher que cet homme essaye de communiquer avec elle. Jusque-là, tout est assez clair. Le plus grave dans cette affaire, ce sont les tendances de l'enfant.

– Quel rapport? m'exclamai-je.

– Mon cher Watson, comme médecin, en étudiant leurs parents, vous apprenez sans cesse des choses sur les tendances manifestées par les enfants. Ne vous rendez-vous pas compte que l'inverse est tout aussi vrai? Il m'est souvent arrivé de commencer à comprendre le caractère de certains parents en observant leurs enfants. Ce jeune garçon témoigne d'une inclination anormale à la cruauté par simple goût de la cruauté en soi, et qu'il tienne cela de son père si jovial – comme je le crois – ou bien de sa mère, ne laisse présager rien de bon pour la pauvre fille en leur pouvoir.

– Je suis sûre que vous avez raison, monsieur Holmes! s'écria notre cliente. Il me revient maintenant mille choses m'assurant que vous voyez juste! Oh! ne perdons pas un instant pour porter secours à cette pauvre créature!

– Nous devons faire preuve de circonspection, car nous avons affaire à quelqu'un d'extrêmement rusé. Nous ne pouvons agir avant sept heures du soir. A ce moment-là, nous serons avec vous et aurons vite résolu ce mystère.

Nous fûmes extrêmement ponctuels, car il était sept heures pile lorsque nous arrivâmes aux *Hêtres pourpres*, après avoir laissé notre voiture à une auberge située sur le bord de la route. Avec leur feuillage sombre qui, à la clarté du soleil couchant, avait l'éclat du métal poli, le groupe d'arbres suffisait à identifier la maison, même si nous n'avions vu sur son seuil Miss Hunter qui nous souriait.

– Avez-vous réussi? s'enquit Holmes.

On entendait frapper bruyamment au sous-sol.

– C'est Mme Toller dans la cave, nous dit la jeune femme. Son mari ronfle dans la cuisine. Voici ses clefs, les doubles de celles de M. Rucastle.

– Vous vous êtes très bien débrouillée! s'exclama Holmes avec enthousiasme. A présent, montrez-nous le chemin et nous verrons bientôt la fin de cette sombre histoire.

Nous gravîmes l'escalier, ouvrîmes la porte, enfilâmes un couloir et nous atteignîmes la barricade que Miss Hunter nous avait décrite. Holmes coupa la corde et ôta la barre transversale. Il essaya ensuite différentes clefs, mais sans succès. Aucun bruit ne parvenait de l'intérieur et, devant ce silence, le visage de Holmes se rembrunit.

– J'espère que nous n'arrivons pas trop tard, dit-il. Je pense, miss Hunter, qu'il nous vaut mieux entrer sans vous. Allez, Watson, appuyez votre épaule contre le battant et nous allons bien voir si nous n'arrivons pas à entrer!

C'était une vieille porte vermoulue, qui céda tout de suite à nos efforts conjugués. Nous nous précipitâmes ensemble dans la pièce. Elle était déserte. Aucun mobilier, si ce n'était une sorte de grabat, une petite table et un panier plein de linge. La lucarne du plafond était ouverte et la prisonnière n'était plus là.

– Je flaire un mauvais coup, dit Holmes. Notre homme a dû deviner les intentions de Miss Hunter et il a emmené sa victime.

– Mais comment?

– Par la lucarne. Nous allons vite savoir comment il y est parvenu, dit Holmes en opérant un rétablissement et se hissant sur le toit. Ah! oui, s'exclama-t-il, je vois l'extrémité d'une longue échelle contre la gouttière. Voilà comment il s'y est pris!

– Mais c'est impossible, dit Miss Hunter, l'échelle n'était pas là quand les Rucastle sont partis.

– Il est revenu pour faire son coup. Je vous avais dit que c'était un homme aussi rusé que dangereux. Je ne serais pas surpris que ce soit son pas que j'entends dans l'escalier. Je crois, Watson, qu'il serait bon que vous ayez votre revolver prêt à tirer.

A peine achevait-il de prononcer ces paroles qu'un homme apparut sur le seuil de la pièce, un homme solide et très corpulent tenant une lourde canne à la main. A sa vue, Miss Hunter poussa un cri et se plaqua contre le mur, mais Sherlock Holmes bondit vers lui :

— Bandit! Où est votre fille?

Le gros homme promena son regard autour de la pièce, puis leva les yeux vers le panneau ouvert.

— C'est à moi de vous poser la question! hurla-t-il. Voleurs! Espions! Je vous ai pris, hein? Vous êtes en mon pouvoir! Vous allez avoir ce que vous méritez!

Il fit volte-face et on l'entendit descendre l'escalier aussi vite qu'il le pouvait.

— Il est allé chercher le chien! s'exclama Miss Hunter.

— J'ai mon revolver, dis-je.

— Mieux vaut aller fermer la porte d'entrée! nous cria Holmes et nous dévalâmes ensemble l'escalier. Nous avions à peine atteint la dernière marche que nous entendîmes les aboiements d'un gros chien, puis un hurlement d'agonie suivi d'un bruit horrible, évoquant celui fait par les chiens de chasse lorsqu'ils foulent la bête. Un homme âgé, au visage congestionné, tremblant de tous ses membres, surgit en chancelant d'une porte latérale.

— Mon Dieu! s'écria-t-il. Quelqu'un a lâché le chien! Cela faisait deux jours qu'il n'avait pas eu à manger! Vite, vite, ou il sera trop tard!

Holmes et moi nous précipitâmes au-dehors et tournâmes au coin de la maison, avec Toller se hâtant derrière nous. Le museau noir de l'énorme bête affamée plongeait dans la gorge de Rucastle qui se tordait sur le sol en hurlant. Tout en courant, je brandis mon revolver et fis sauter la cervelle de l'animal qui chut de côté, sans que ses longs crocs blancs lâchent leur prise dans les replis du cou. Nous eûmes beaucoup de mal à le détacher de Rucastle que nous transportâmes à l'intérieur de la maison, vivant mais horriblement mutilé. Nous l'étendîmes sur le canapé du salon et après avoir envoyé Toller, complètement dégrisé, prévenir Mme Rucastle, je fis ce que je pus afin d'atténuer ses souffrances. Nous étions tous auprès de lui lorsque la porte

s'ouvrit et une grande femme maigre entra dans la pièce.
— Mme Toller! s'exclama Miss Hunter.
— Oui, mademoiselle. M. Rucastle m'a libérée avant de monter vous rejoindre. Ah! mademoiselle, quel dommage que vous ne m'ayez pas mise au courant de ce que vous projetiez, car je vous aurais dit que c'était inutile.
— Ha! fit Holmes en lui jetant un regard incisif. Il est clair que Mme Toller en connaît plus que quiconque sur cette affaire.
— Oui, monsieur, c'est exact, et je suis prête à vous dire ce que je sais.
— Alors asseyez-vous, je vous en prie, et nous vous écoutons, car il y a plusieurs points qui, je l'avoue, restent encore obscurs à mes yeux.
— J'aurai vite fait de vous éclairer, assura-t-elle, et je l'aurais déjà fait si seulement j'avais pu m'échapper de la cave. Si cette affaire va en justice, vous n'oublierez pas que je me suis rangée aux côtés de Miss Hunter et que j'étais aussi l'amie de Miss Alice.

« A partir du moment où son père s'est remarié, Miss Alice n'a jamais plus été heureuse chez elle. On ne faisait aucun cas d'elle et elle n'avait pas le droit de dire quoi que ce soit. Mais où sa vie est vraiment devenue impossible, c'est quand elle a fait la connaissance de M. Fowler chez des amis. Pour autant que j'aie pu savoir, Miss Alice avait des droits qui lui venaient du testament de sa mère, mais elle était si douce et patiente qu'elle n'en parlait jamais, laissant tout entre les mains de M. Rucastle. Il savait ne courir aucun risque avec elle, mais un mari pouvait survenir qui revendiquerait tout ce que la loi lui octroyait; aussi son père décida-t-il de mettre un terme à cela. Il voulait qu'elle lui signe un papier par lequel il pouvait disposer de son argent, qu'elle se marie ou non. Comme elle s'y refusait, il n'arrêtait pas de la malmener, au point qu'elle fit une fièvre cérébrale qui la mit pendant six semaines aux portes de la mort. Elle finit par aller mieux, mais elle n'était plus que l'ombre d'elle-même et on avait dû lui couper sa belle chevelure. Tout cela ne changea cependant rien aux sentiments de son amoureux, lequel lui est resté aussi attaché qu'un homme peut l'être.
— Ah! dit Holmes, je crois que ce que vous avez eu la

bonté de nous apprendre rend l'affaire assez claire, et qu'il m'est facile de déduire tout le reste. M. Rucastle a décidé alors, je suppose, de la séquestrer?

— Oui, monsieur.

— Et il a fait venir Miss Hunter de Londres afin de décourager la désagréable insistance de M. Fowler?

— Exactement, monsieur.

— Mais M. Fowler étant un homme aussi persévérant que devrait l'être un bon marin, hanta les abords de la propriété jusqu'à ce que, vous ayant rencontrée il ait réussi à vous convaincre, par des arguments sonnants ou autres, que vos intérêts coïncidaient avec les siens.

— M. Fowler est un monsieur très poli, très généreux, confirma Mme Toller sans sourciller.

— Et de cette façon, il obtint que votre mari ait toujours sous la main de quoi boire, et qu'une échelle soit prête dès que votre maître serait parti.

— Vous y êtes tout à fait, monsieur.

— Nous vous devons rendre justice, madame Toller, dit Holmes, car vous nous avez incontestablement permis d'élucider tout ce qui nous déconcertait encore. Et comme voici venir sans doute le médecin local en compagnie de Mme Rucastle, je crois, Watson, que nous ferions mieux de ramener Miss Hunter à Winchester, car il me semble que notre *locus standi* est maintenant assez discutable.

Ainsi fut élucidé le mystère de la sinistre maison devant la porte de laquelle se dressaient des hêtres pourpres. M. Rucastle survécut, mais resta pour toujours un homme brisé, que seuls maintenaient en vie les soins dévoués de sa femme. Ils habitent encore avec leurs vieux domestiques, lesquels savent probablement tant de choses touchant le passé de Rucastle que celui-ci n'ose pas envisager de s'en séparer. Grâce à une licence spéciale, M. Fowler et Miss Rucastle se sont mariés à Southampton le lendemain de leur fuite, et lui est maintenant fonctionnaire du gouvernement à l'île Maurice. Je fus assez déçu de voir mon ami Holmes se désintéresser de Miss Violet Hunter dès que celle-ci cessa d'être le centre d'un de ses problèmes; elle est à présent directrice d'une école privée à Walsall, où je crois qu'elle est très appréciée.

TABLE

1. Un scandale en Bohême 9
2. Une affaire d'identité 35
3. La ligue des rouquins 55
4. Le mystère du Val de Boscombe 81
5. Les cinq pépins d'orange 109
6. L'homme à la lèvre tordue 131
7. L'escarboucle bleue 157
8. La bande mouchetée 181
9. Le pouce de l'ingénieur 209
10. Le noble célibataire 239
11. Le diadème de béryls 257
12. Les hêtres pourpres 285

*Achevé d'imprimer en janvier 1995
sur les presses de l'Imprimerie Bussière
à Saint-Amand (Cher)*

POCKET - 12, avenue d'Italie - 75627 Paris Cedex 13
Tél. : 44-16-05-00

— N° d'imp. 234. —
Dépôt légal : 1er trimestre 1981.
Imprimé en France